신나고~! 즐겁고~!

GoGo

HANON

하농 60

그래서음악

프랑스의 음악가 샤를-루이 하농

(Charles-Louis Hanon, 1819년 7월 2일 ~ 1900년 3월 19일)은
파리음악원에서 작곡, 피아노, 오르간을 배우고, 후에 음악 교육자로 그 이름을 떨쳤습니다.

그는 오늘날 피아노 교육에 사용되는 교본
"The Virtuoso Pianist in 60 Exercises (명 피아니스트가 되는 60 연습곡집)"로
가장 잘 알려져 있습니다.

이 교본은 1873년 그가 로마 폰티피칼 상트 세실음악원에서
작곡가 명예 교수로 있을 때 만들었으며,
여러 나라 음악원 교수들로부터 호평을 받고,
1878년 열린 세계 박람회에서 은메달을 수상하기도 하였습니다.

하농(C. L. Hanon)의 머리말 중에서

이 "The Virtuoso Pianist in 60 Exercises (명 피아니스트가 되는 60 연습곡집)"에
다음과 같은 목표를 정해 놓았습니다.

1. 각 손가락을 움직이기 쉽게 할 것

2. 손가락을 제각기 독립시킬 것

3. 각 손가락의 힘을 기를 것

4. 각 손가락의 힘을 고르게 할 것

5. 손목을 부드럽게 할 것

6. 좋은 연주에 필요한 특별한 연습을 모두 하도록 할 것

7. 왼손도 오른손과 마찬가지로 자유롭게 되도록 할 것

이 연습곡들을 처음 대하더라도 초견에 시간을 낭비하지 않고 누구든지 바로 시작할 수 있기 때문에 각 손가락의 훈련을 위한 매우 훌륭한 교본이라 할 수 있습니다.

이 교본은 자연스럽게 '메카니스틱한(기계적인) 어려움'을 극복할 수 있도록 배열되어 있어서, 각 손가락을 놀랄만큼 쉽게 움직이도록 해 줄 것을 확신합니다.

이 연습곡은 피아노 학습자가 꼭 거쳐야 할 과정입니다.

1년 정도밖에 피아노를 배우지 않은 학습자도 이 교본의 연습곡으로 훈련하면
빠른 진전이 있게 됩니다.

그리고 그 이상 배운 학습자는 보다 짧은 시간에 굳어졌던 손가락이나 손목을
부드럽게 풀 수 있으므로 어려운 부분도 문제없이 연주할 수 있게 됩니다.

또한, 충분히 연습할 시간이 부족한 바쁜 피아니스트나 교사들도 이 책으로 연습하면
각 손가락을 언제나 좋은 상태로 유지할 수 있을 것입니다.

이 한 권을 끝까지 모두 연주하는데 약 한 시간 또는 두 시간 정도 걸립니다.

이 연습곡을 끝까지 완전히 익히고 이 습관이 완전히 몸에 배게 되면 매일 짧은 시간 동안
규칙적으로 되풀이 연습만 하더라도 기술적인 '어려움'은 마법에 걸린 듯 사라지고,
진주알처럼 맑은 음색으로 아름다운 연주에 도달하게 될 것입니다.

이 한 권을 "피아노의 어려움을 푸는 열쇠"로서 여러분에게 바칩니다.

Charles-Louis Hanon

차 례

하농의 구성와 연습 방법

하농 60은 세 부분으로 나뉩니다.

■ 제1부 1 ~20번

'각 손가락의 힘을 기르고 독립시키며, 빠르게 치기 위한 연습'

각 손가락의 힘을 기르고 고르게, 그리고 빠르게 칠 수 있도록 하기 위한 준비 연습입니다.

상대적으로 힘이 약한 4번, 5번 손가락의 연습에 중점을 두고 있습니다.

■ 제2부 21 ~43번

'보다 높은 수준의 테크닉을 위한 연습'

제1부에서 익힌 테크닉을 바탕으로 보다 수준 높은 테크닉을 습득하기 위한 추가 연습입니다.

2부에서 가장 중요한 것은 39번의 [12개의 장음계와 관련 단음계], 41번의 [아르페지오] 연습이 있습니다.

■ 제3부 44 ~ 60번

'가장 큰 기술적 어려움을 마스터하기 위한 연습'

명 피아니스트가 되기 위한 죄고 수순의 테크닉을 위한 연습입니다.

이 부분에는 같은음 연속, 겹음 연습, 3도와 8도 음계, 트레몰로 등 수준 높은 테크닉이 포함됩니다.

저자 하농은 세 부분을 모두 익힌 후, 손가락 운동과 수준 높은 테크닉을 유지하기 위해 모든 연습을 매일 반복하는 것을 요구하고 있습니다.

하농 연습 방법

1. 매일 꾸준히 연습하세요.

2. 처음에는 음 하나하나 빠지지 않도록 천천히, 그리고 조금 세게 시작하여 차츰 빠르기를 더해가도록 하세요.

3. 일정한 리듬과 템포를 유지시키기 위해 메트로놈을 사용하세요.

4. 레가토, 스타카토, 부점 등 다양한 변주로 연습하세요.

5. 손목과 팔을 많이 움직이지 말고, 손가락 끝을 세워 건반 깊숙이 누르면서 손모양을 유지시켜 주세요.

다음은 제1번을 여러 형태로 변화시킨 예 22가지 연습 방법입니다. 리듬 공부, 손목 부드럽게 하기 위한 연습, 각 손가락의 빠르고 고른 타건을 위한 연습입니다.

1번부터 31번까지 이와같은 22개의 변주 방법으로 연습하세요.

11
12
[부점 리듬]
13
14
[당김음]
15
[각 음의 아티큘레이션 - 슬러, 스타카토, 악센트 등]
16
17
18
19
20
21
22

앞에 나온 22개의 변주를 손가락 쓰기를 그대로 사용하면서 다음과 같이 조를 옮겨가면서 연습하는 것도 각 조성의 익히는데 효과적입니다.

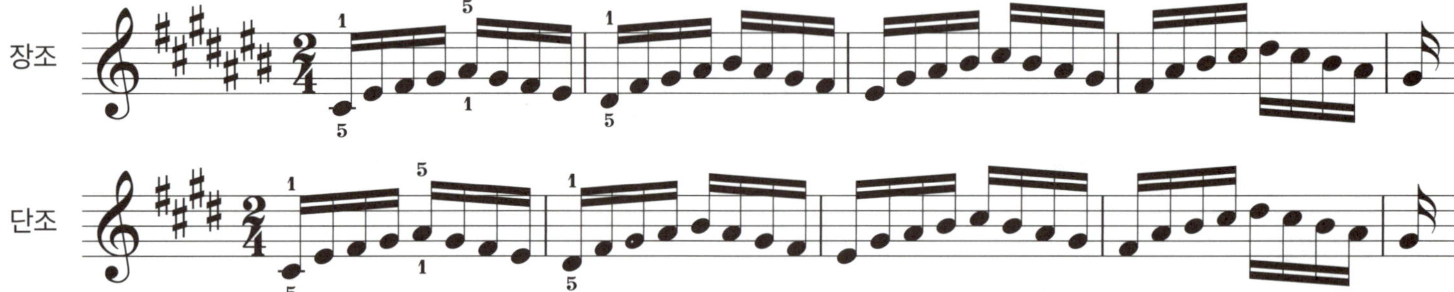

음계의 연습

모든 음계, 아르페지오, 딸림7화음의 아르페지오 연습이 충분히 되면 다음과 같은 방법으로 연습해 보세요.

[1옥타브 1박에 1개 음]

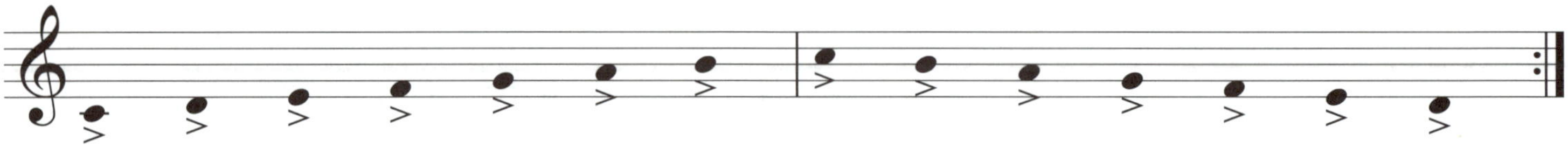

[2옥타브 1박에 2개 음]

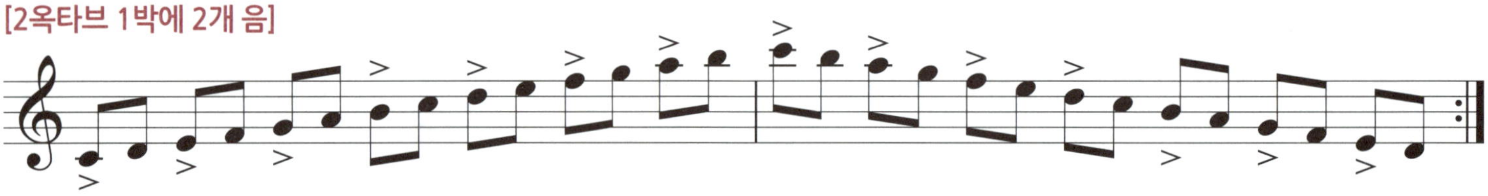

[3옥타브 1박에 3개 음]

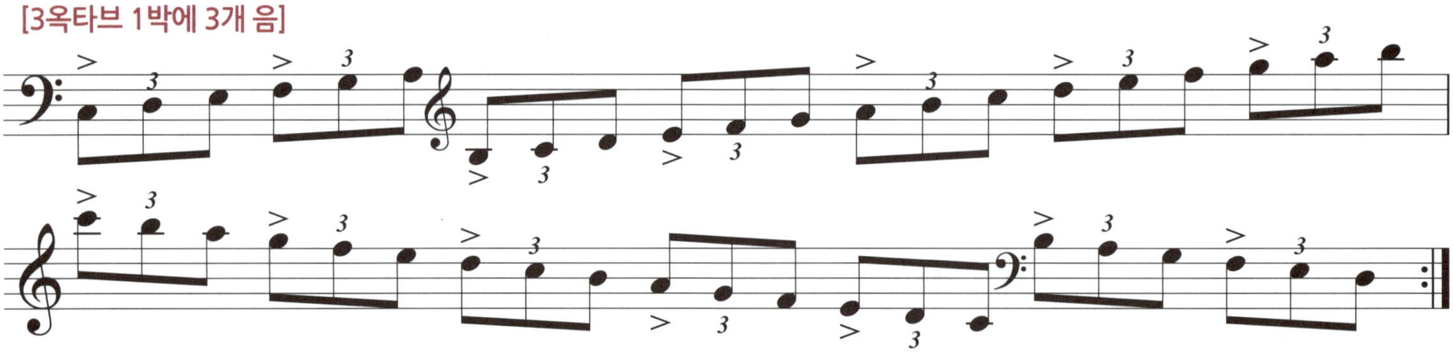

[4옥타브 1박에 4개 음]

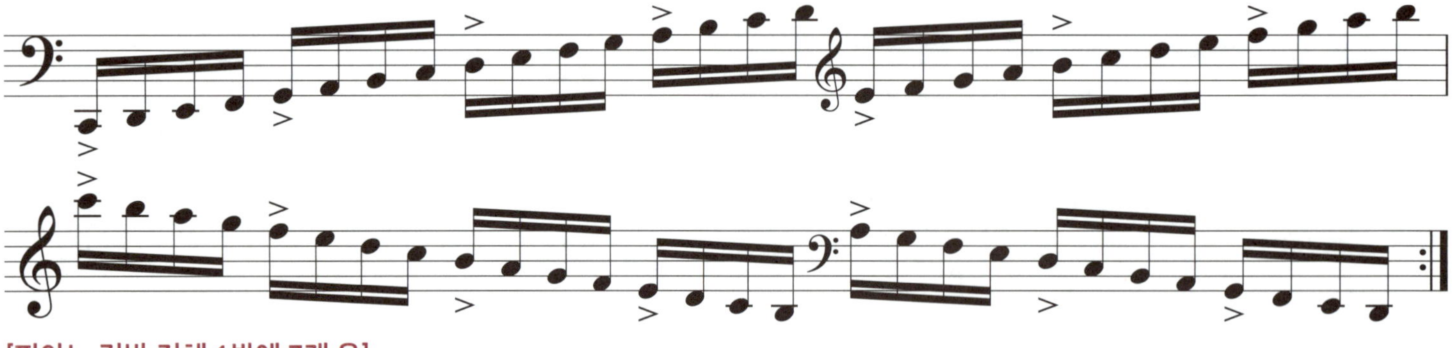

[피아노 건반 전체 1박에 7개 음]

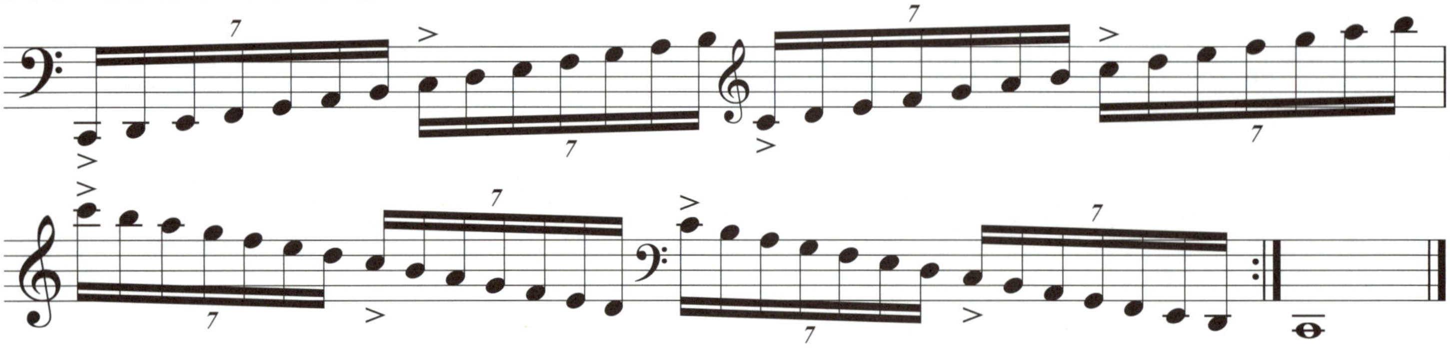

아르페지오 연습

[1옥타브 1박에 1개 음]

[2옥타브 1박에 2개 음]

[3옥타브 1박에 3개 음]

[4옥타브 1박에 4개 음]

<h1 style="text-align:center">제1부</h1>

각 손가락의 힘을 기르고 독립시키며, 빠르게 치기 위한 연습

5-4번 벌리기

- 제1부 20곡은 메트로놈 ♩= **60**으로 시작하며, 점차 ♩= **108**의 빠르기까지 연습하세요.
- 상행은 왼손 5-4번, 하행은 오른손 5-4번 사이를 벌려주기 위한 연습입니다. 오른손과 왼손을 연습하고, 이어서 양손을 같이 치세요.

M. M. ♩ = 60 ~ 108

C. L. HANON

13

• 상행은 오른손 3-4번, 하행은 왼손 3-4번이 고른 소리를 내도록 하기 위한 연습입니다.

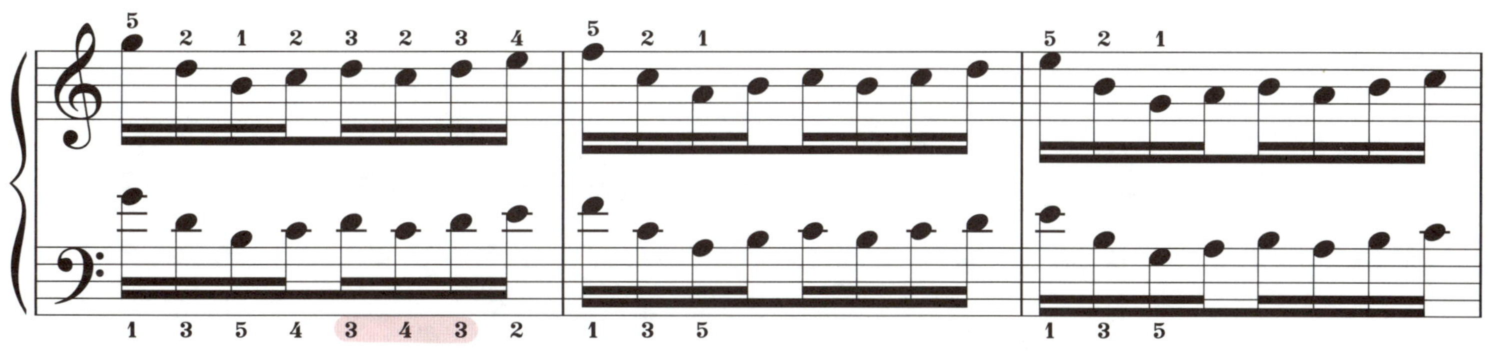

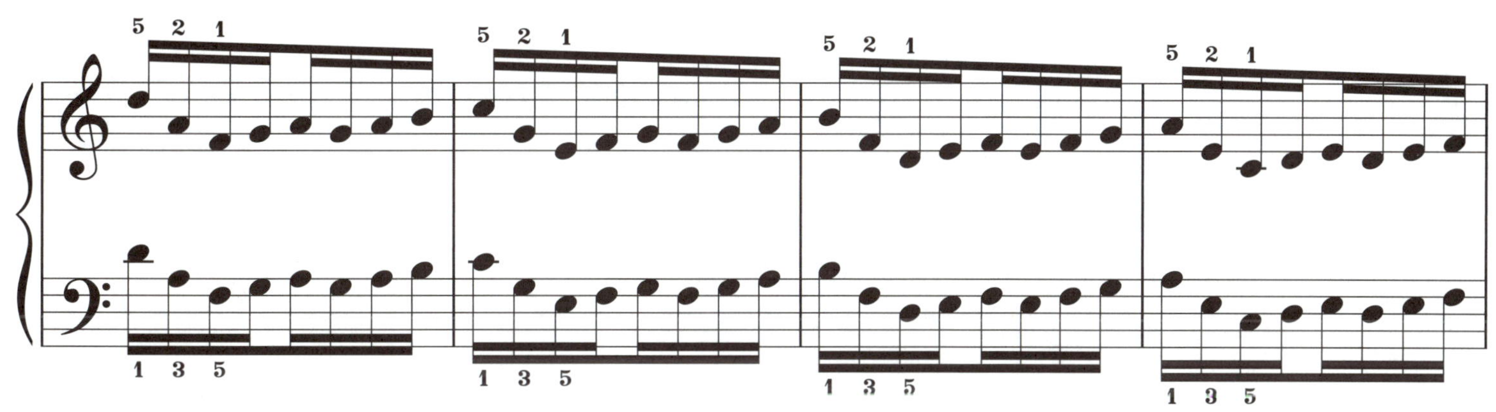

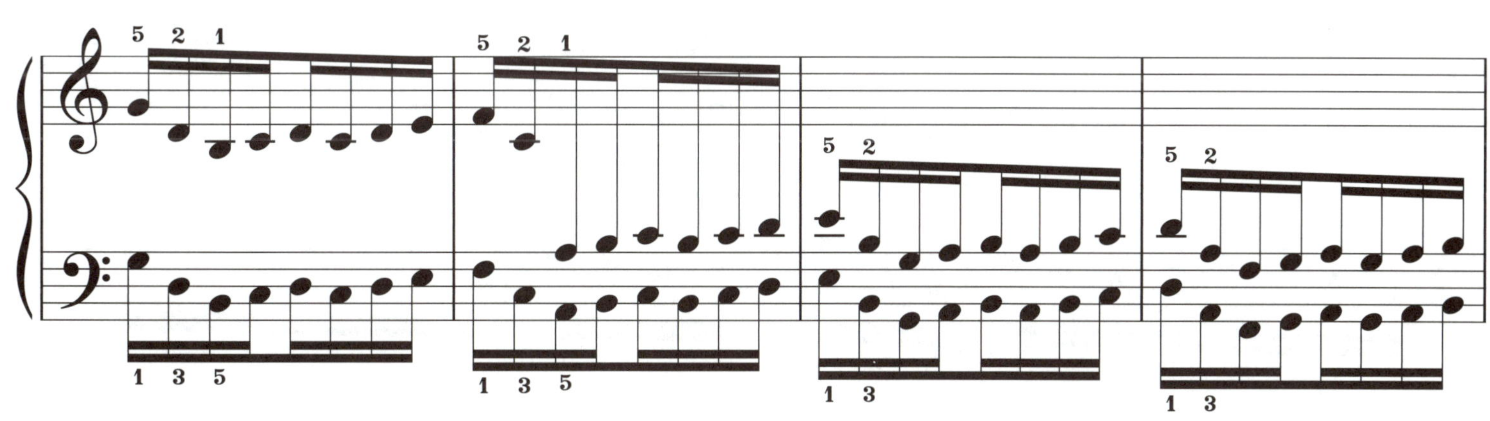

2번 곡 연습이 끝나면 1번과 2번 곡을 연속해서 4번 반복하세요.

• 상행은 왼손 3-4-3-2번, 하행은 오른손 3-4-3-2번의 연결이 매끄럽게 되도록 연습하세요.

M. M. ♩ = 60 ~ 108

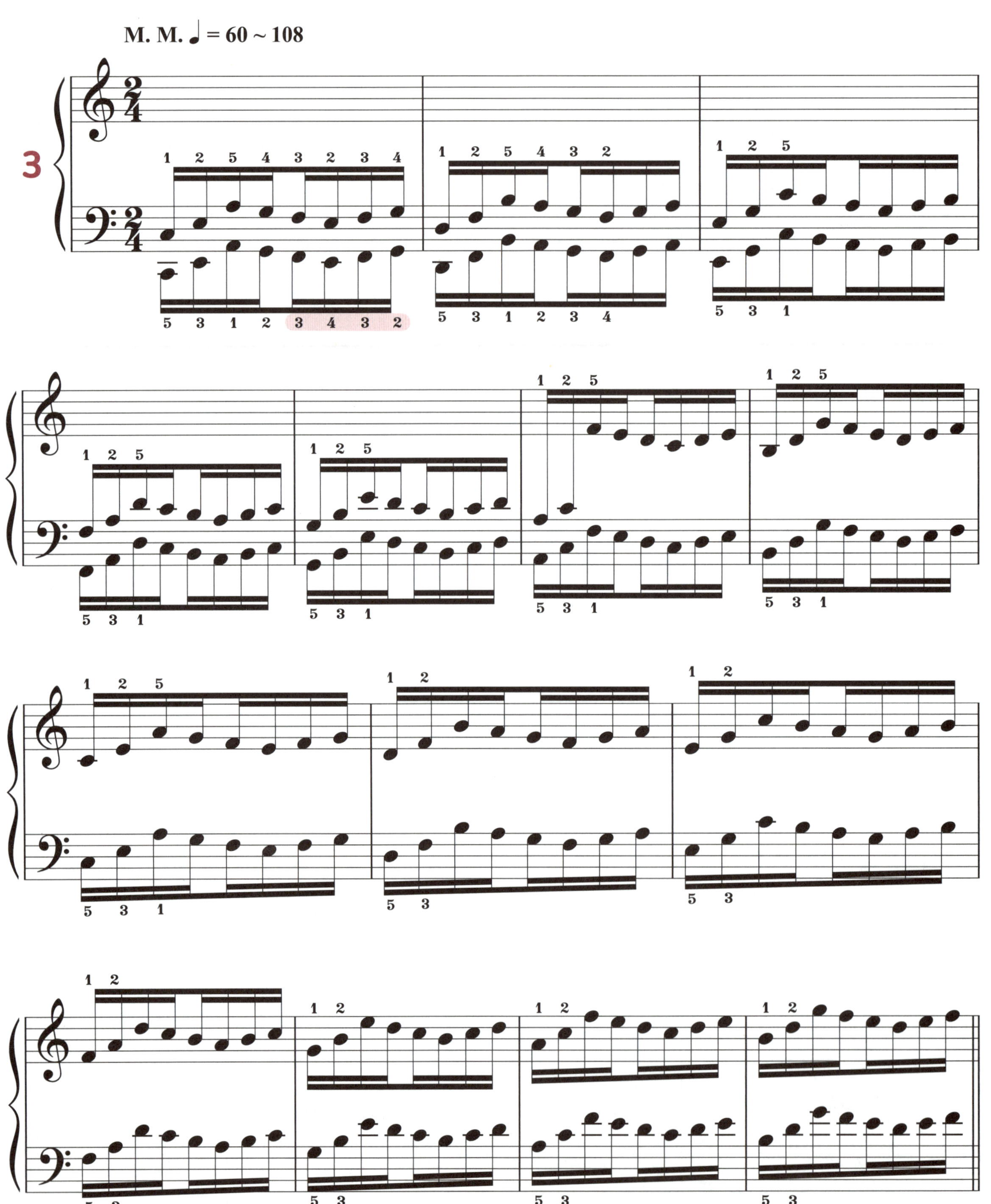

 이 곡을 연습하기 전에 1번과 2번 곡을 먼저 한두 차례 반복해서 치면서 손가락 스트레칭을 시켜주세요.

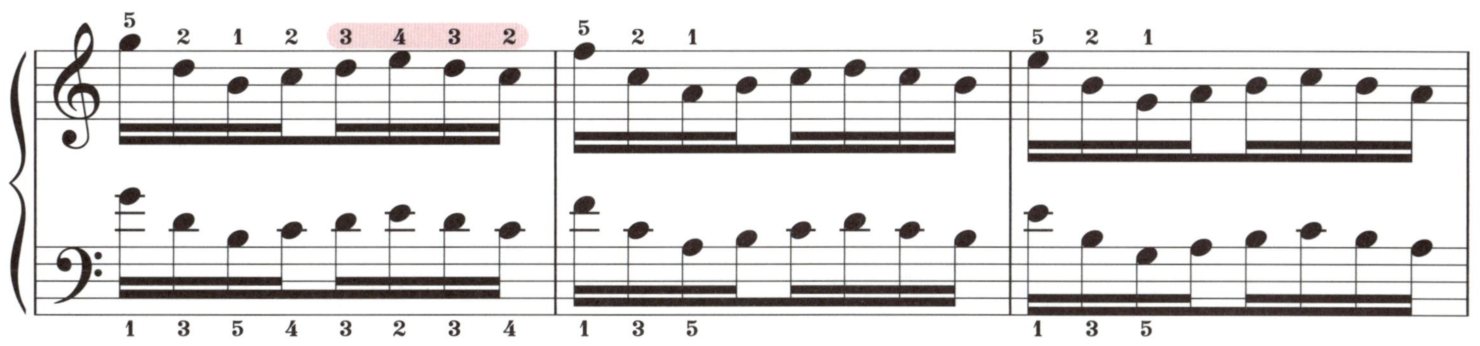

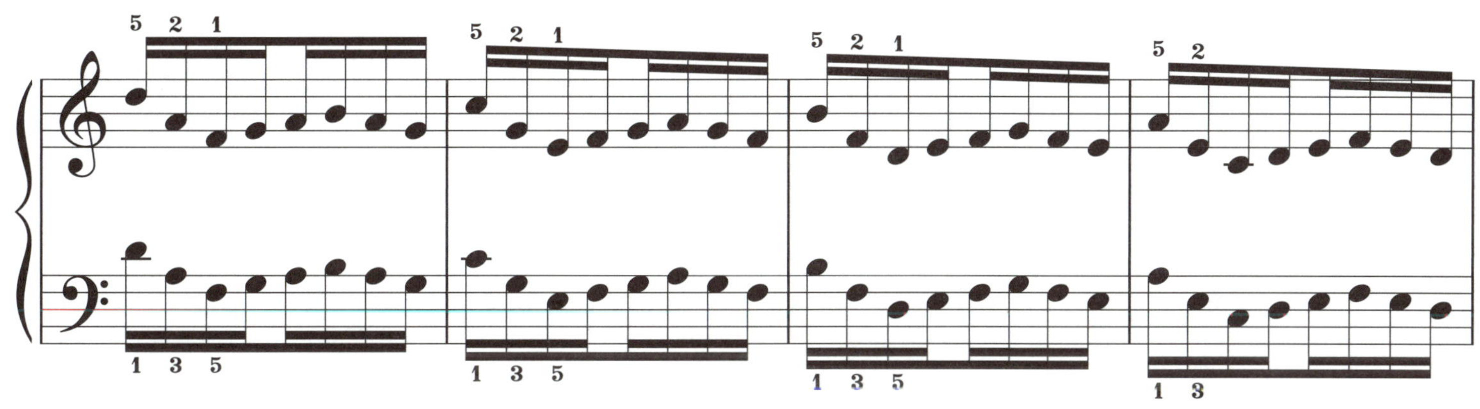

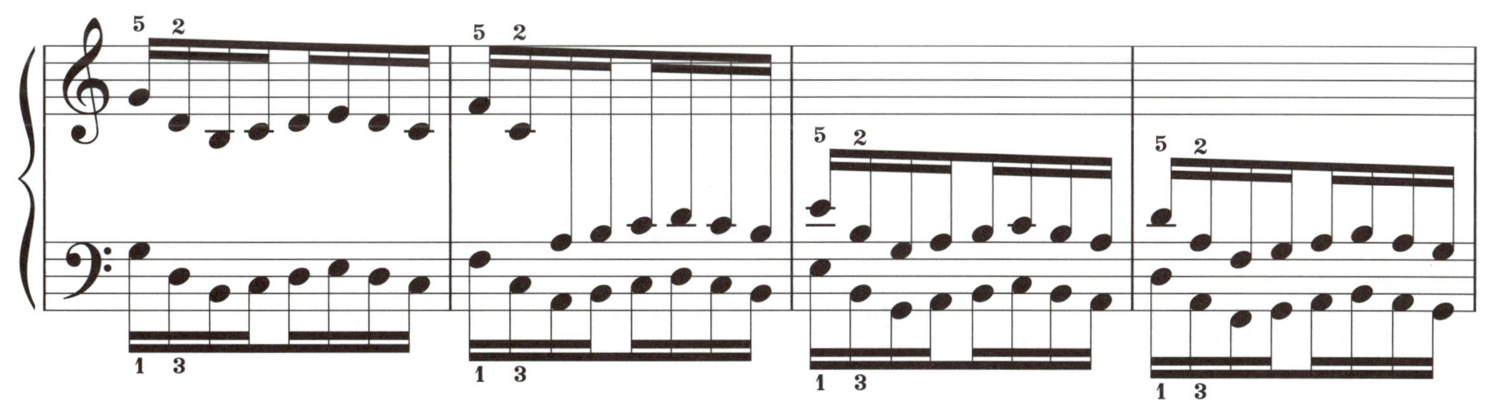

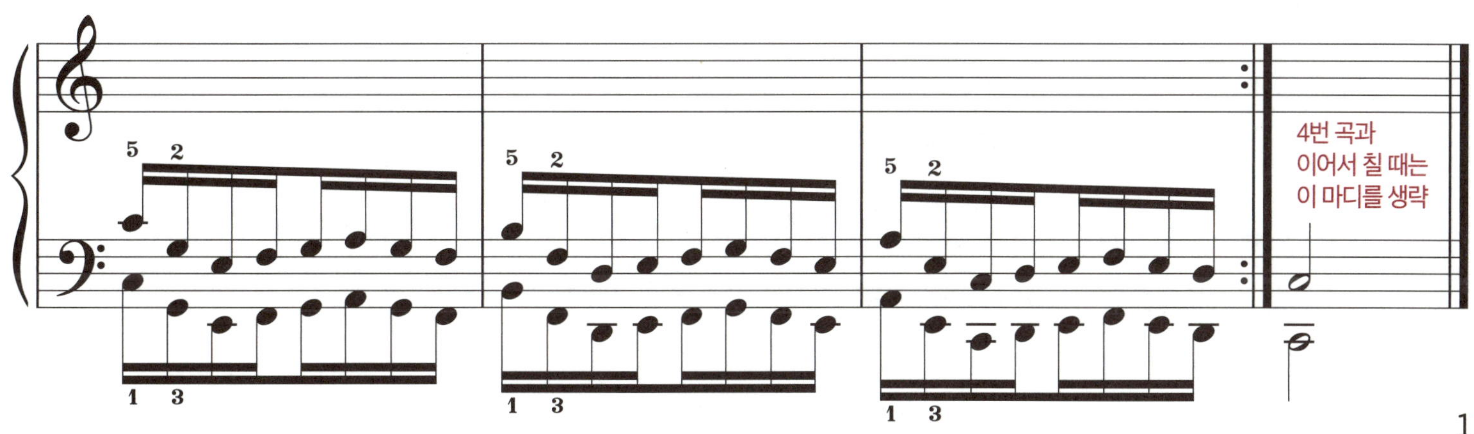
4번 곡과
이어서 칠 때는
이 마디를 생략

• 양손 5-4번의 트릴을 위한 예비 연습입니다.

• 마디별로 상행할 때 <> 로, 하행할 때 >< 의 셈여림으로 연습해 보세요.

M. M. ♩ = 60 ~ 108

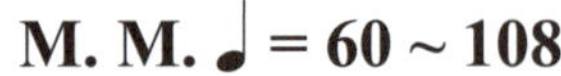

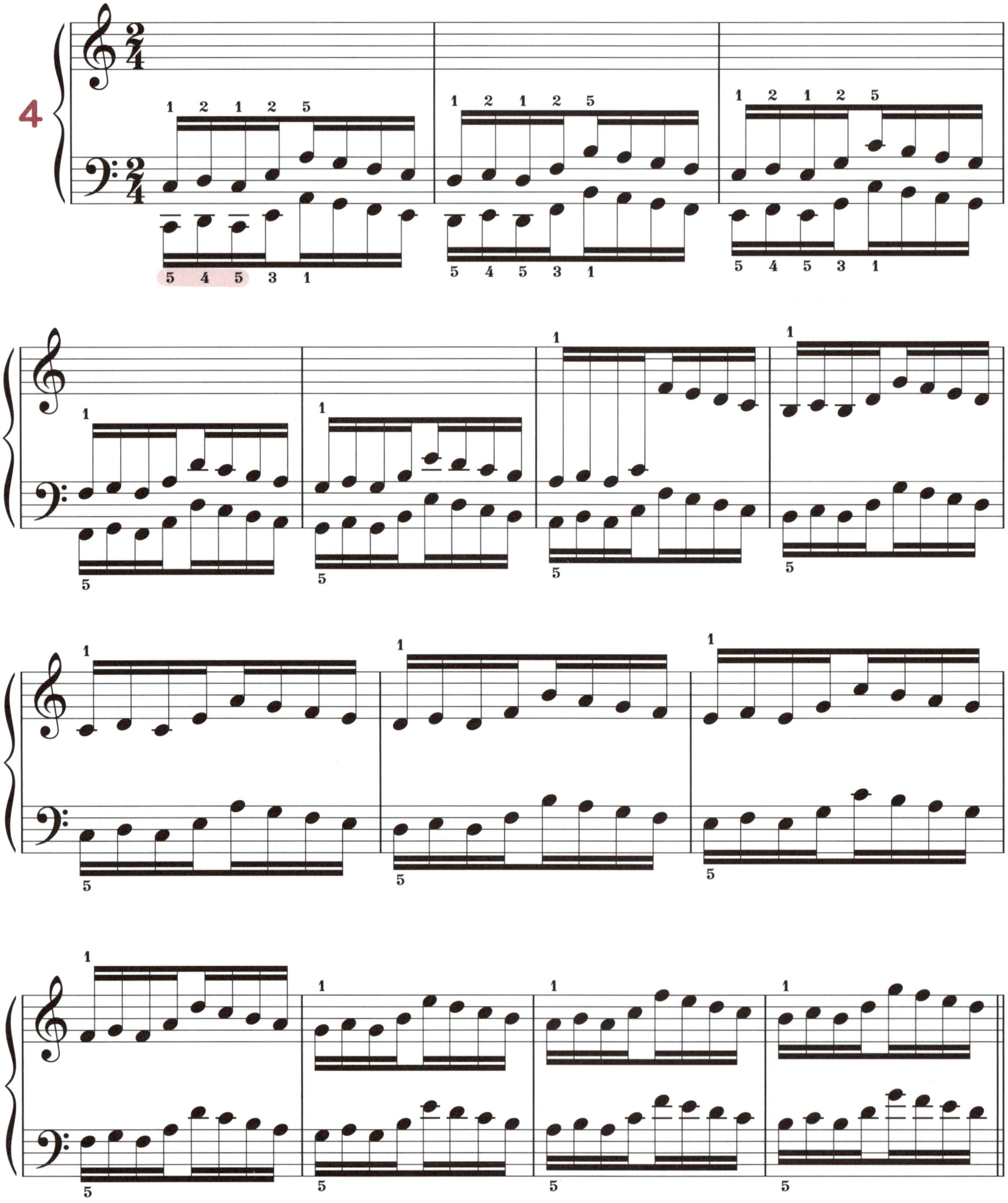

① 2/4
② 4/4
③ 2/4
④ 3/4

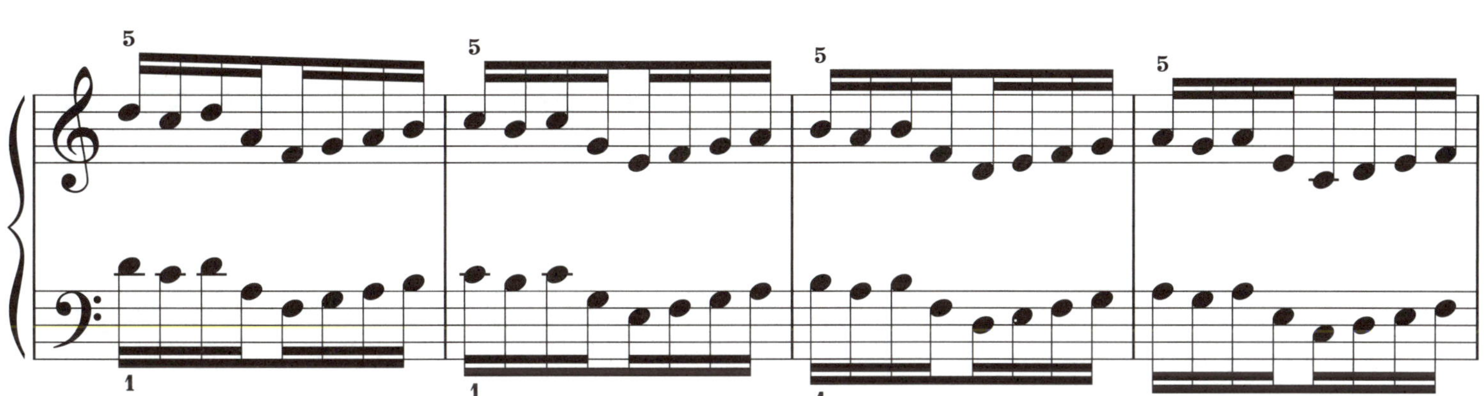

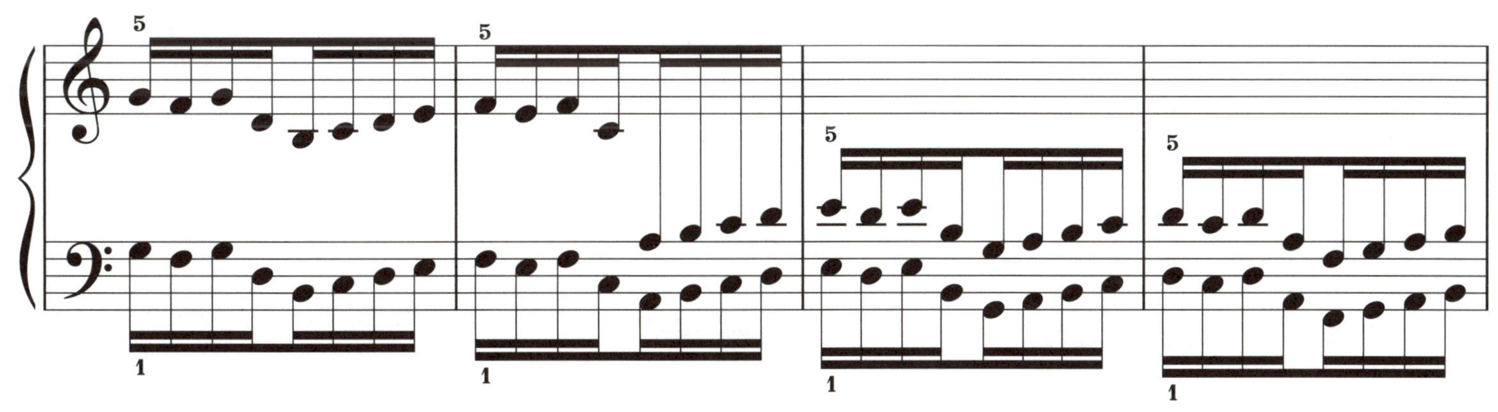

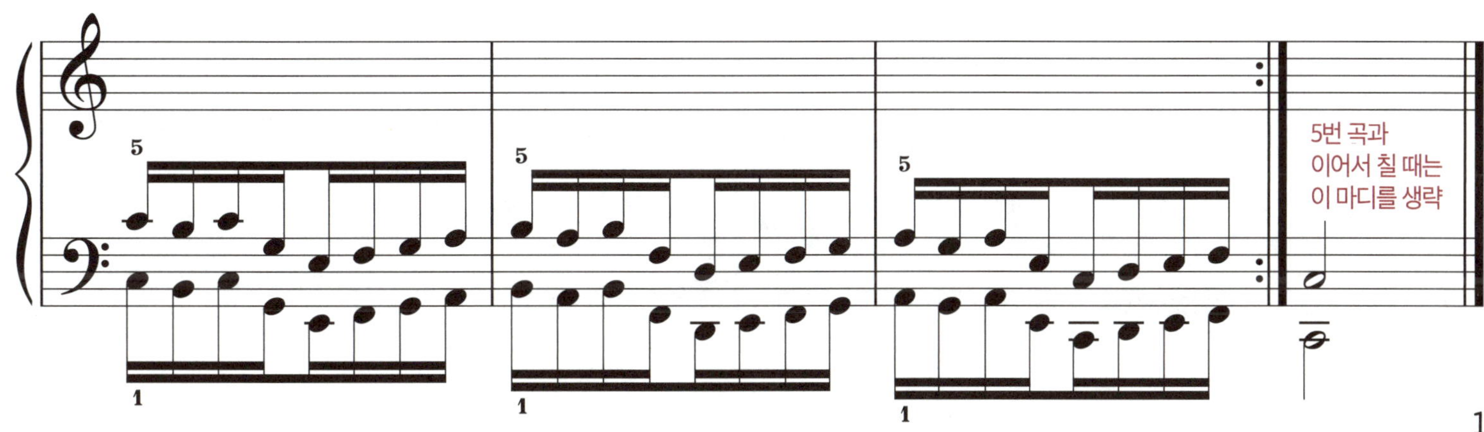
5번 곡과
이어서 칠 때는
이 마디를 생략

5-4번 트릴 예비 연습과 다섯 손가락 고르게 치기
• 손가락을 바로 세워 손끝의 힘으로 건반 깊숙이 눌러서 연습해야 뚜렷한 소리가 납니다.

M. M. ♩ = 50 ~ 72 ~ 108

5번 곡 연습이 끝나면 3, 4, 5번 곡을 이어서 4번 반복하세요.

5번 손가락 힘을 기르기

- 상행은 오른손 5번, 하행은 왼손 5번의 손가락 힘을 기르는 연습입니다.
- 5번 손가락으로 건반을 누를 때 음의 진행 방향에 따라 손목을 자연스럽게 회전시키면서 연습하세요.

M. M. ♩ = 50 ~ 72 ~ 108

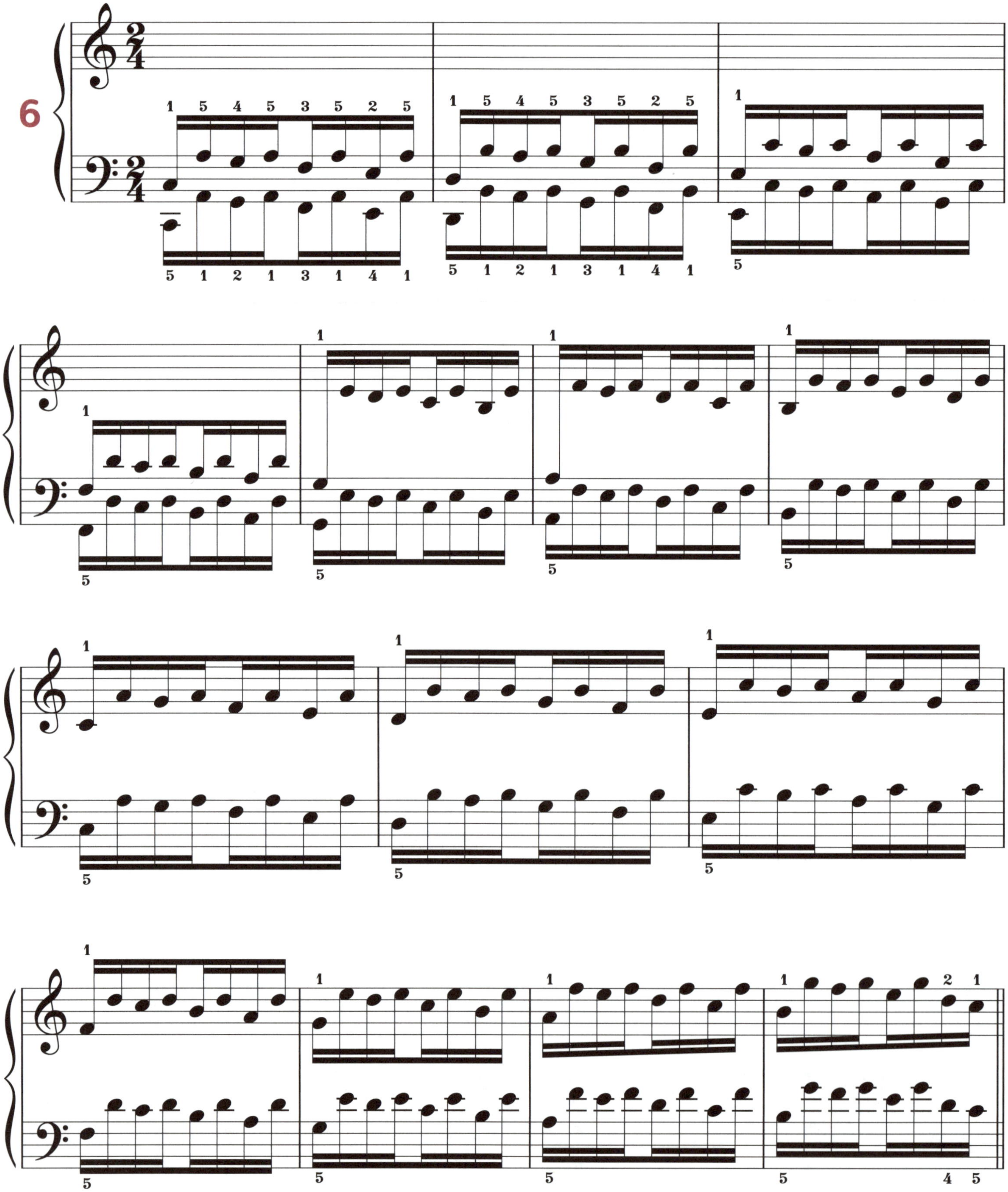

효과적인 변주 연습

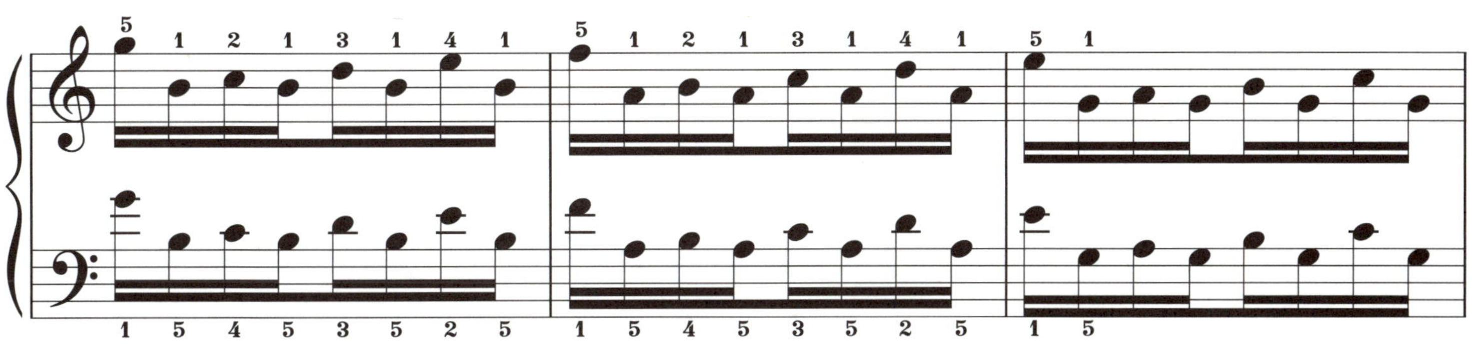

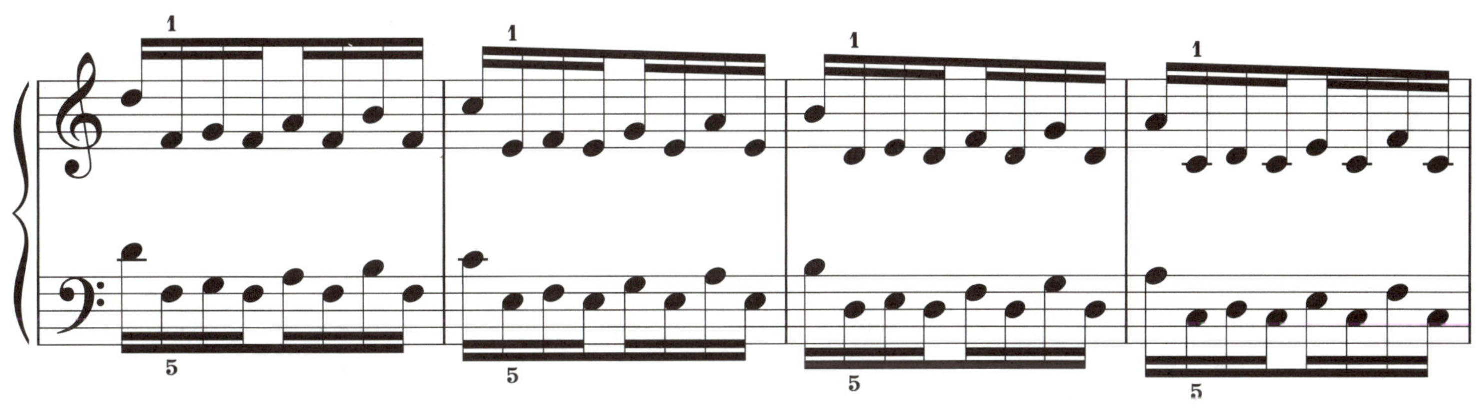

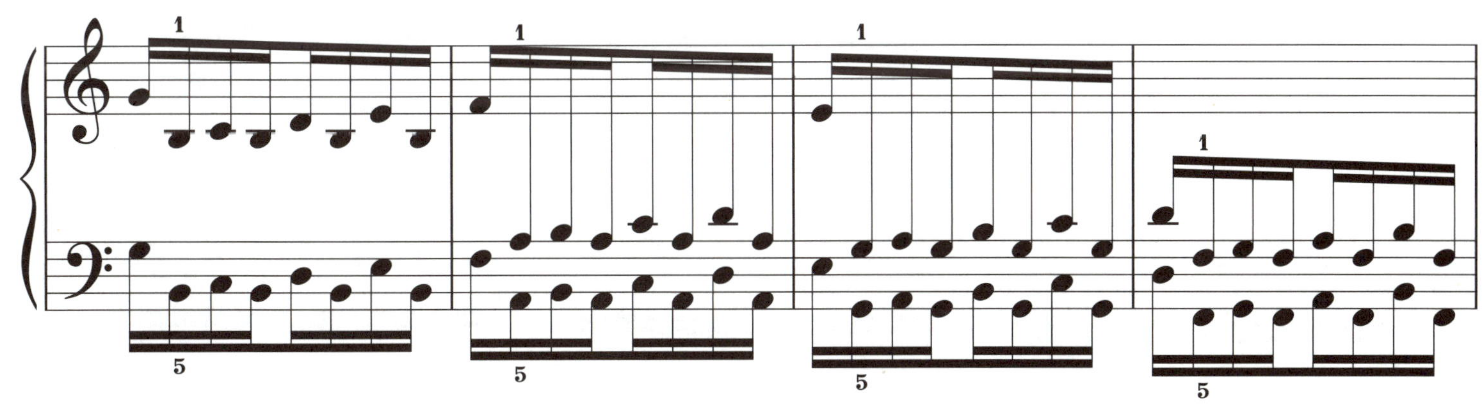

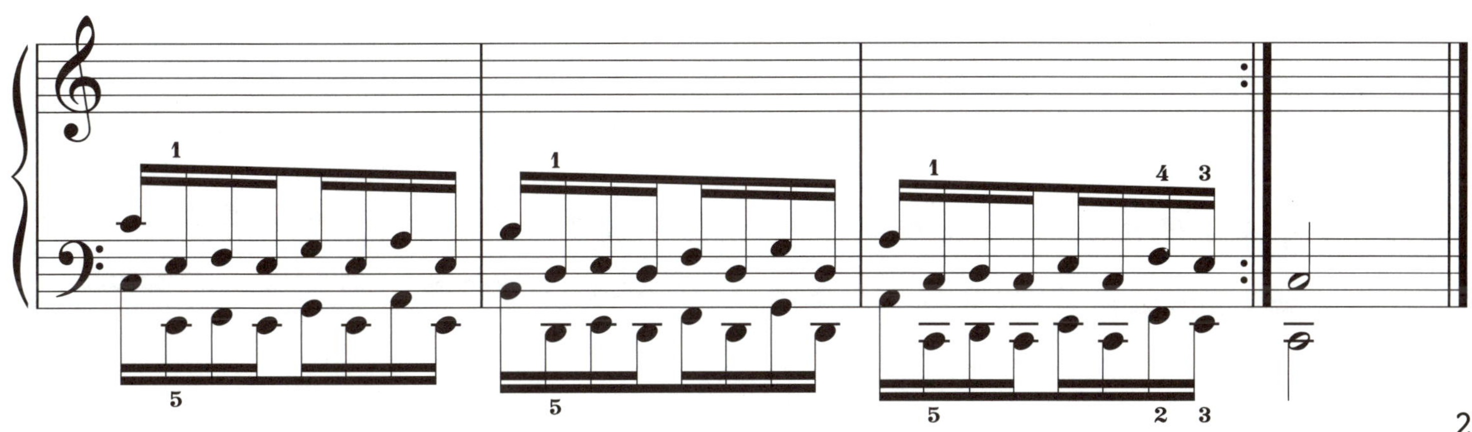

3, 4, 5번 고르게 치기
• 상행은 왼손 1-3번, 하행은 오른손 1-3번의 연결이 고르고 바르게 이어지도록 3번 손가락을 미리 준비하세요.

M. M. ♩ = 40 ~ 72 ~ 108

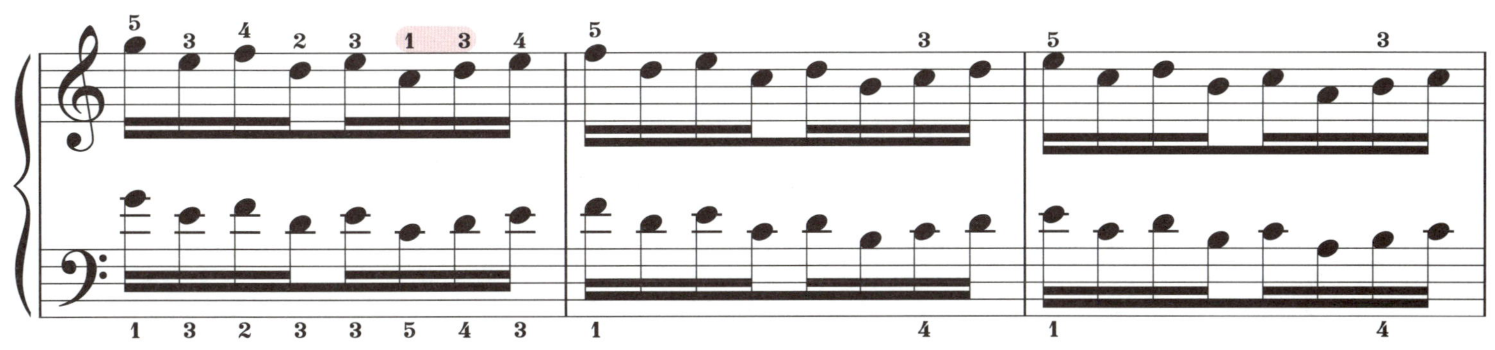

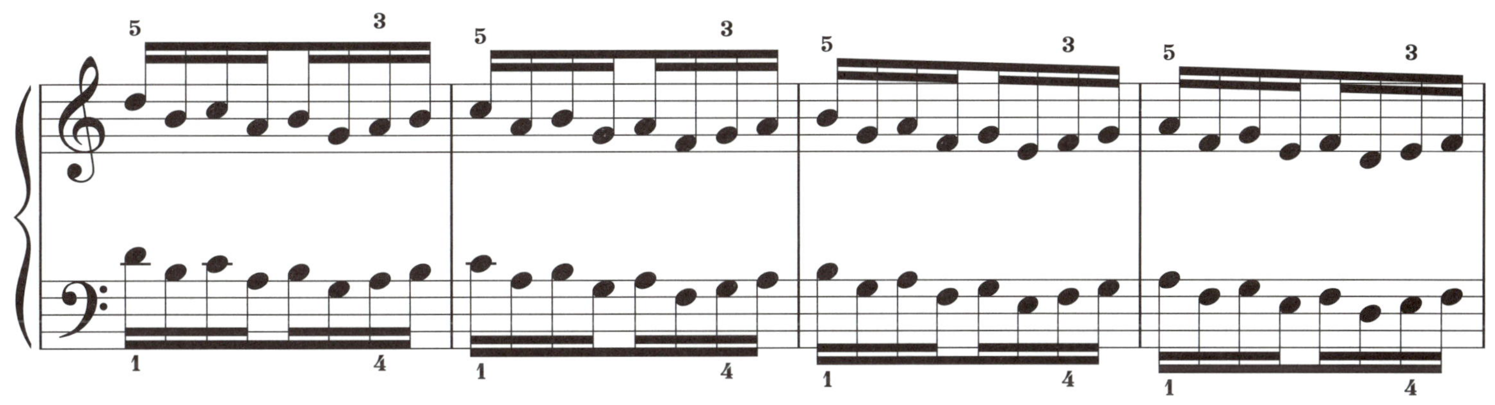

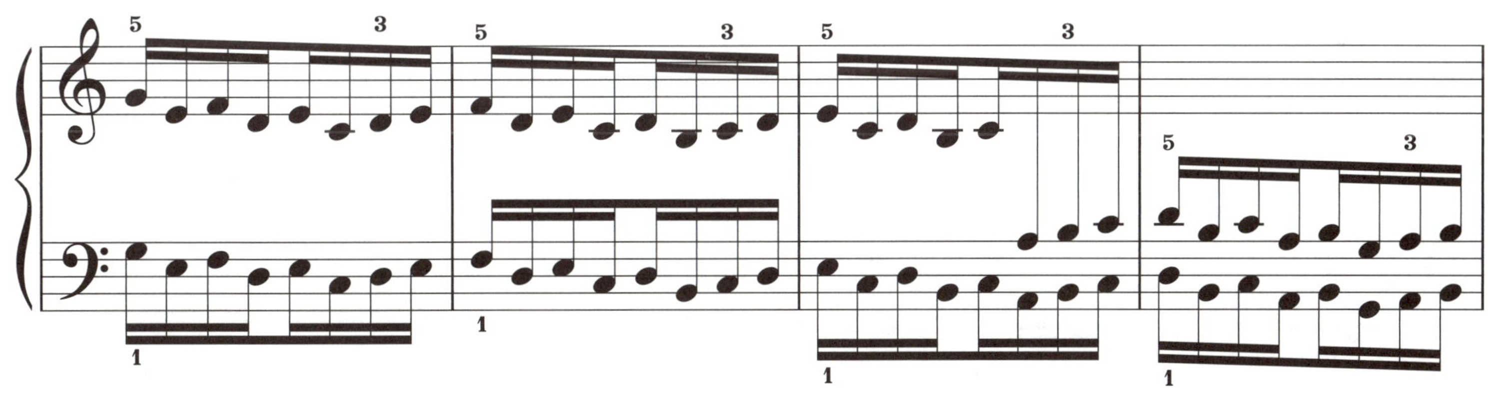

다섯 손가락 고르게 치기
• 상행은 왼손 5-4번, 하행은 오른손 5-4번 손가락 벌리기 연습입니다.

M. M. ♩ = 40 ~ 72 ~ 108
8

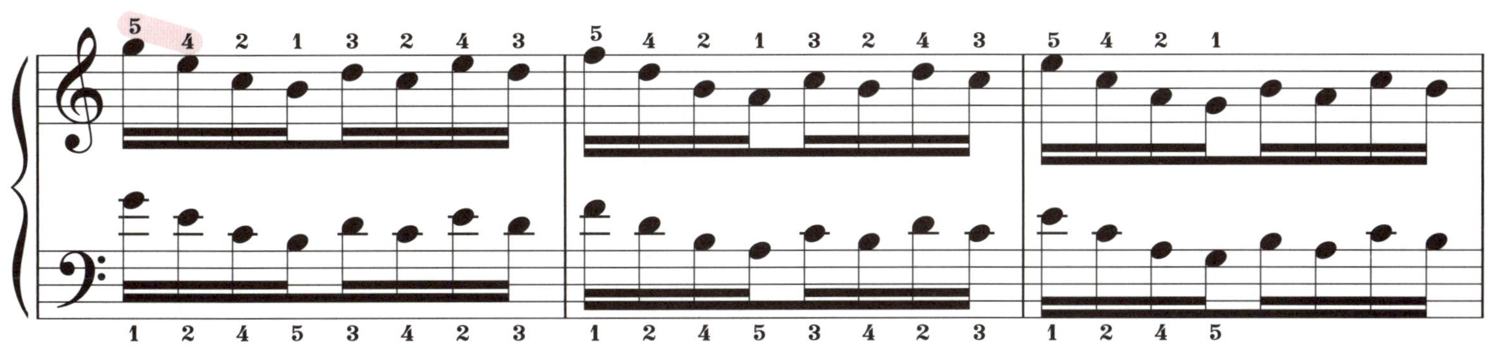

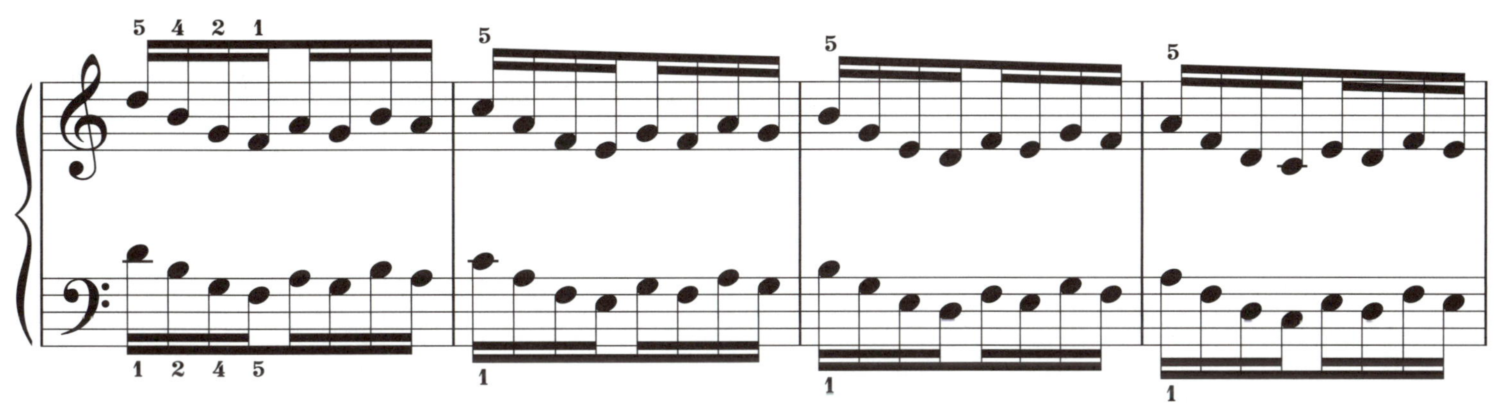

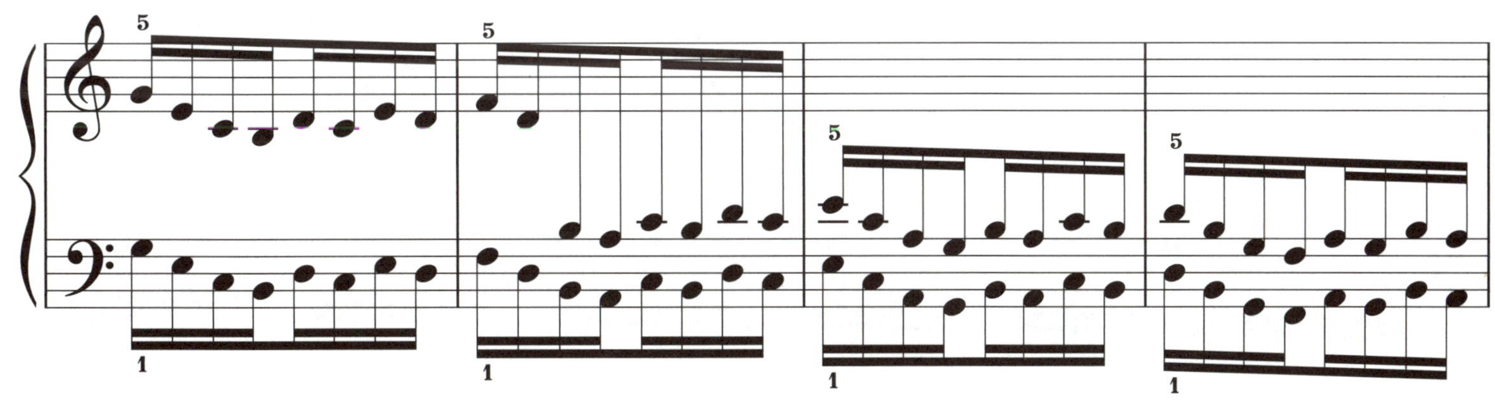

8번 곡 연습이 끝나면 6, 7, 8번 곡을 이어서 4번 반복하세요.

5-4번 벌리기와 다섯 손가락 고르게 치기

• 양손 5–4번 손가락 벌리기와 다섯 손가락을 고르게 치기 위한 연습입니다.

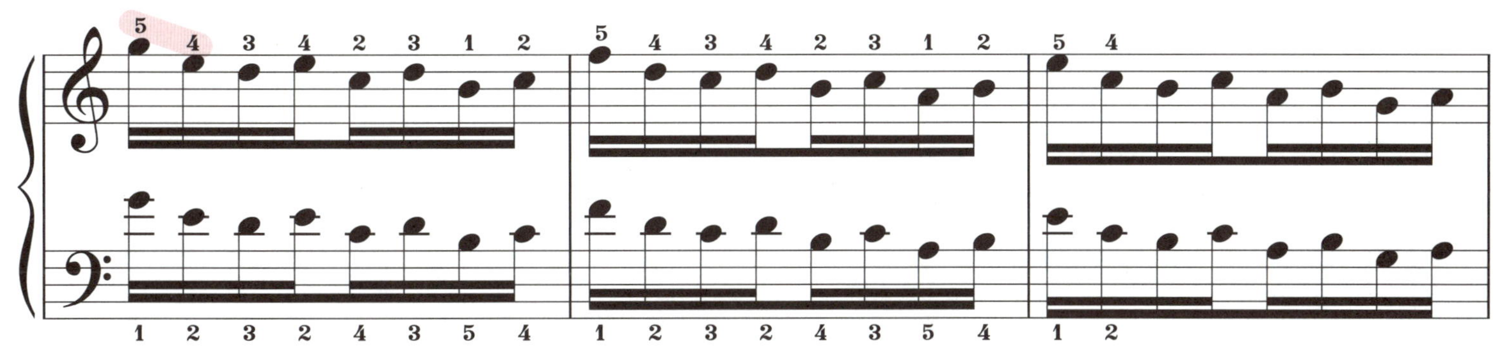

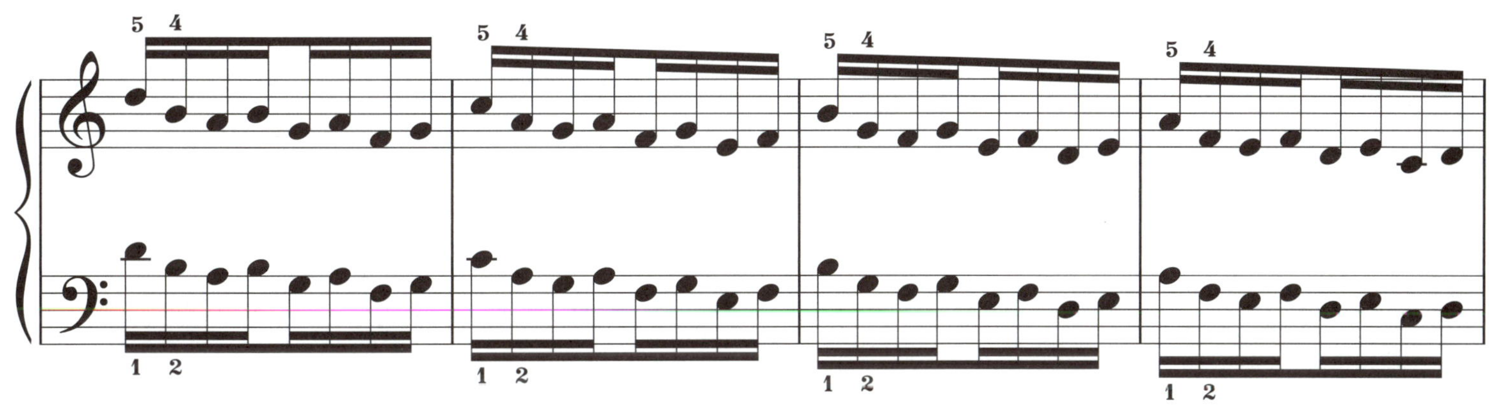

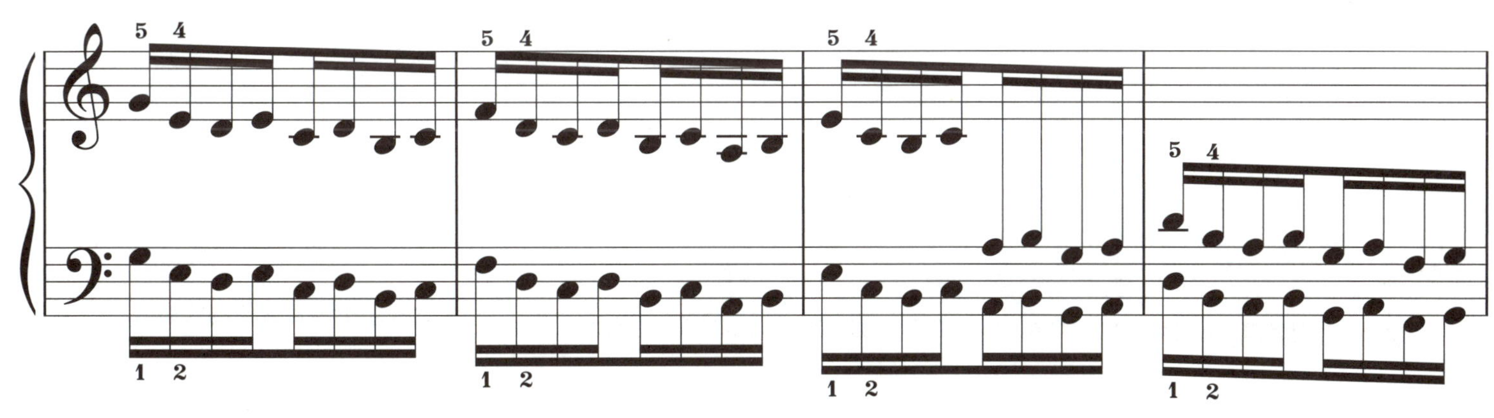

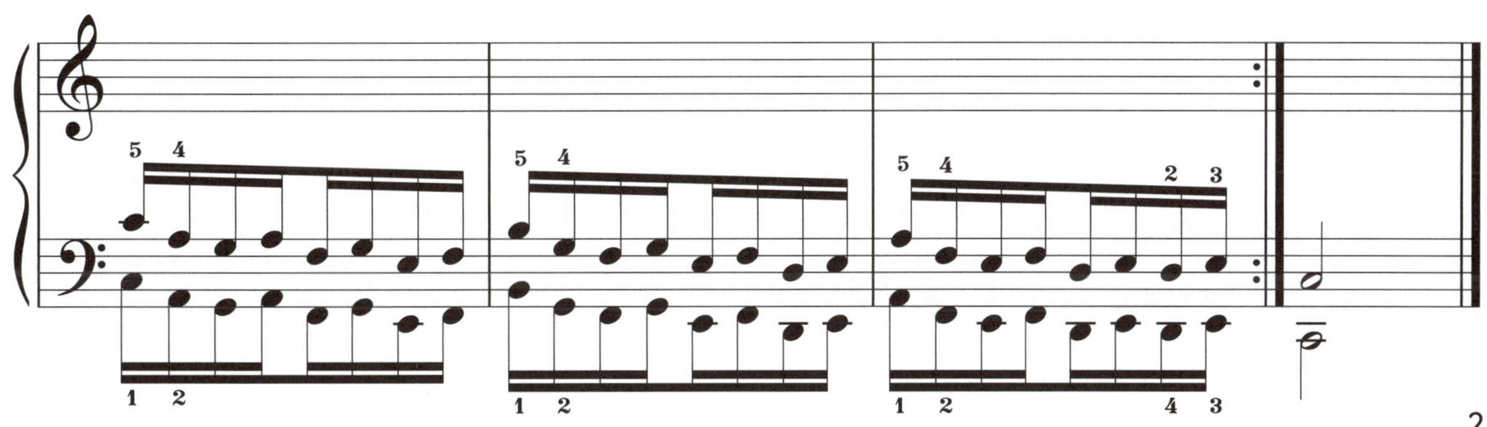

• 상행은 왼손 4-3번, 하행은 오른손 4-3번 손가락의 트릴을 위한 연습입니다. 손목에 힘이 들어가지 않도록 하며, 손끝의
힘으로 건반을 누르세요.

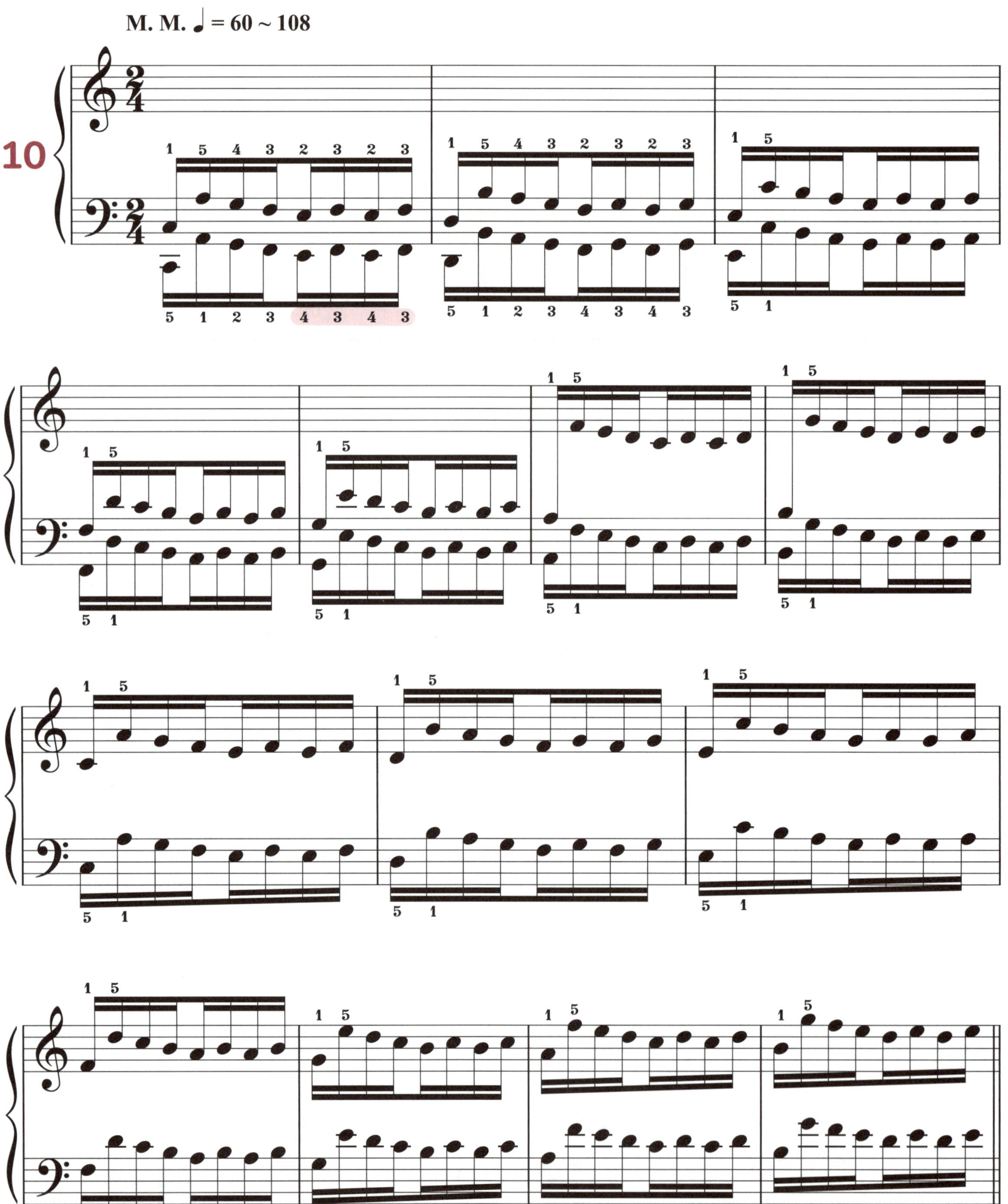

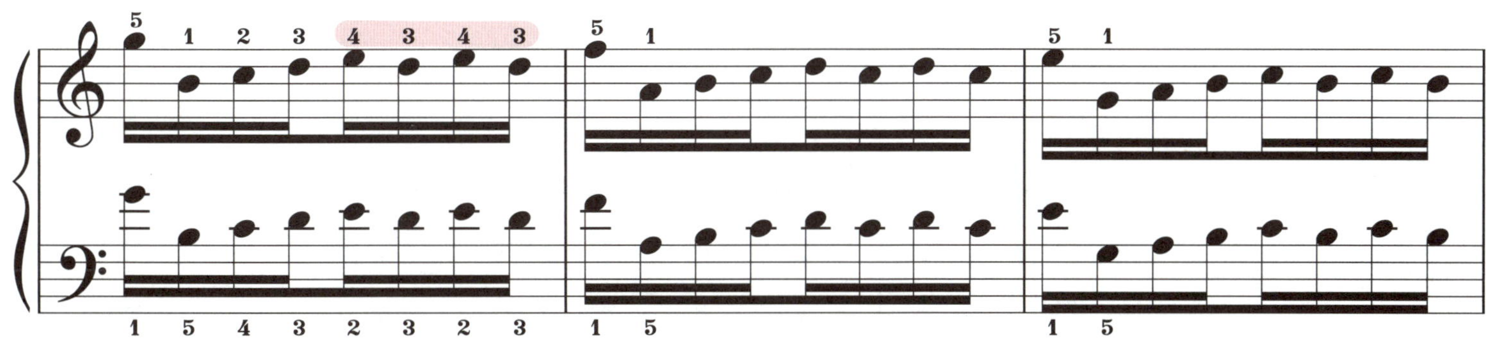

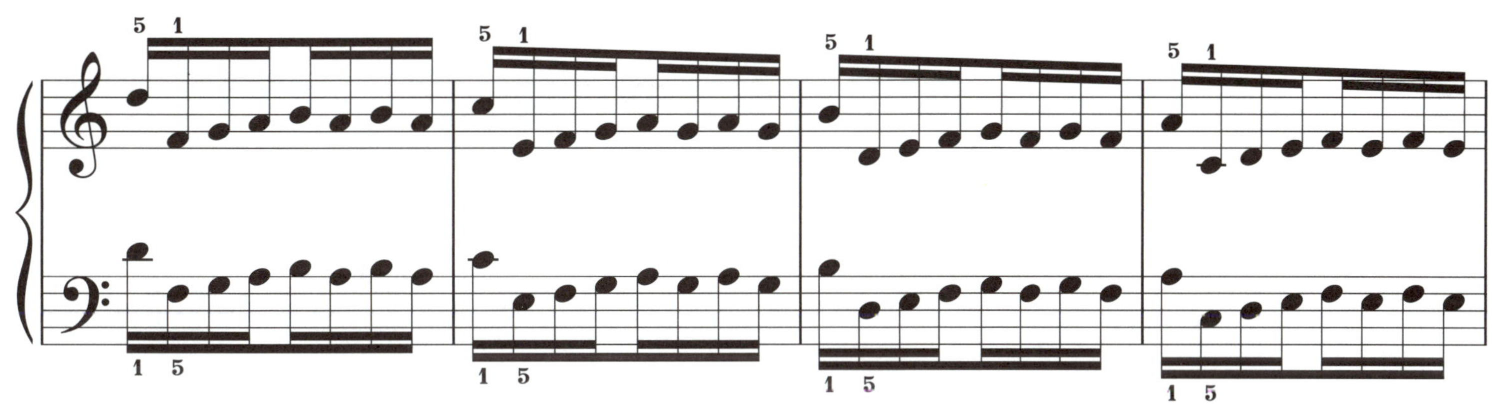

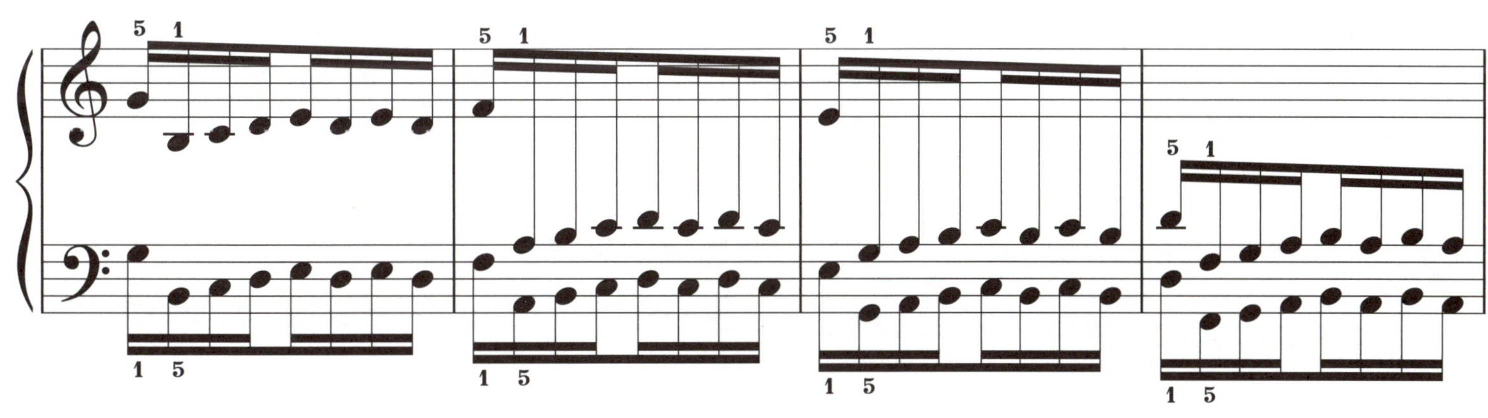

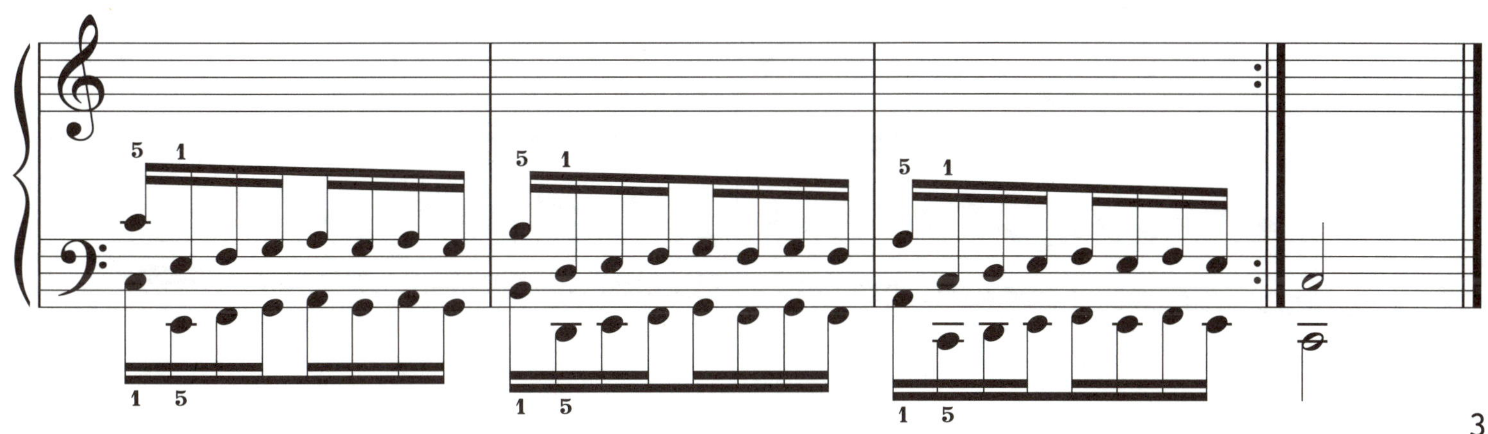

- 하행 왼손 5-4번의 트릴 준비 연습할 때 리듬이 고르게 되도록 연습하세요.
- 트릴 연습은 손가락 끝에 힘을 실어 건반을 누르며, 손등이나 손목이 흔들리지 않도록 둥근 손 모양을 유지시키는게 중요합니다.

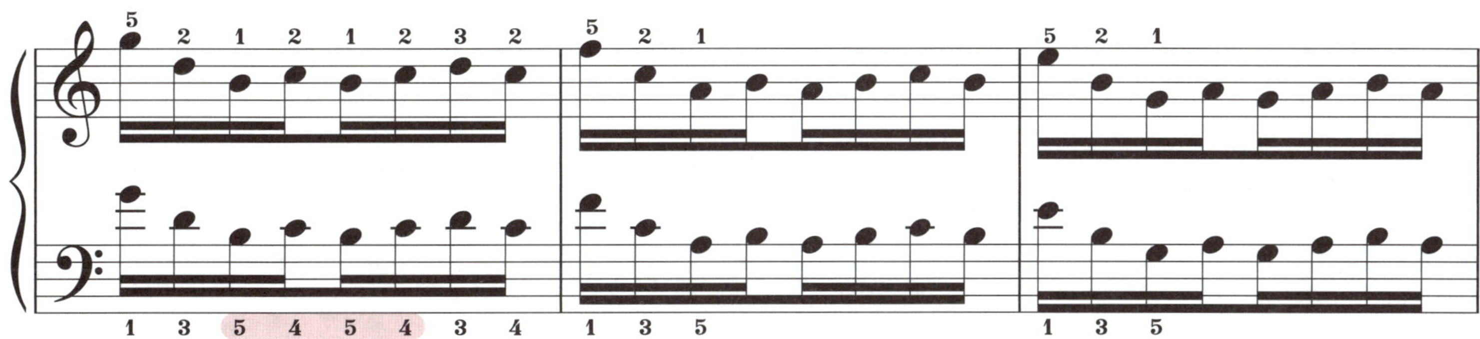

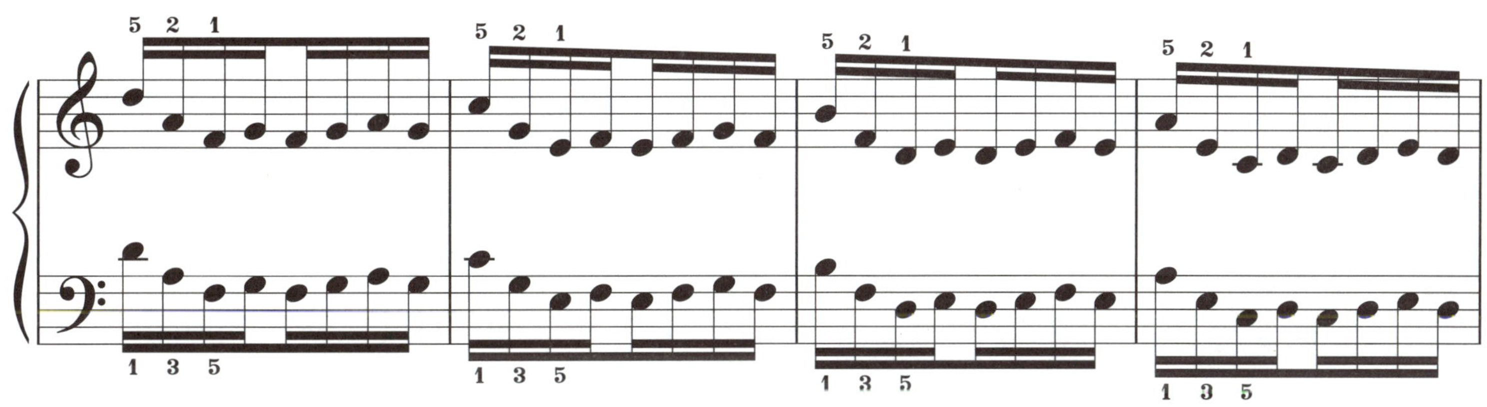

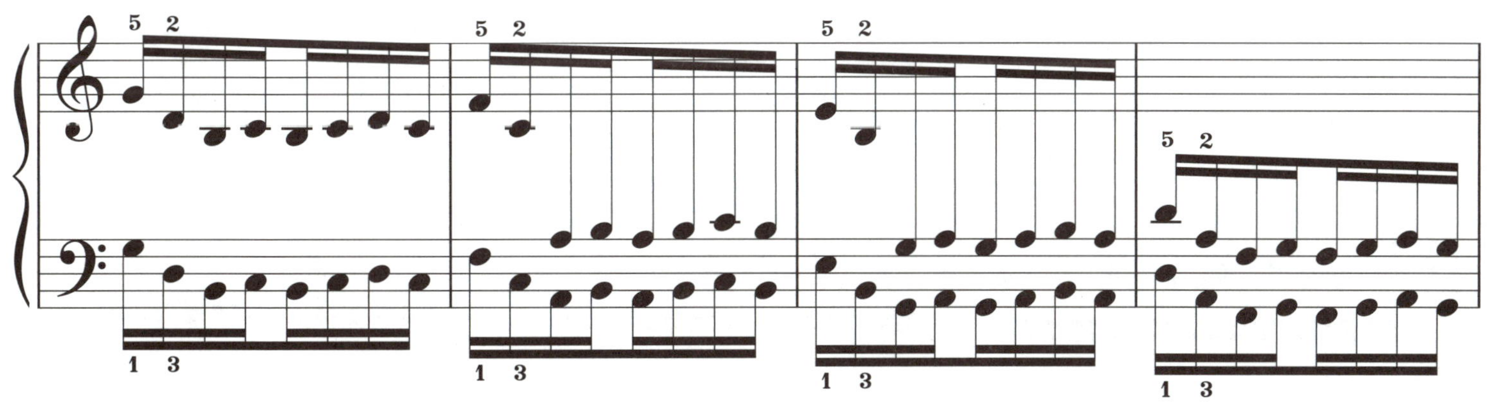

11번 곡 연습이 끝나면 9, 10, 11번 곡을 이어서 4번 반복하세요.

- 6도, 7도로 도약하는 5번 또는 1번 손가락의 건반 자리를 리듬이 흔들리지 않고 정확하게 누를 수 있도록 연습하세요.

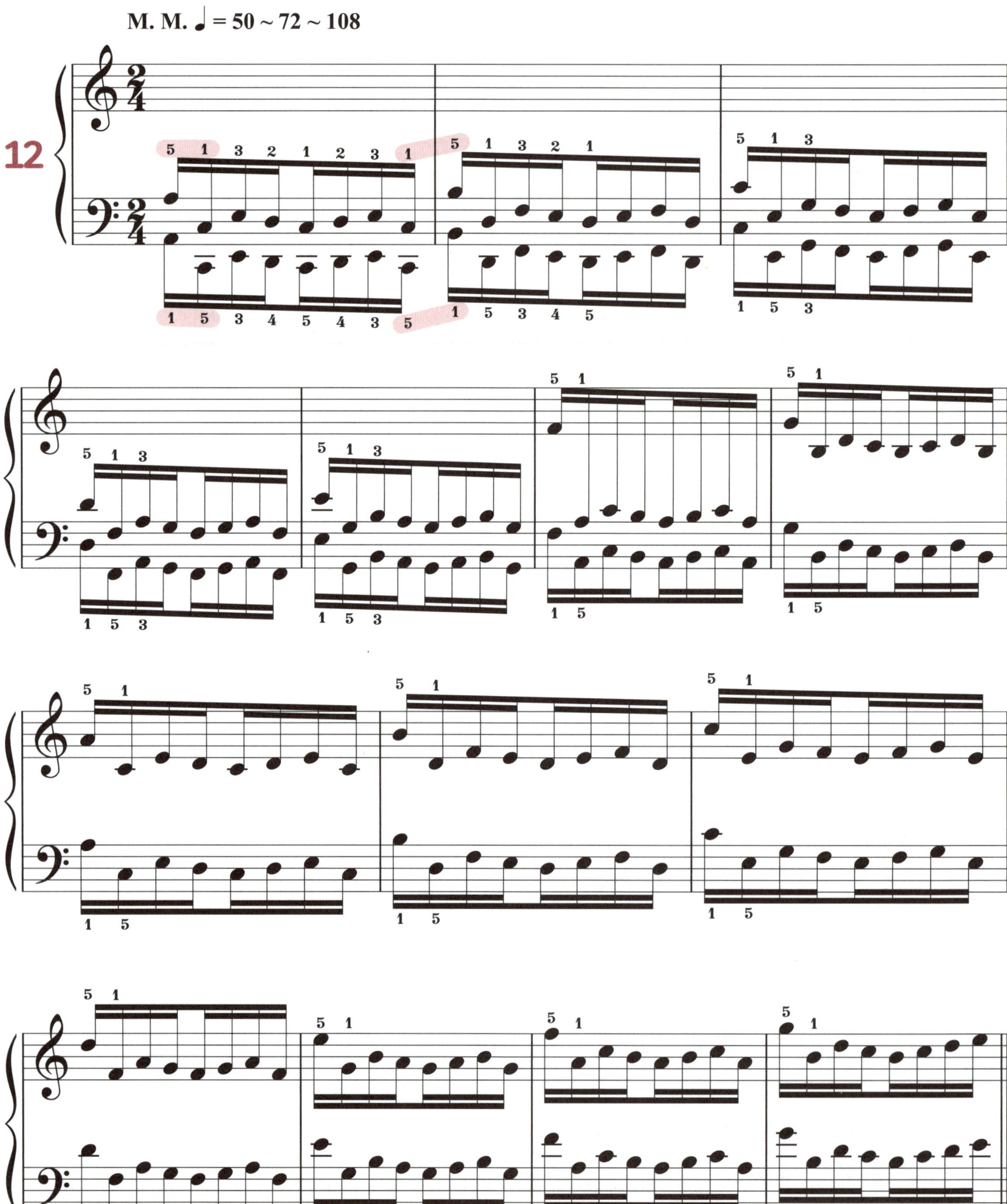

3, 4, 5번 고르게 치기

• 하행할 때 오른손 3-1-3-4번, 왼손 3-5-3-2번의 손가락 쓰기에 리듬이 흔들리지 않도록 주의해서 연습하세요.

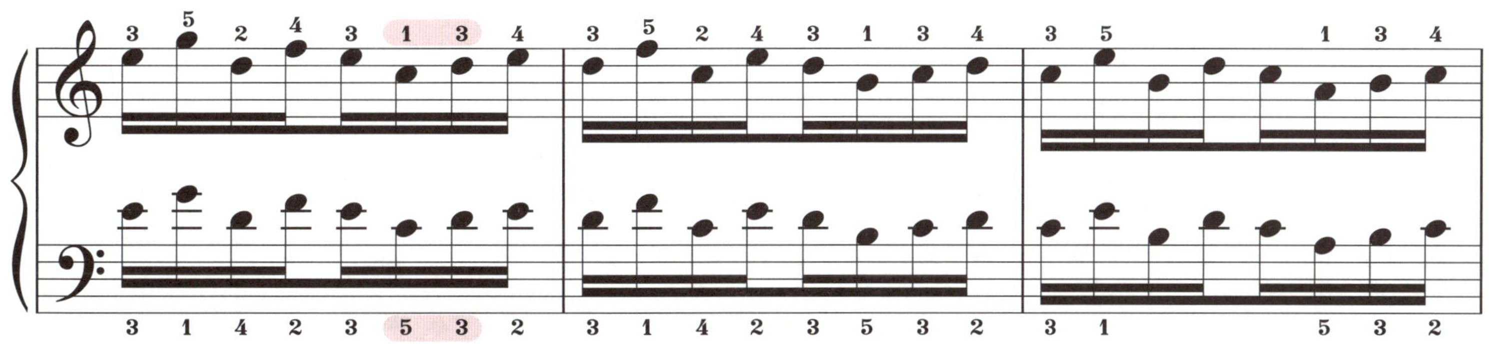

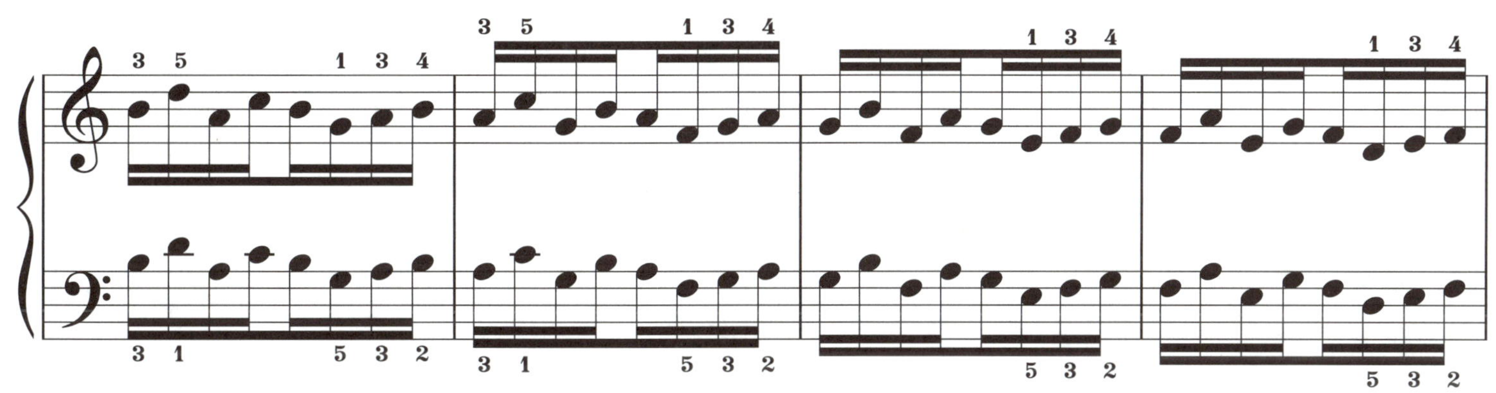

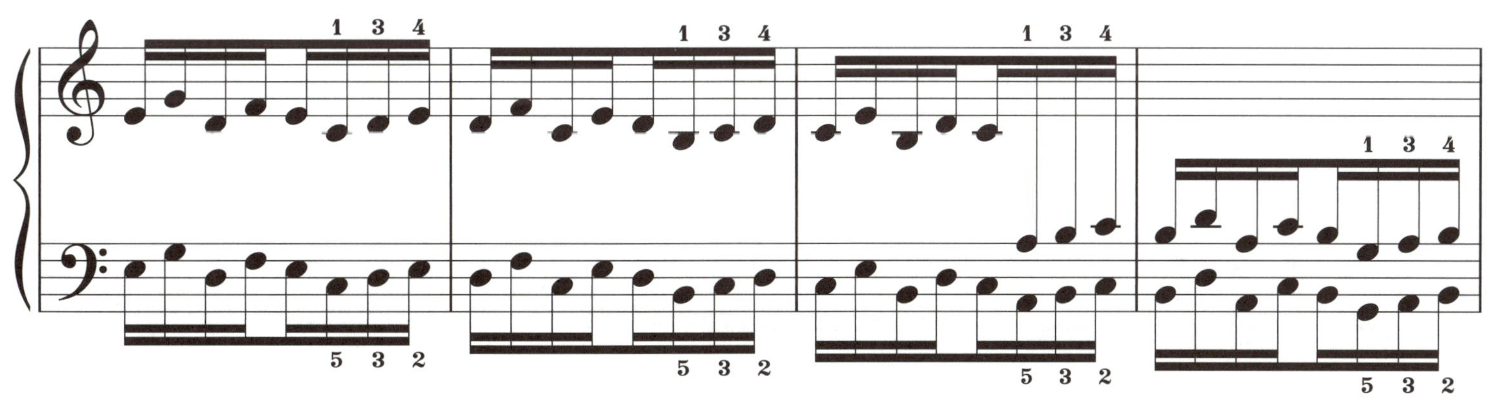

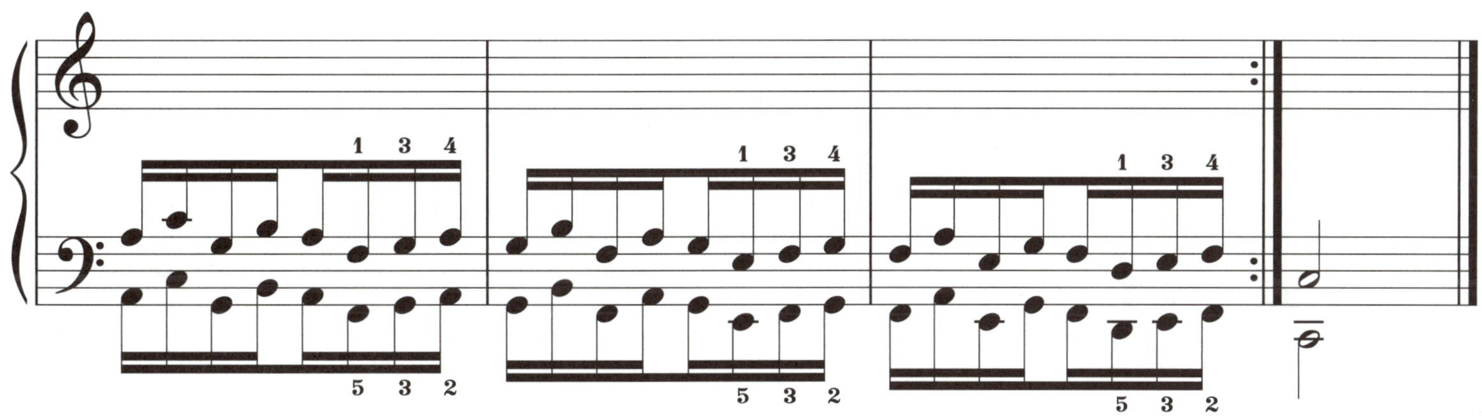

- 4-3번의 연속 트릴 준비 연습입니다. 리듬을 고르게하며, 손목에 힘이 들어가지 않도록 주의하세요.

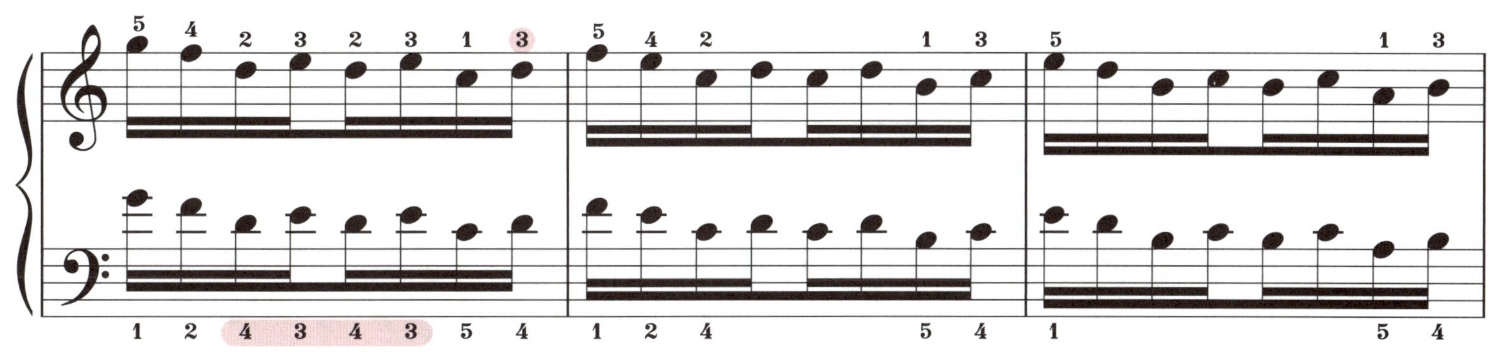

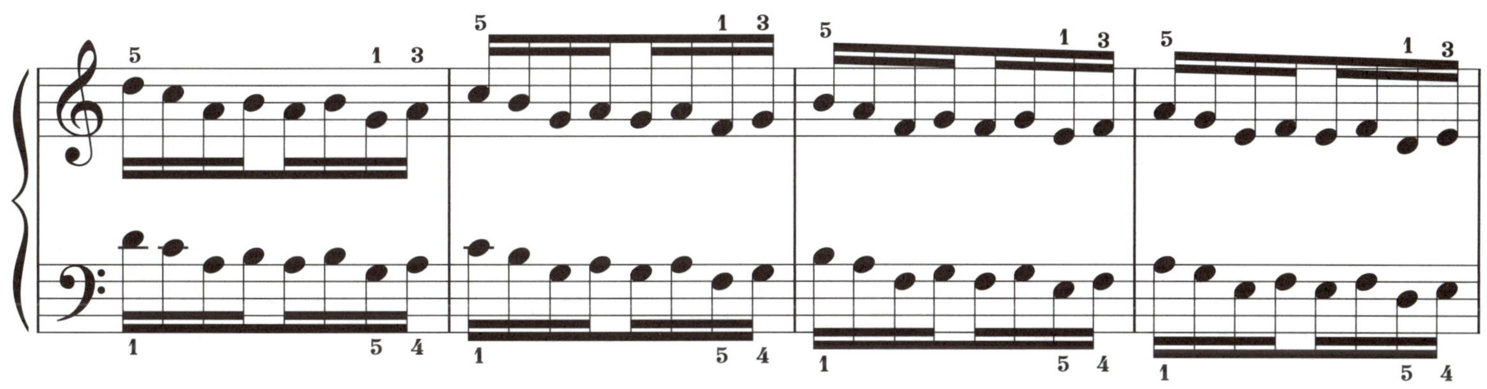

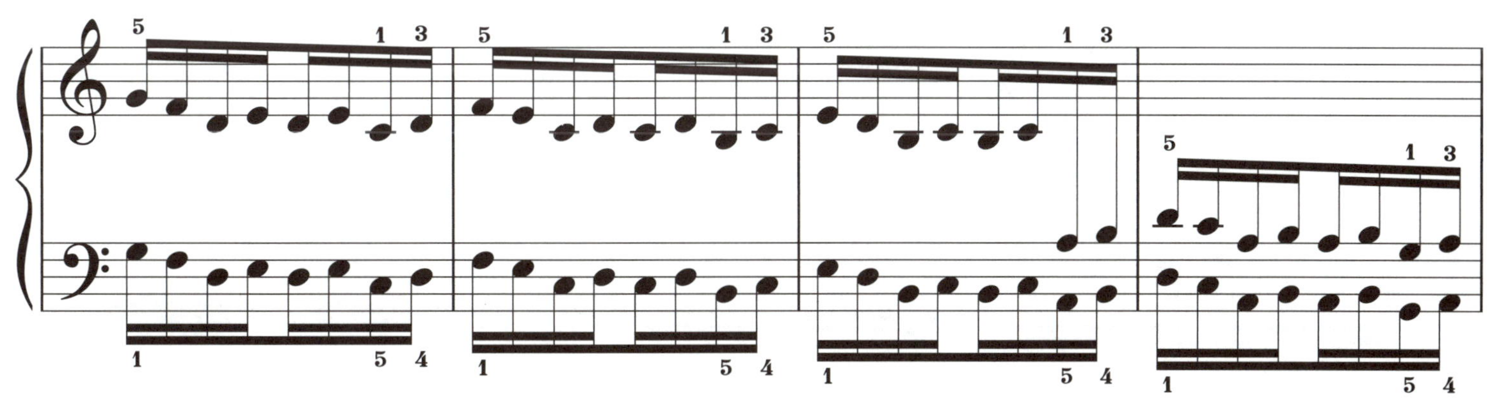

14번 곡 연습이 끝나면 12, 13, 14번 곡을 이어서 4번 반복하세요.

1-2-1번 손가락 이동 연습과 고르게 치기
• 1-2-1번 손가락 이동할 때 고른 터치가 되도록 연습하세요.

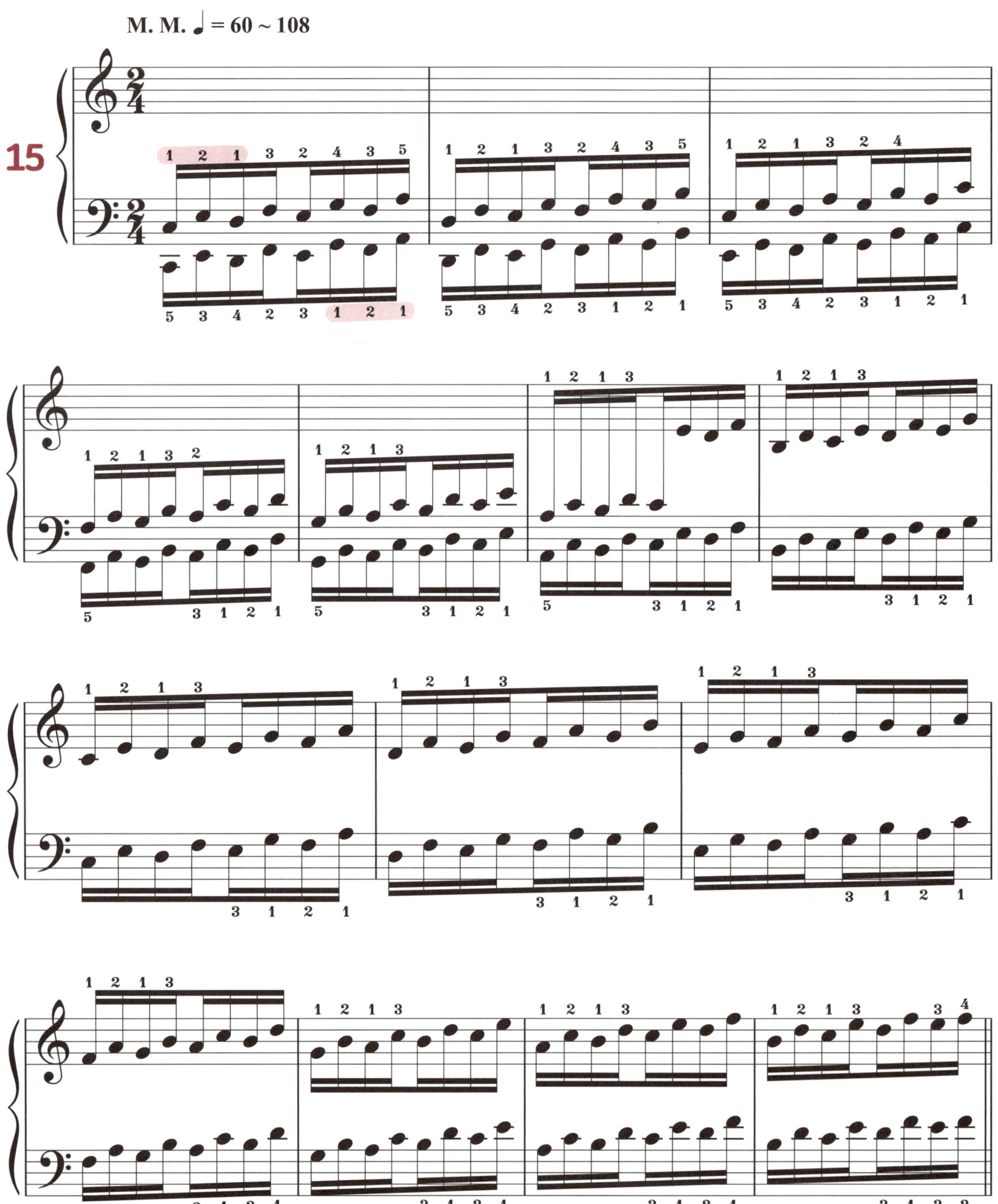

M. M. ♩ = 60 ~ 108
15

① 2/4
② 2/4
③ 4/4
④ 6/8

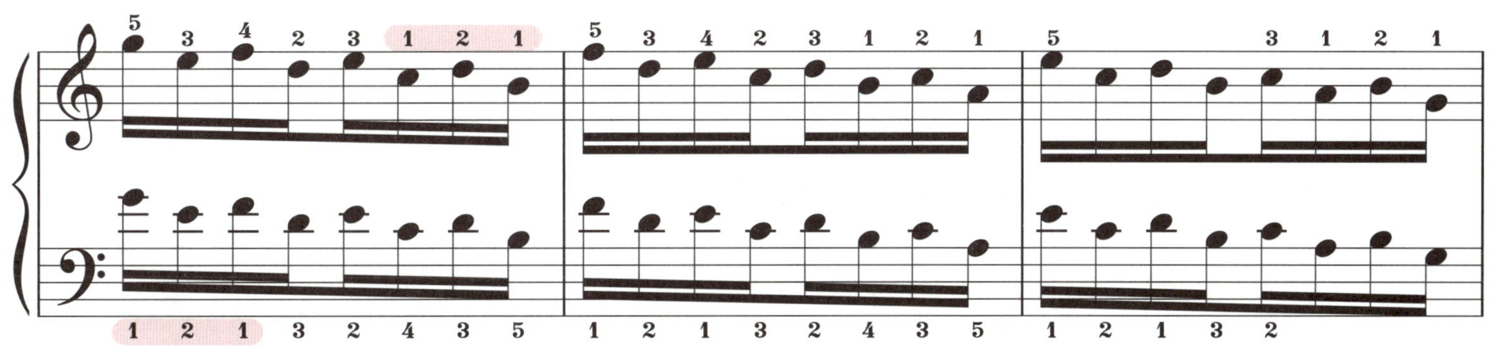

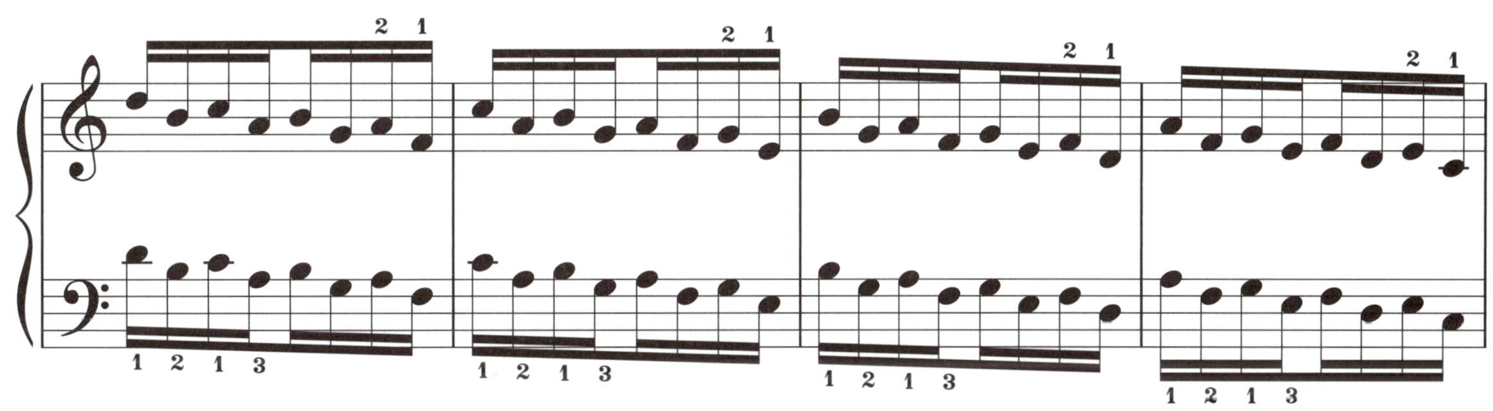

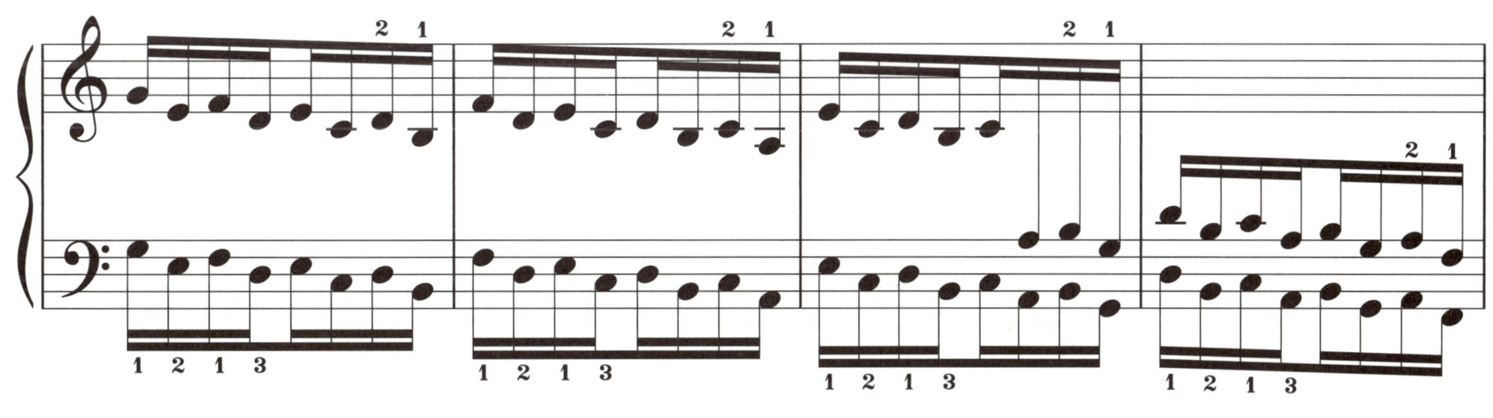

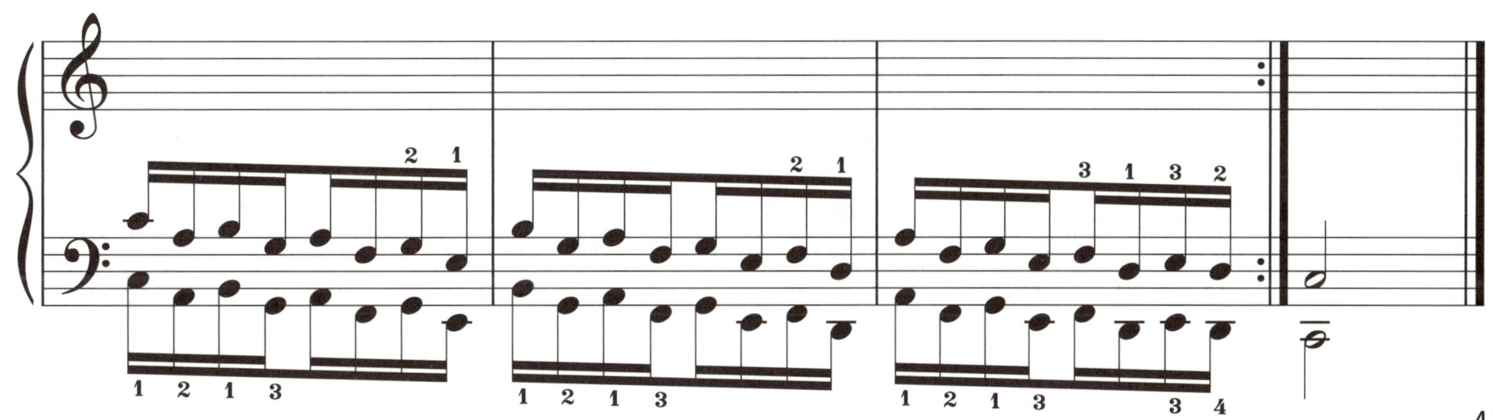

- 3-5번 손가락 벌리기는 손목의 자연스러운 회전을 사용하고, 하행 왼손 5-4-3-4번 움직임이 매끄럽게 되도록 연습하세요.

M. M. ♩ = 50 ~ 72 ~ 108

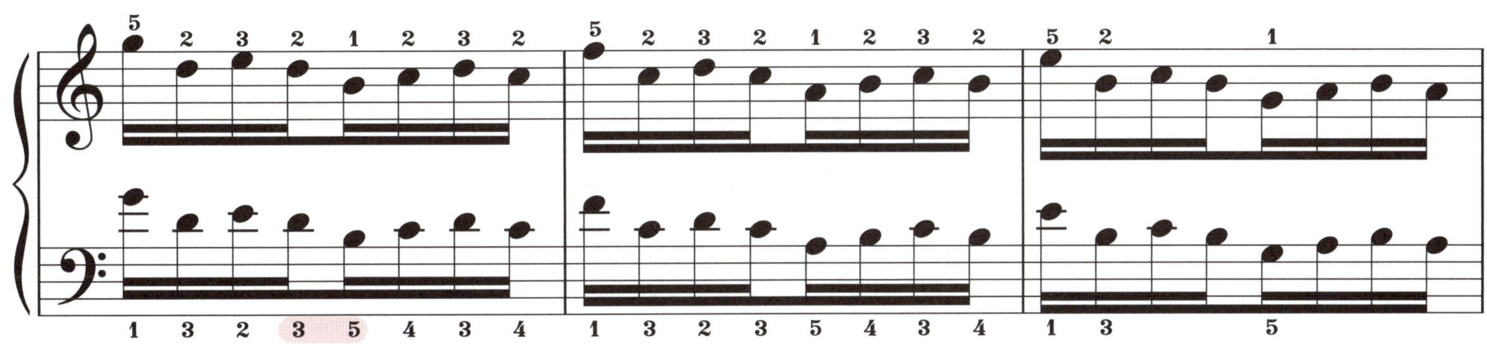

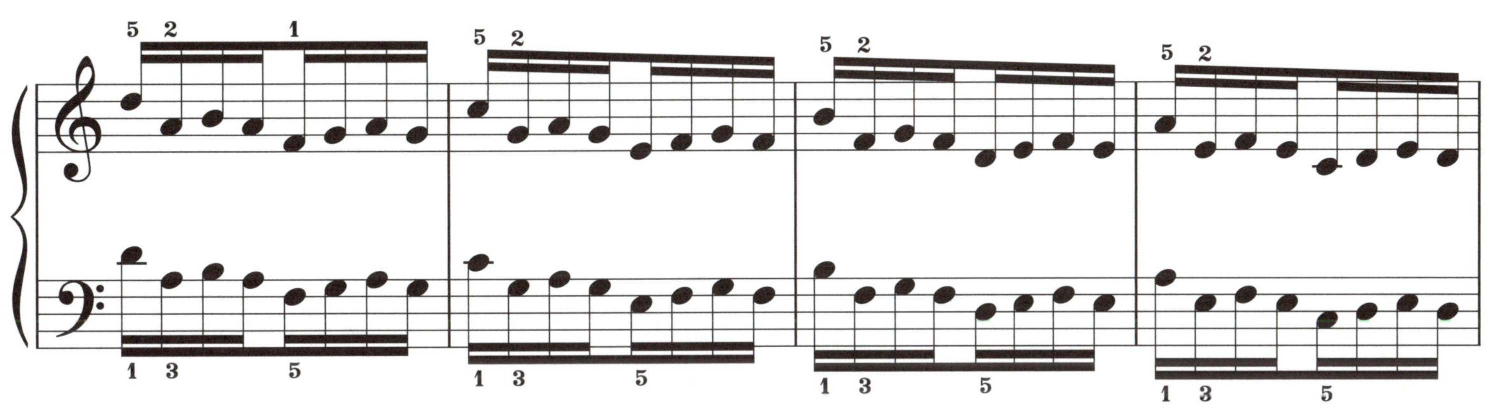

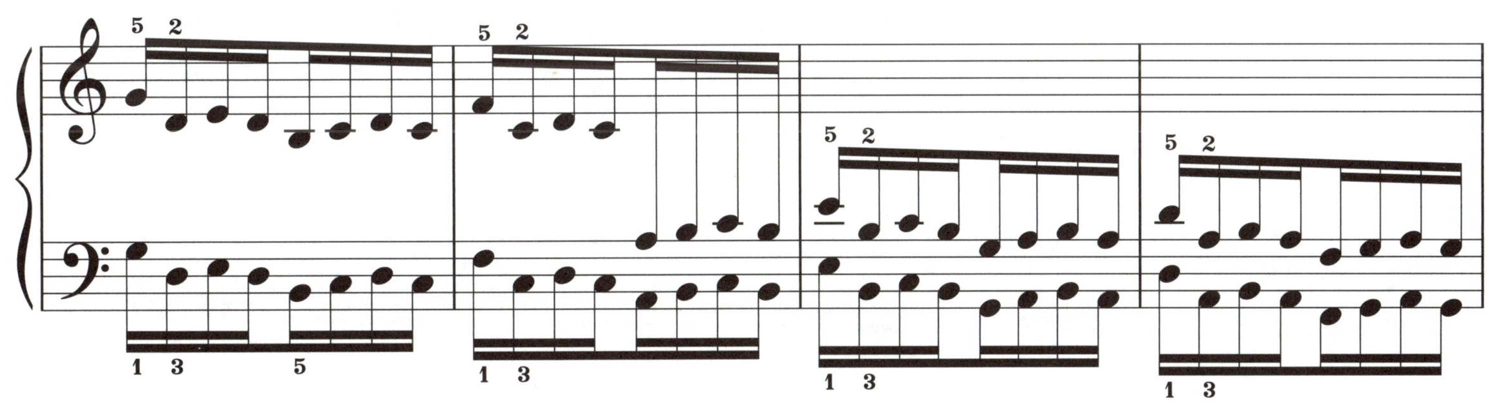

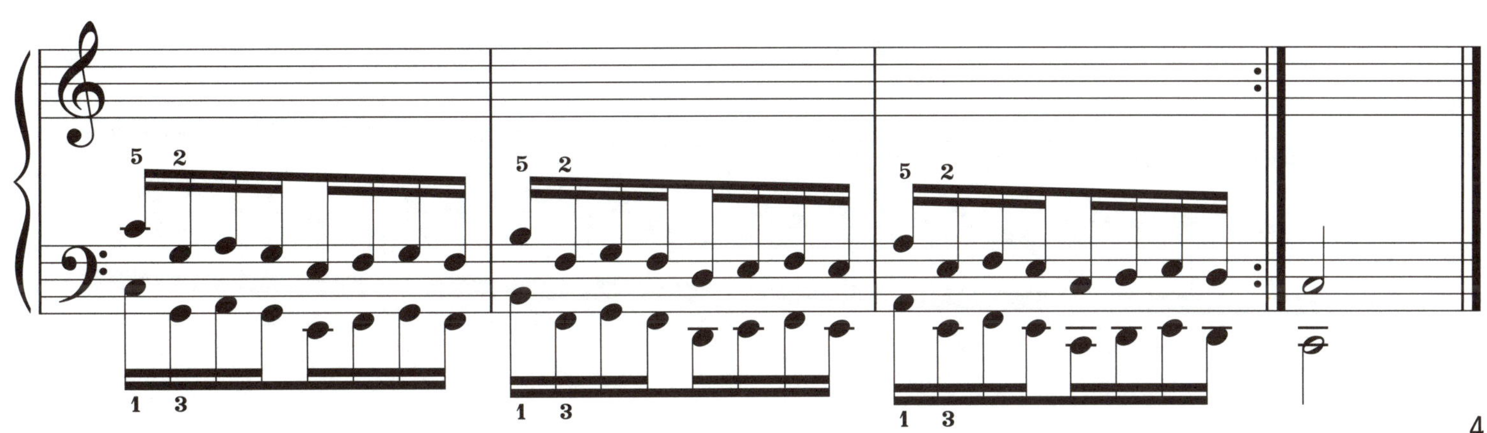

• 상행 오른손 1-2, 2-4번, 왼손 5-4번 손가락 벌릴 때 건반 자리를 정확하게 누를 수 있도록 연습하세요.

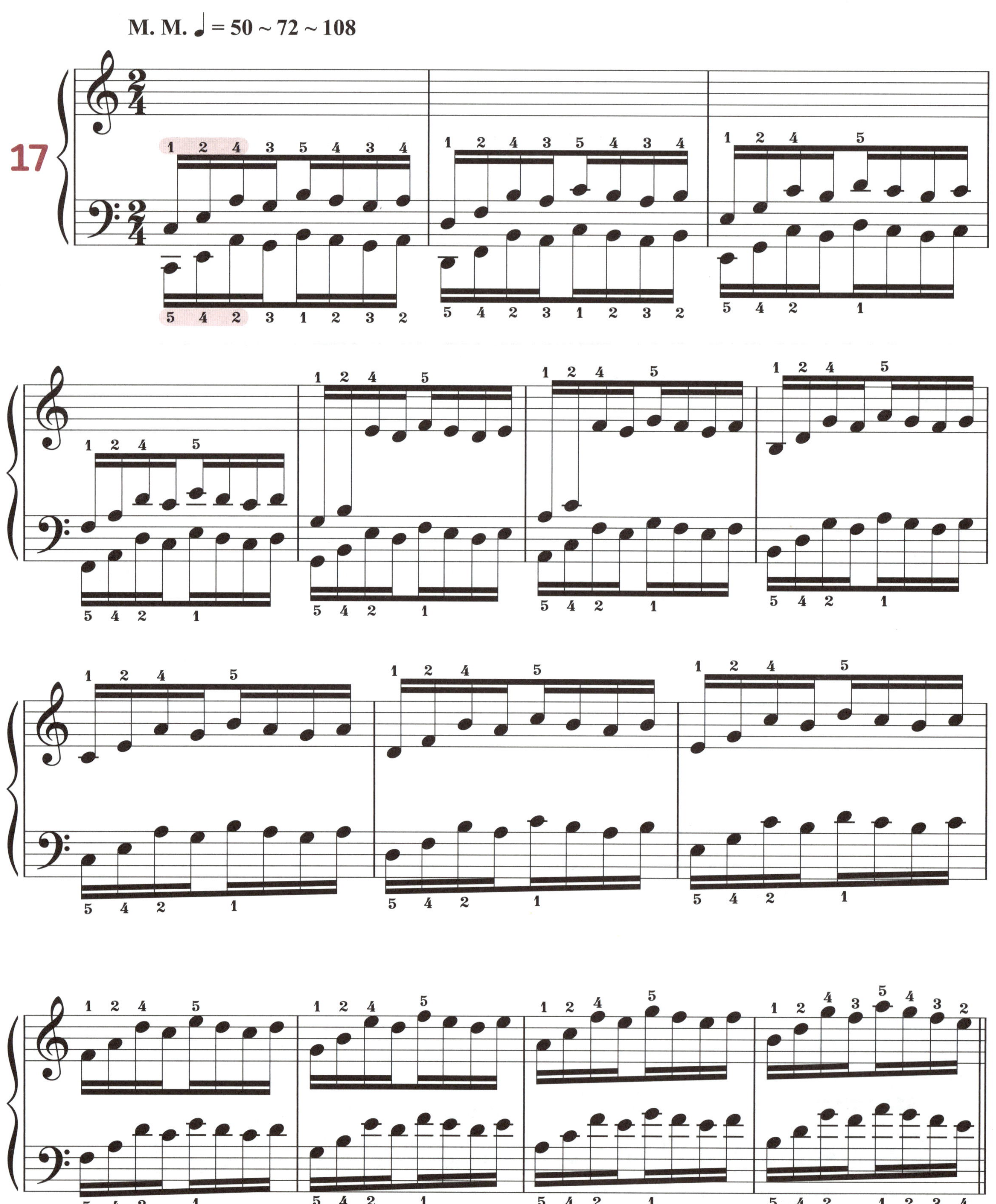

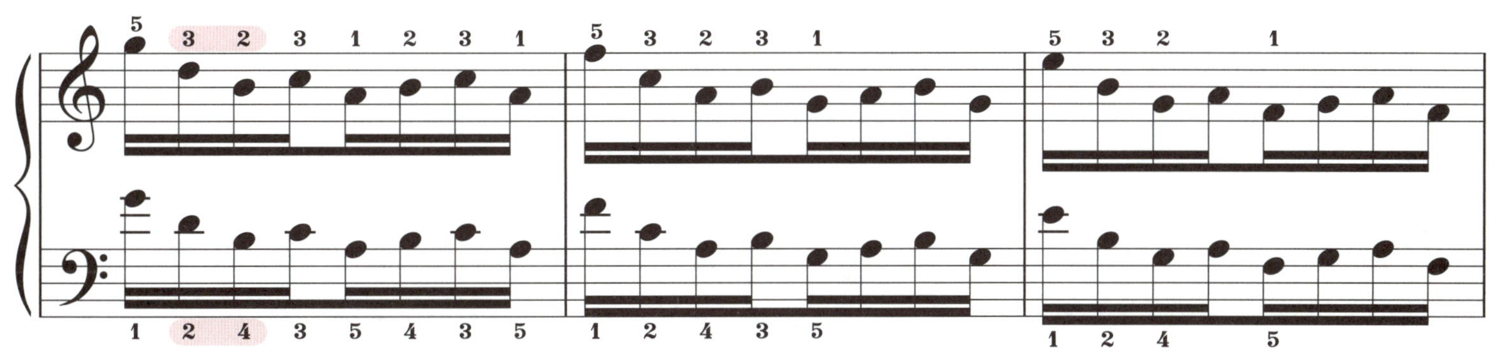

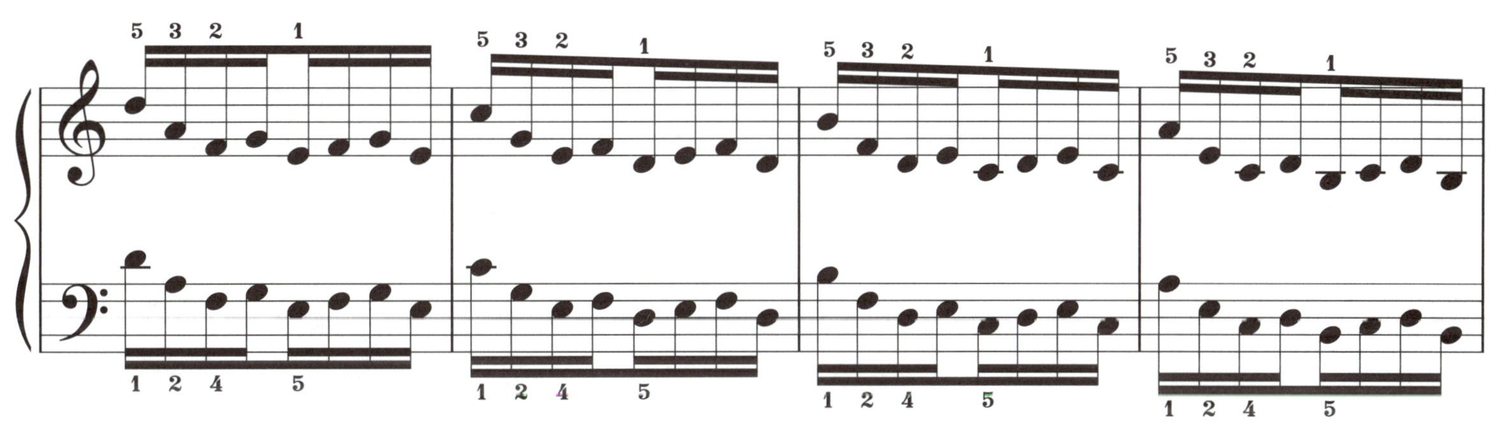

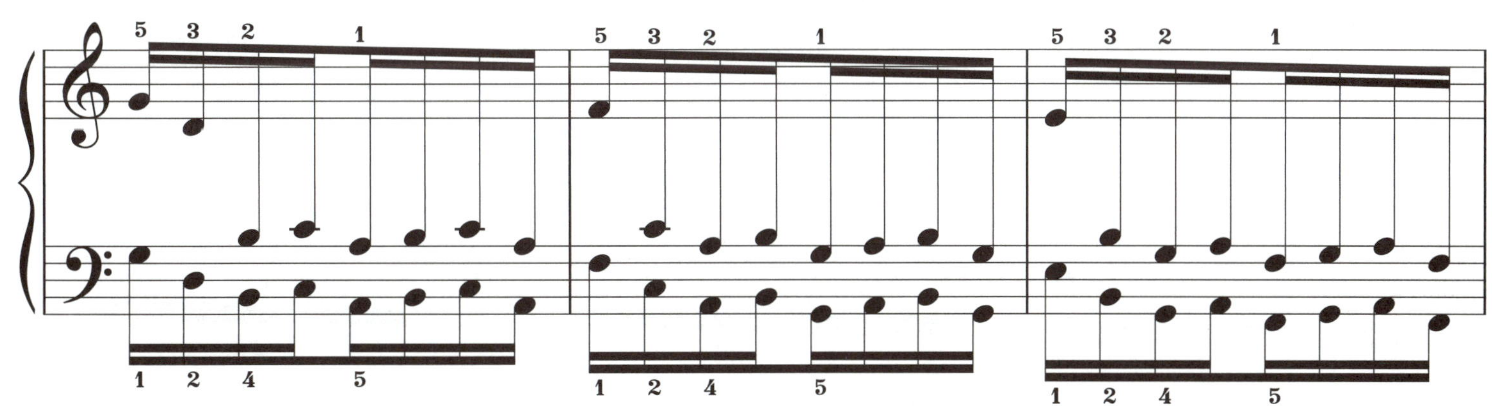

17번 곡 연습이 끝나면 15, 16, 17번 곡을 이어서 4번 반복하세요.

• 다섯 손가락이 모두 독립적으로 고르게 소리 나도록 연습하세요.

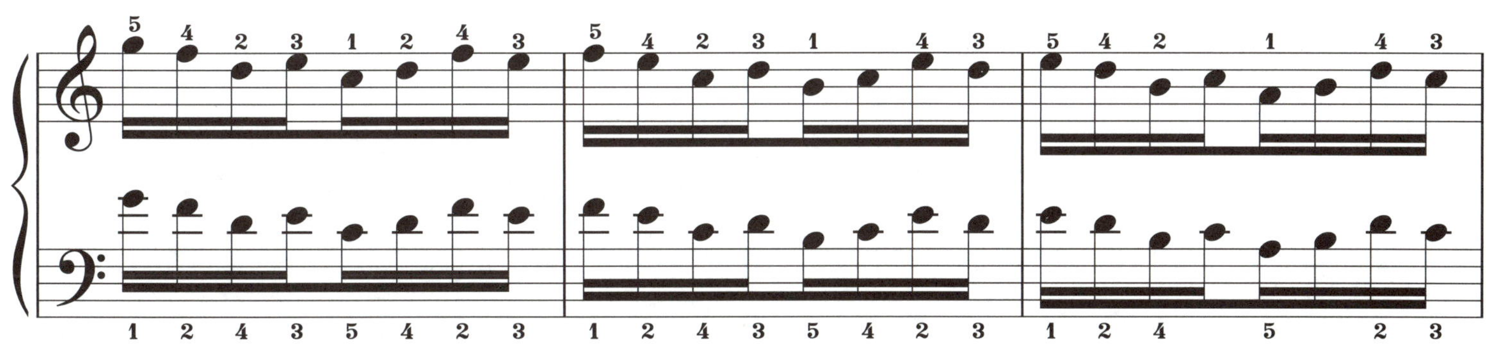

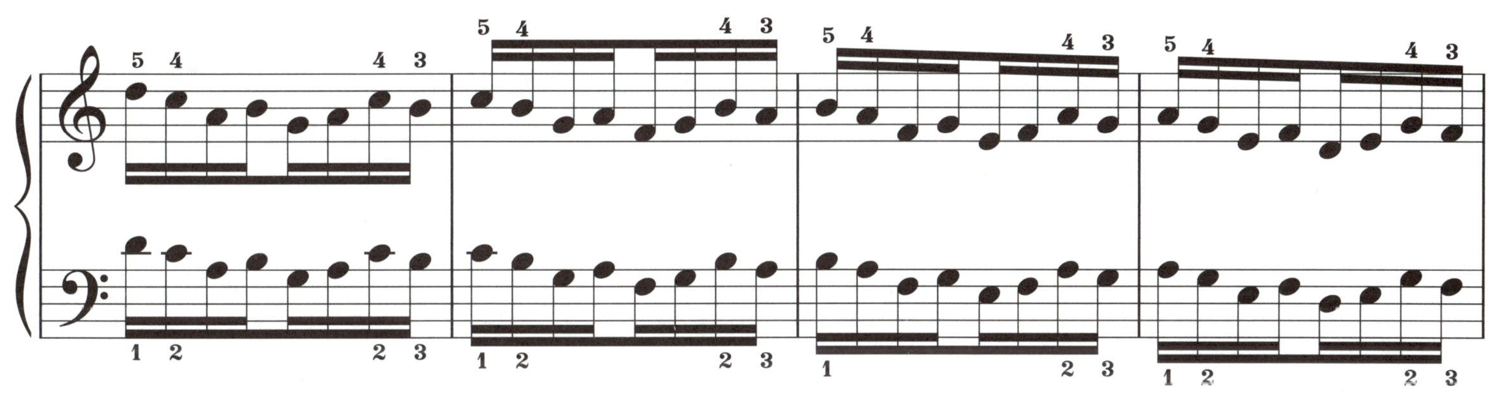

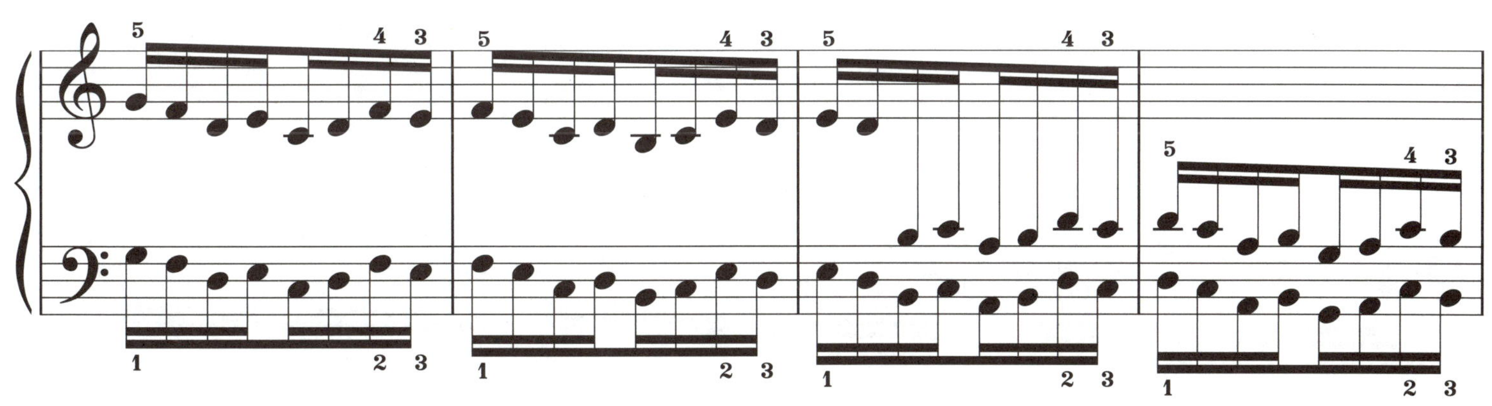

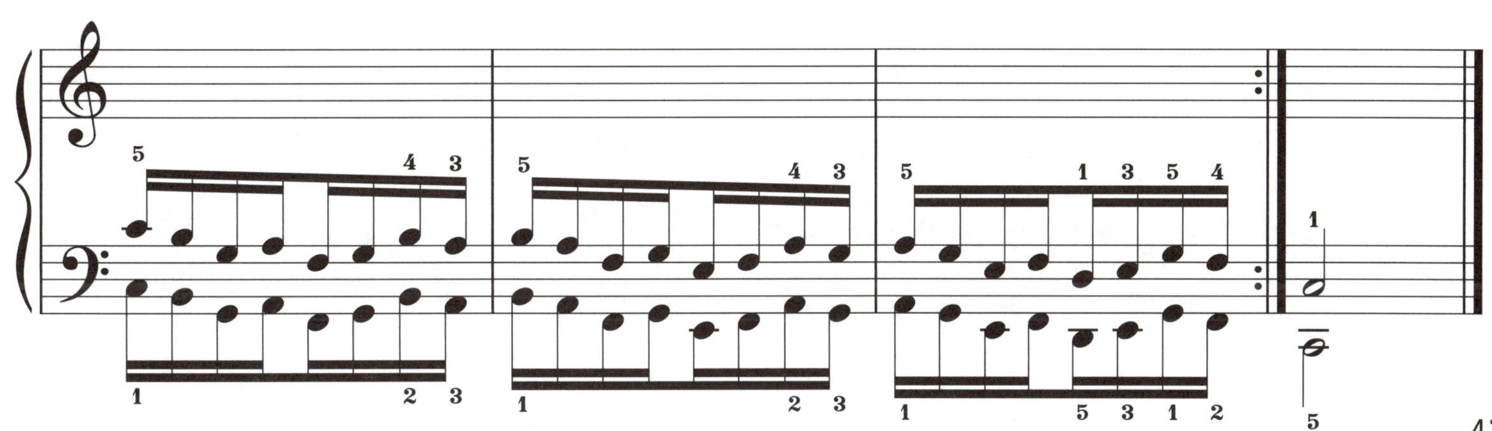

• 각 손가락의 힘을 고르게 하고, 1-5번의 이동은 음이 진행하는 방향으로 손목을 자연스럽게 중심 이동 시키세요.

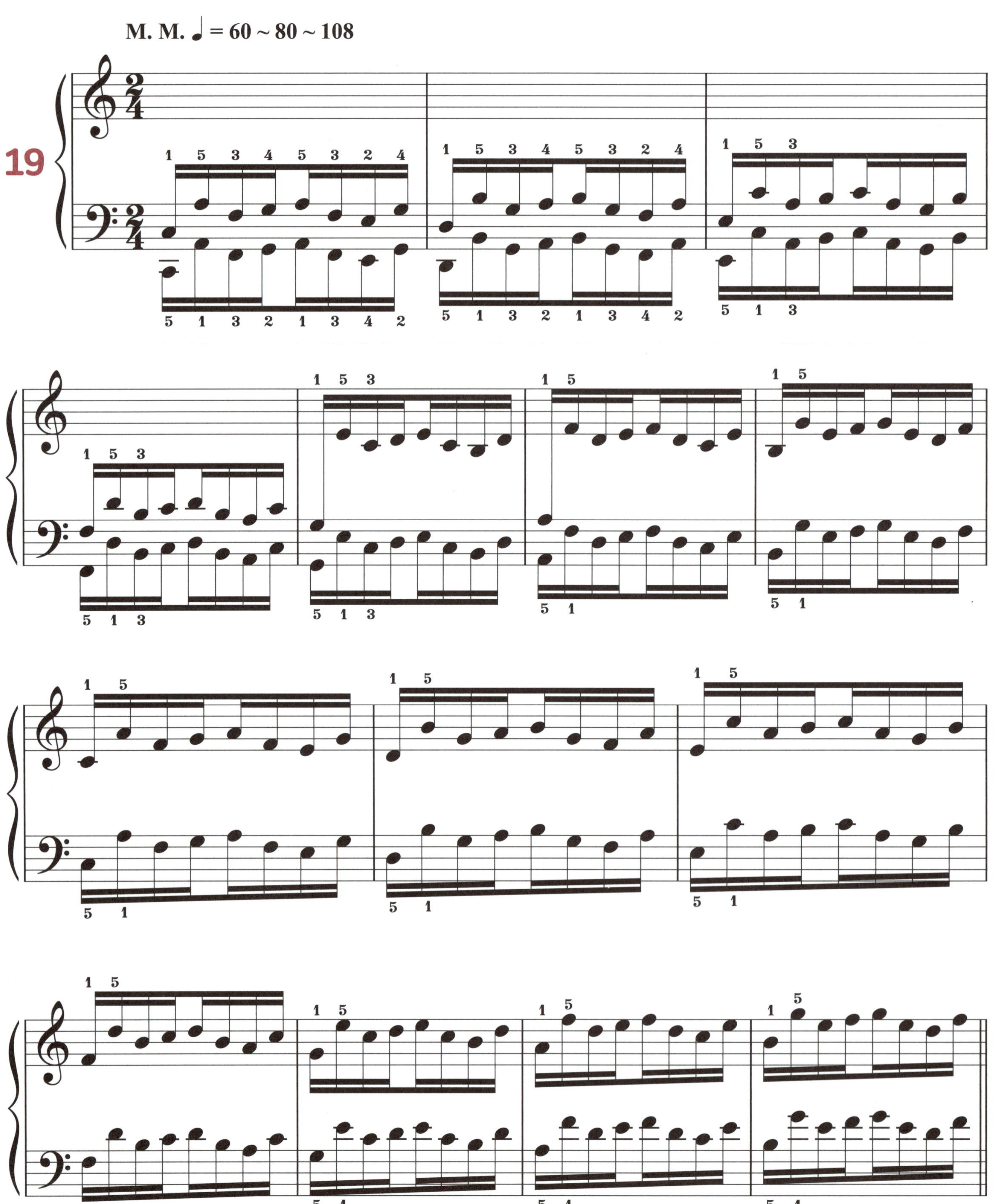

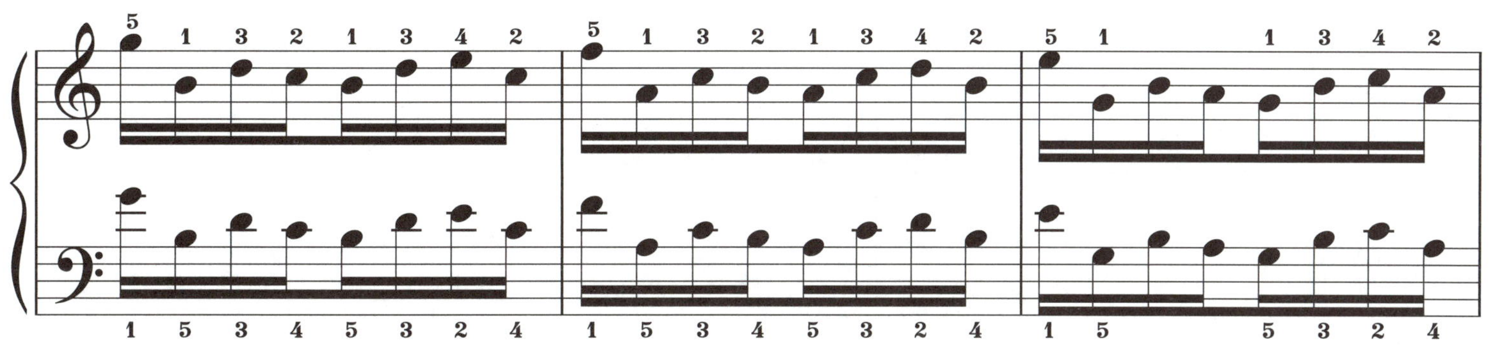

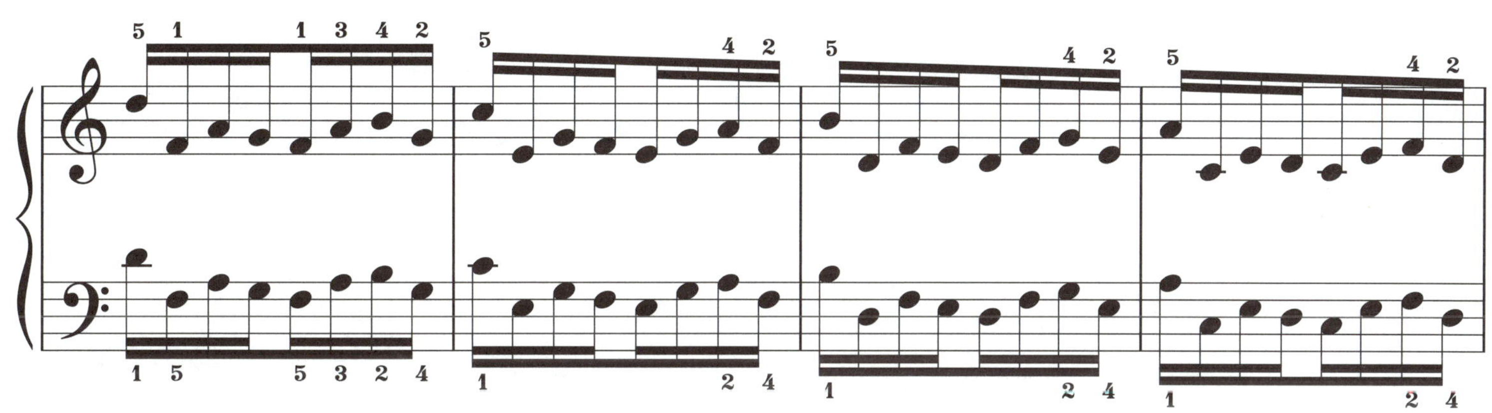

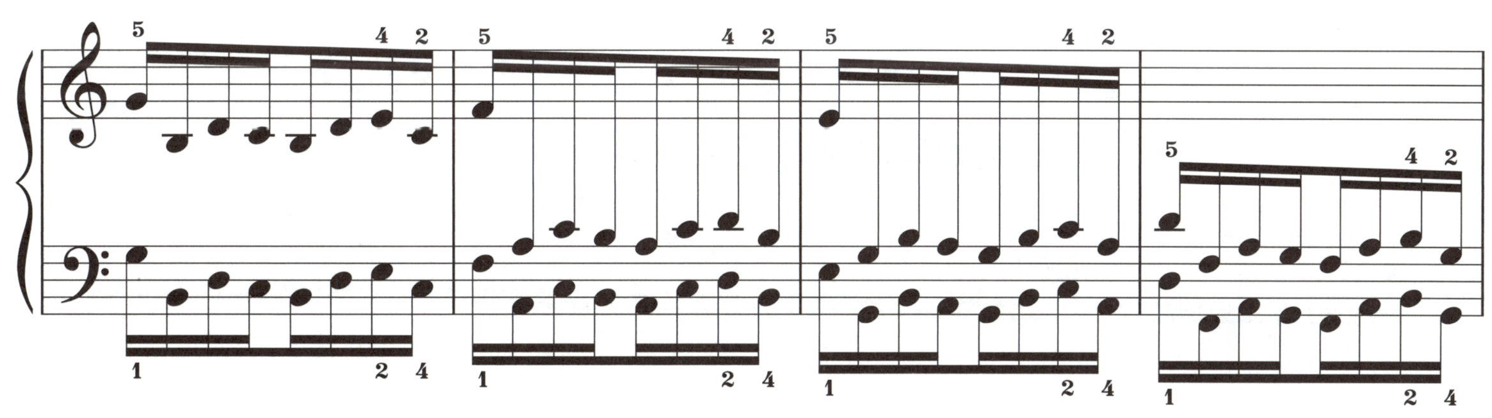

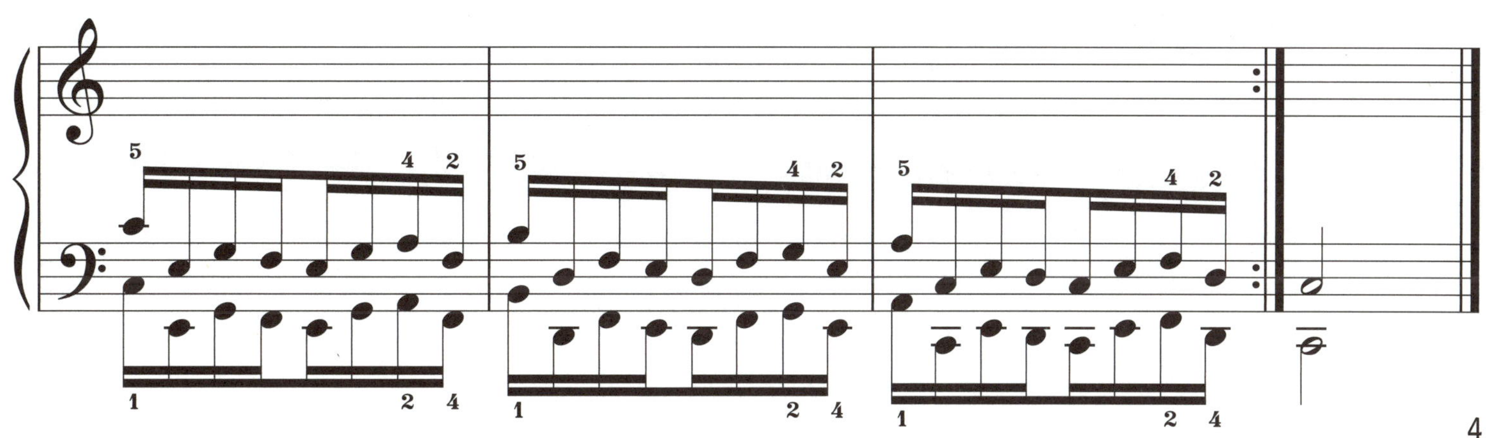

• 각 마디 첫째 박 아르페지오(펼침화음)의 진행 방향으로 손목과 팔을 자연스럽게 이동시키면서 연습하세요.

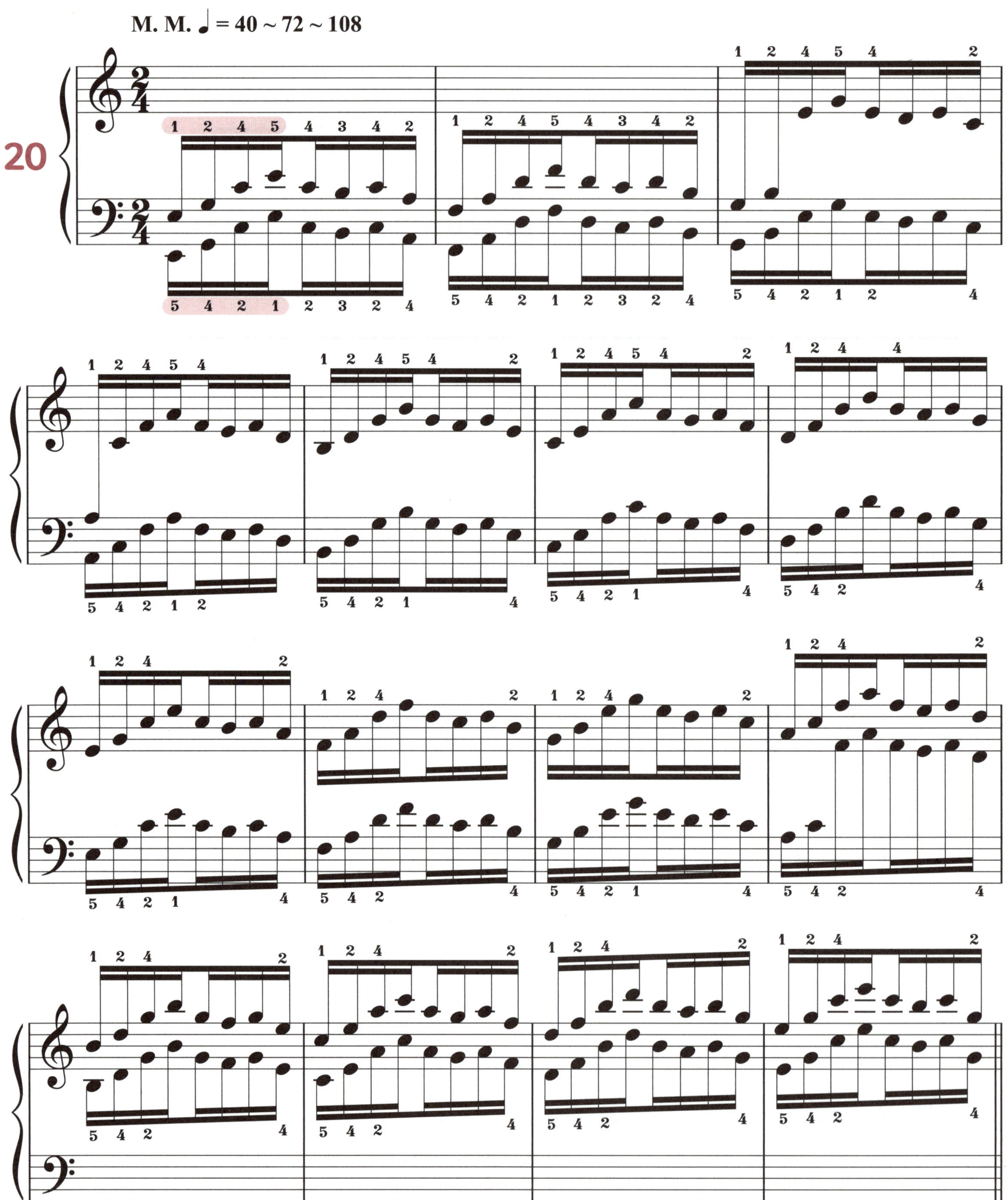

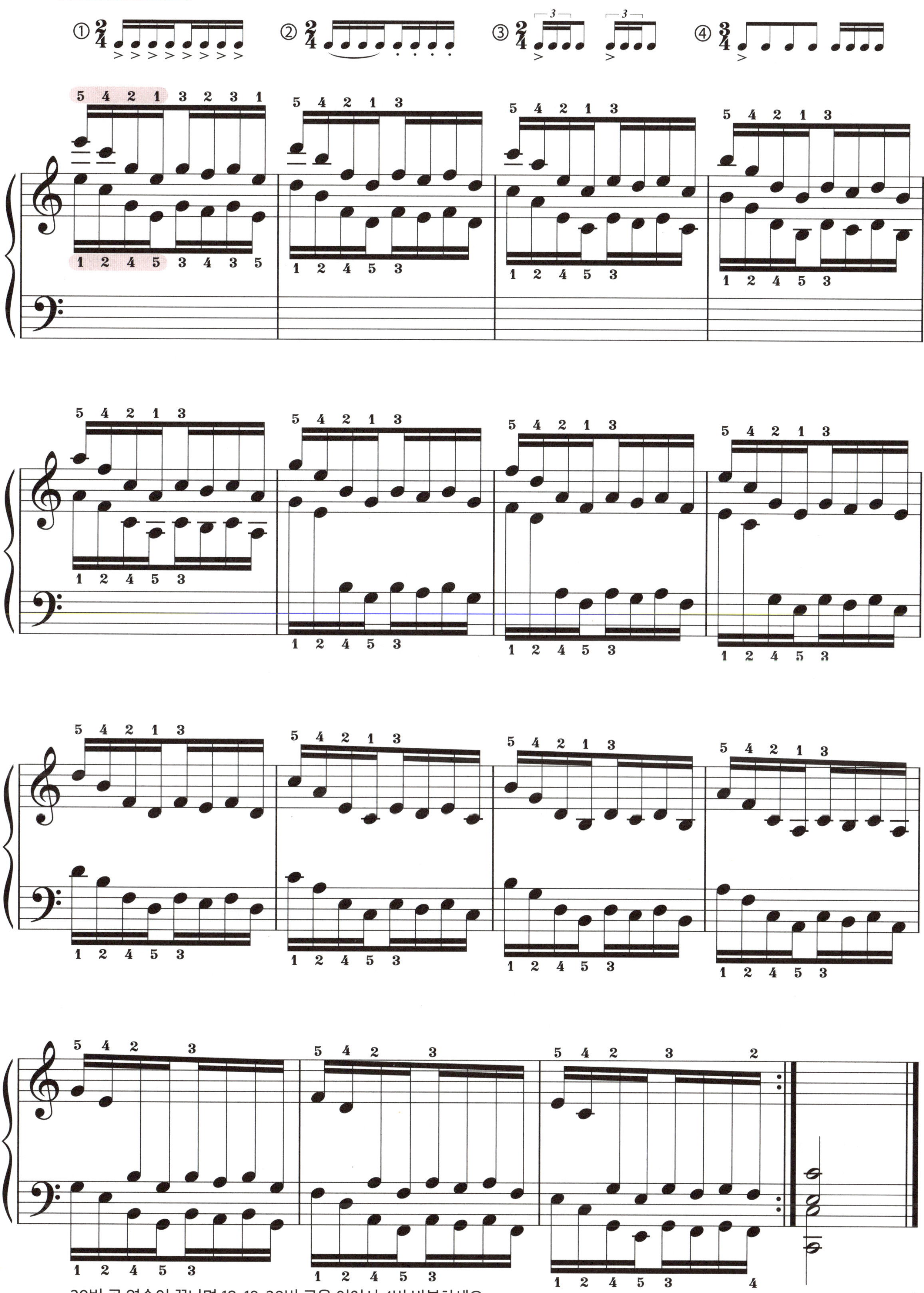
20번 곡 연습이 끝나면 18, 19, 20번 곡을 이어서 4번 반복하세요.

3, 4, 5번 고르게 치기

- 음계(스케일)를 잘 치기 위한 예비연습입니다. 양손 3, 4, 5번으로 치는 건반 소리가 고르게 나도록 연습하세요.

22번 곡과 이어서
칠 때는 이 마디 생략

• 손목의 좌우 회전이 자연스럽게 되도록 연습하세요.

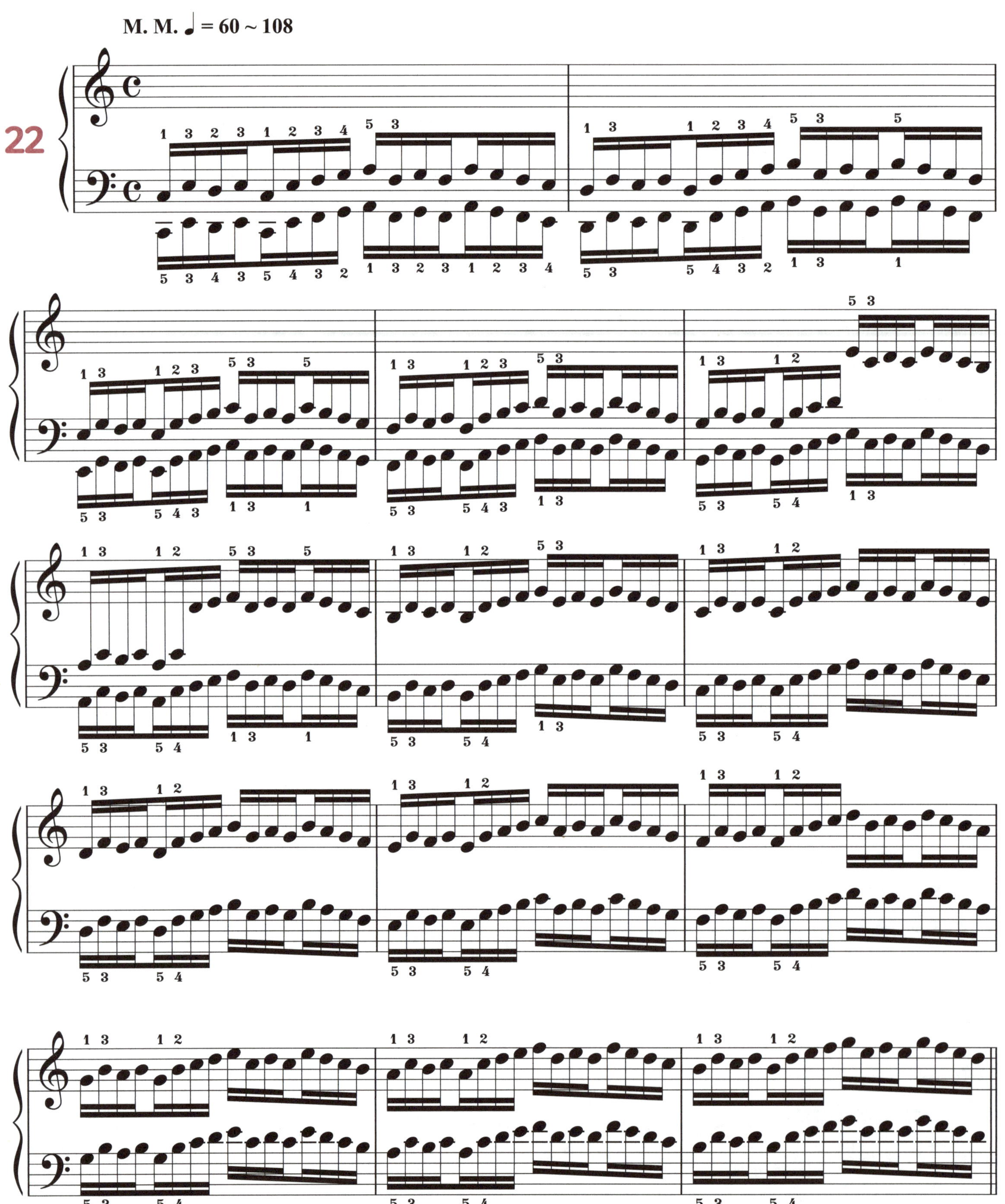

효과적인 변주 연습

22번 곡 연습이 끝나면 21, 22번 곡을 이어서 4번 반복하세요.

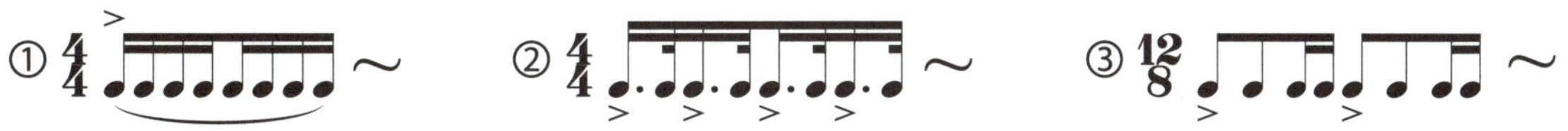

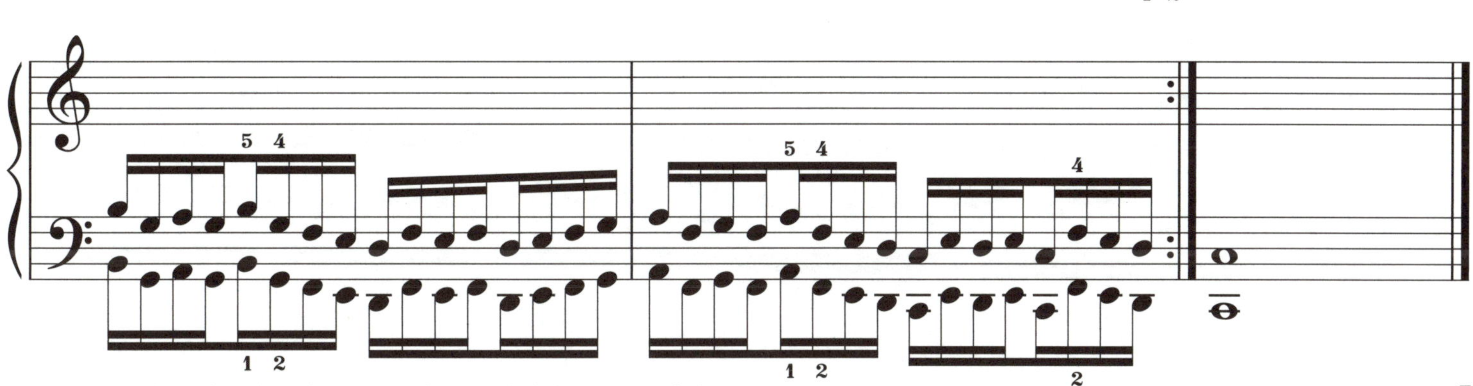

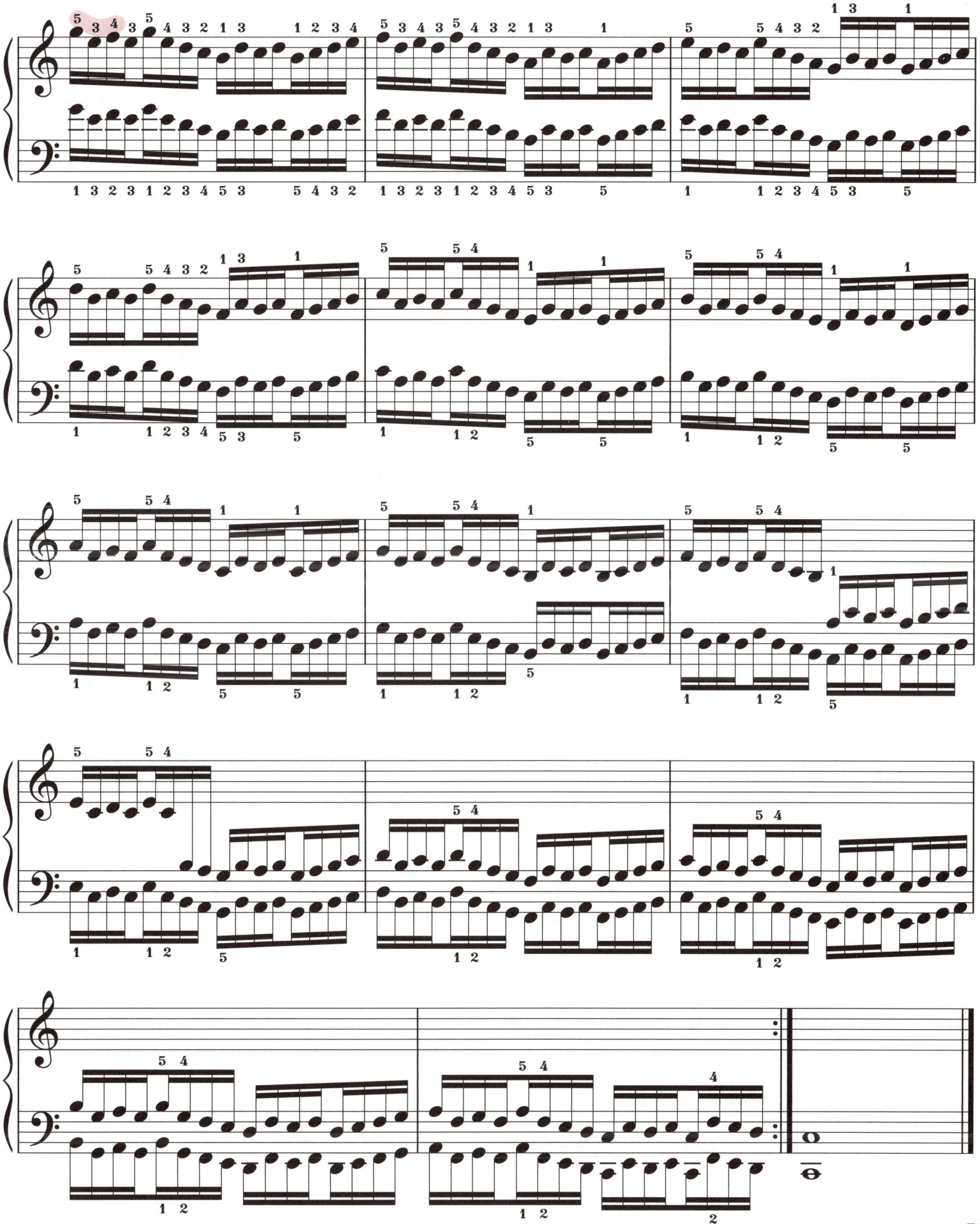

- 멀리 뛰는 1-5번 손가락 이동에 리듬이 흐트러지지 않도록 연습하세요.
  셋째 박의 첫 음에 악센트를 넣으면 좀 더 편하게 칠 수 있습니다.

효과적인 변주 연습

3, 4, 5번 고르게 치기

• 각 마디 넷째 박의 5-3-4-2번의 움직임은 실제 곡에 자주 사용되는 음형입니다. 고르고 깨끗한 소리가 되도록 노력하세요.

M. M. ♩ = 60 ~ 108

24

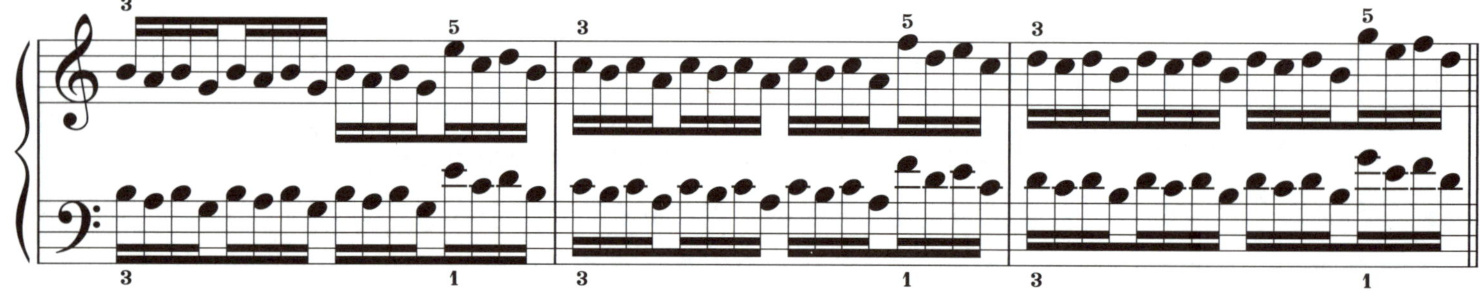

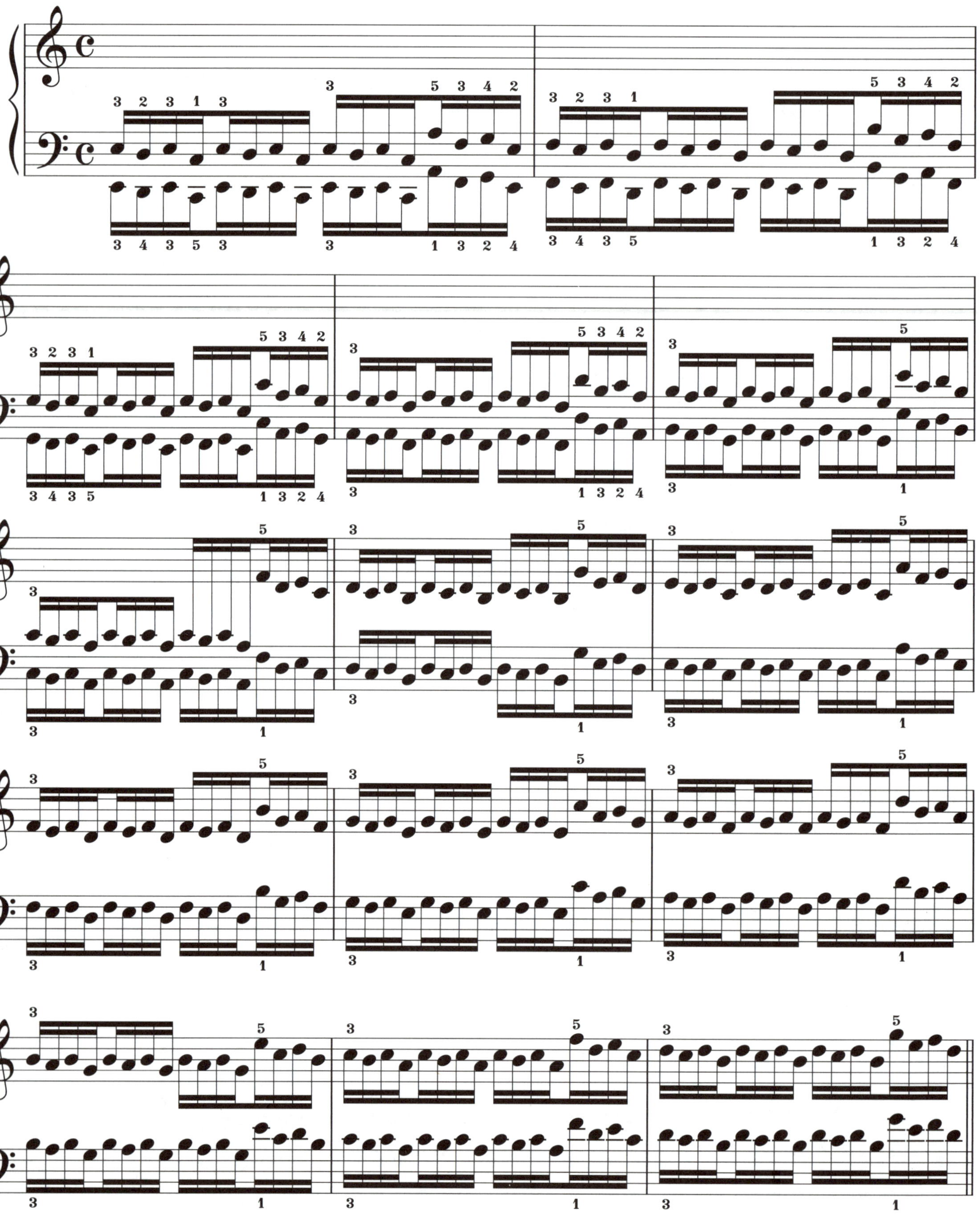

효과적인 변주 연습

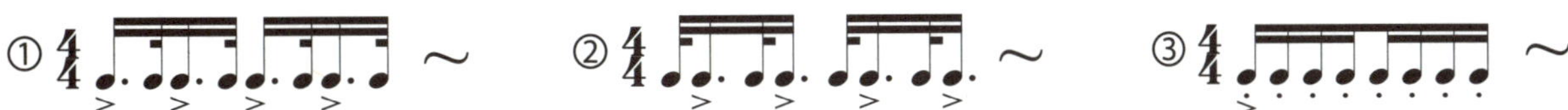

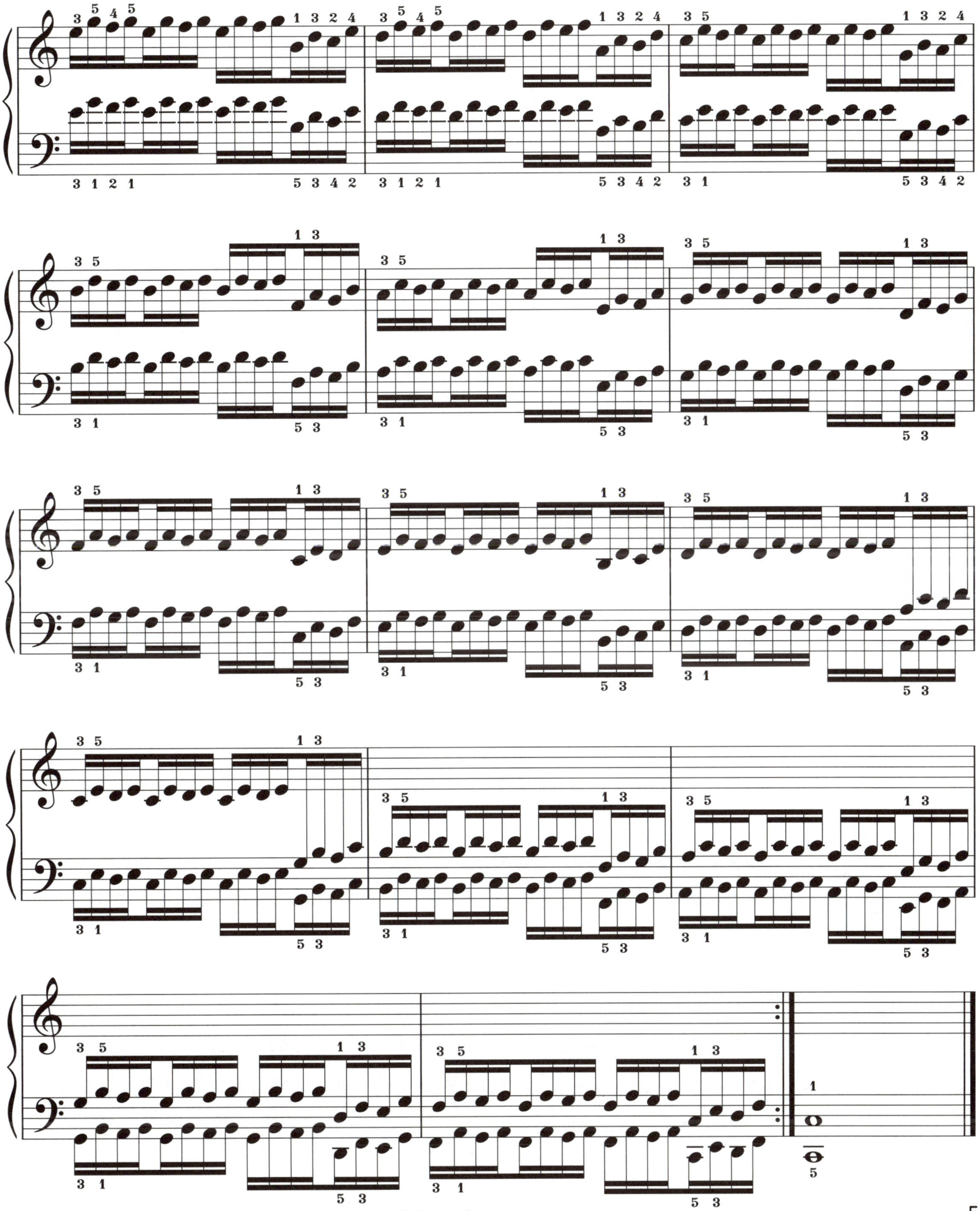

24번 곡 연습이 끝나면 23, 24번 곡을 이어서 4번 반복하세요.

다섯 손가락 고르게 치기

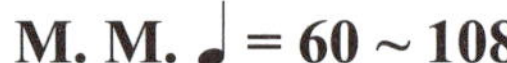

- 각 마디 넷째 박의 손가락 번호에 주의해서 연습하세요. 상행할 때 왼손 3-1-3-4번, 하행에는 오른손 2-1-3-4번 운지입니다.

M. M. ♩ = 60 ~ 108

25

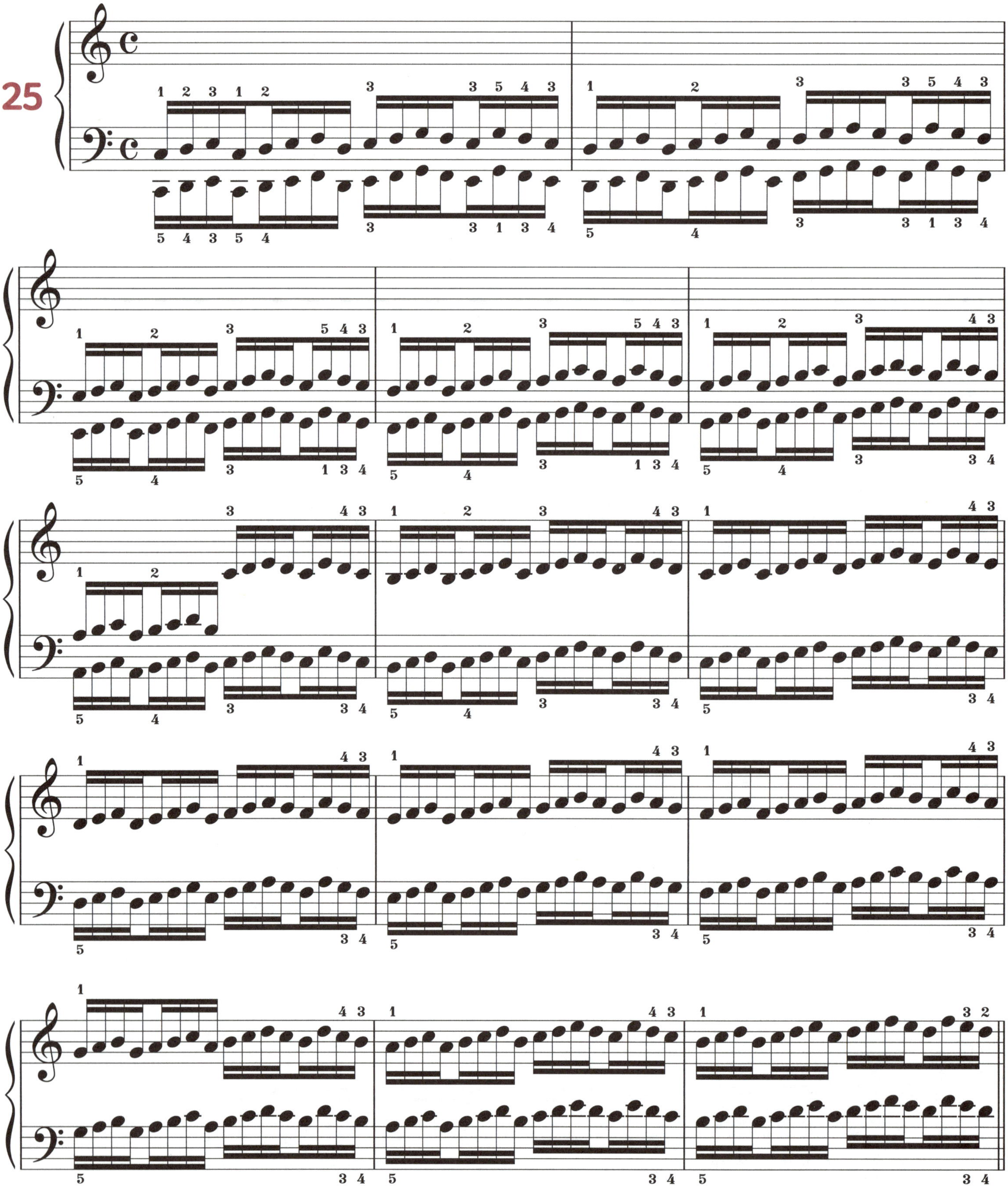

- 각 마디 넷째 박의 멀리 뛰는 음은 손목의 중심 이동을 함께 해야 잘 칠 수 있습니다.
- 5-4번의 트릴을 위한 준비 연습도 함께 합니다.

효과적인 변주 연습

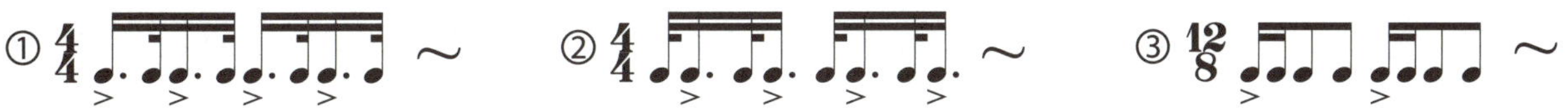

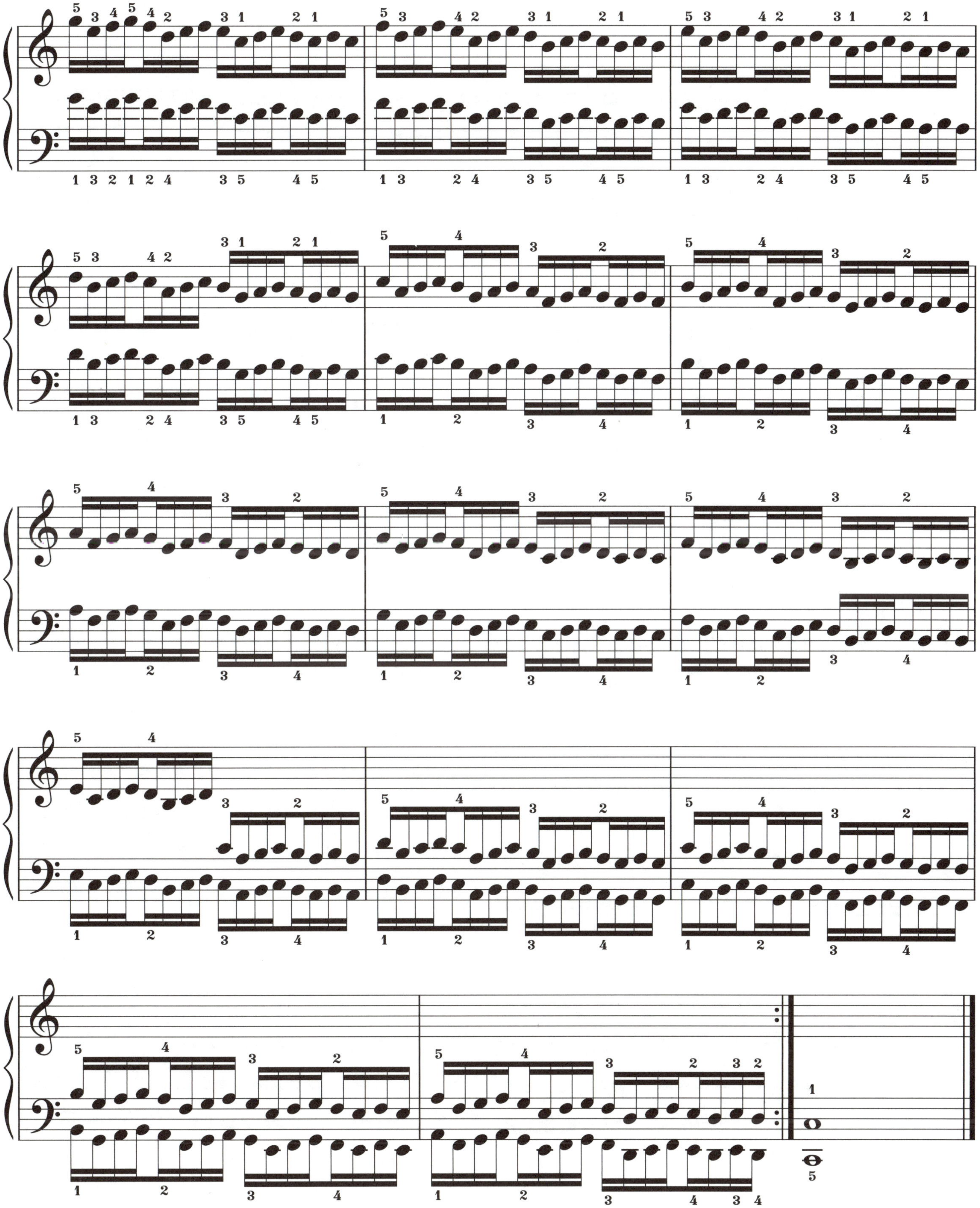

26번 곡 연습이 끝나면 25, 26번 곡을 이어서 4번 반복하세요.

5-4번의 트릴 준비 연습과 다섯 손가락 고르게 치기

• 5-4번의 트릴을 위한 연습은 5번과 4번 손가락의 힘이 고르게, 리듬이 흐트러지지 않게 해야 고른 소리가 납니다.

M. M. ♩ = 60 ~ 108

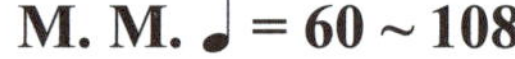

3, 4, 5번 고르게 치기

• 각 마디 셋째 박의 6도로 뛰는 음의 리듬이 흐트러지지 않도록 연습하세요.

M. M. ♩ = 60 ~ 108

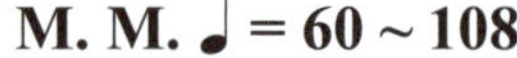

28

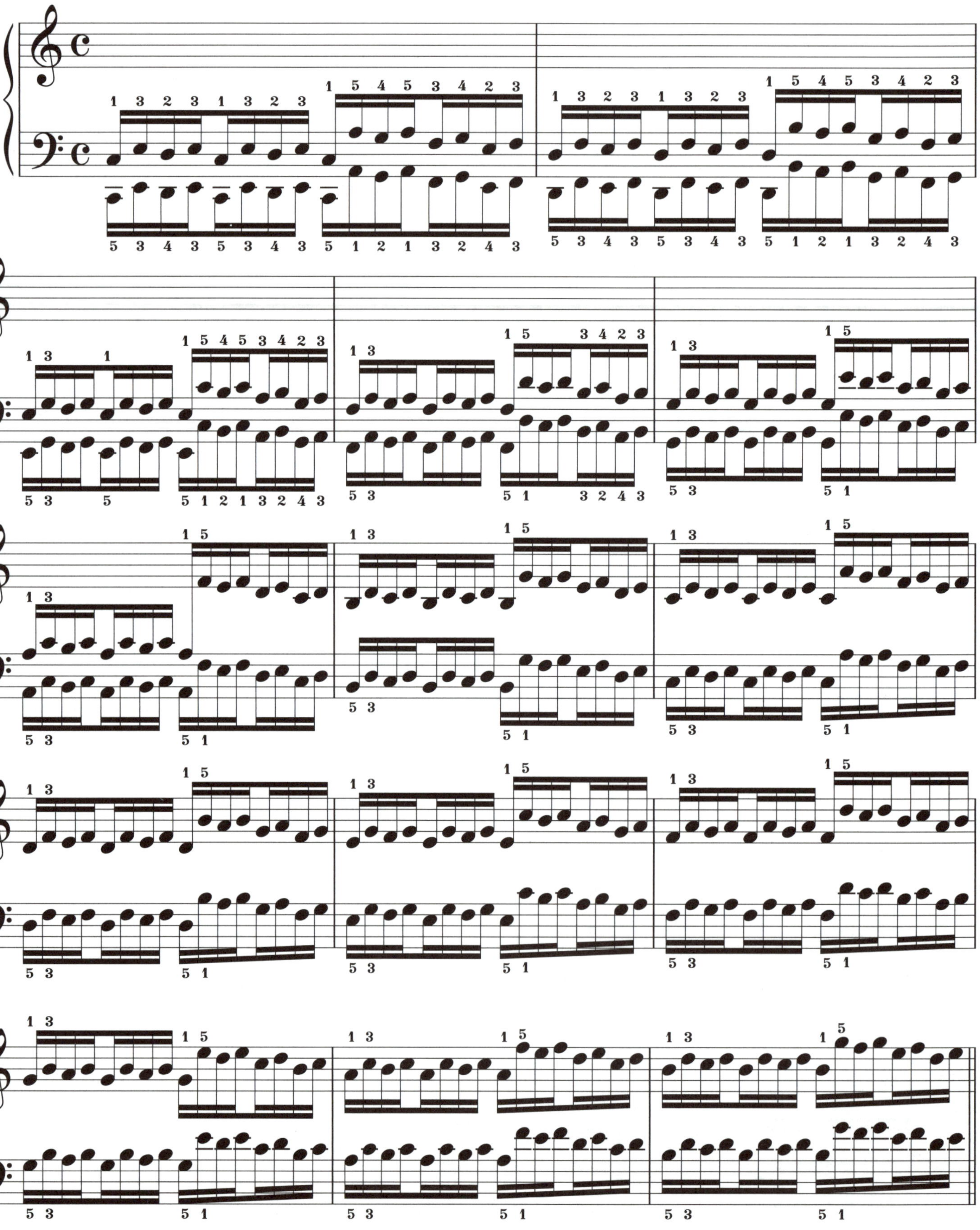

효과적인 변주 연습

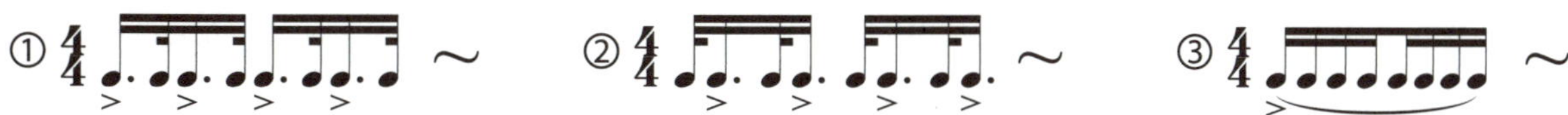

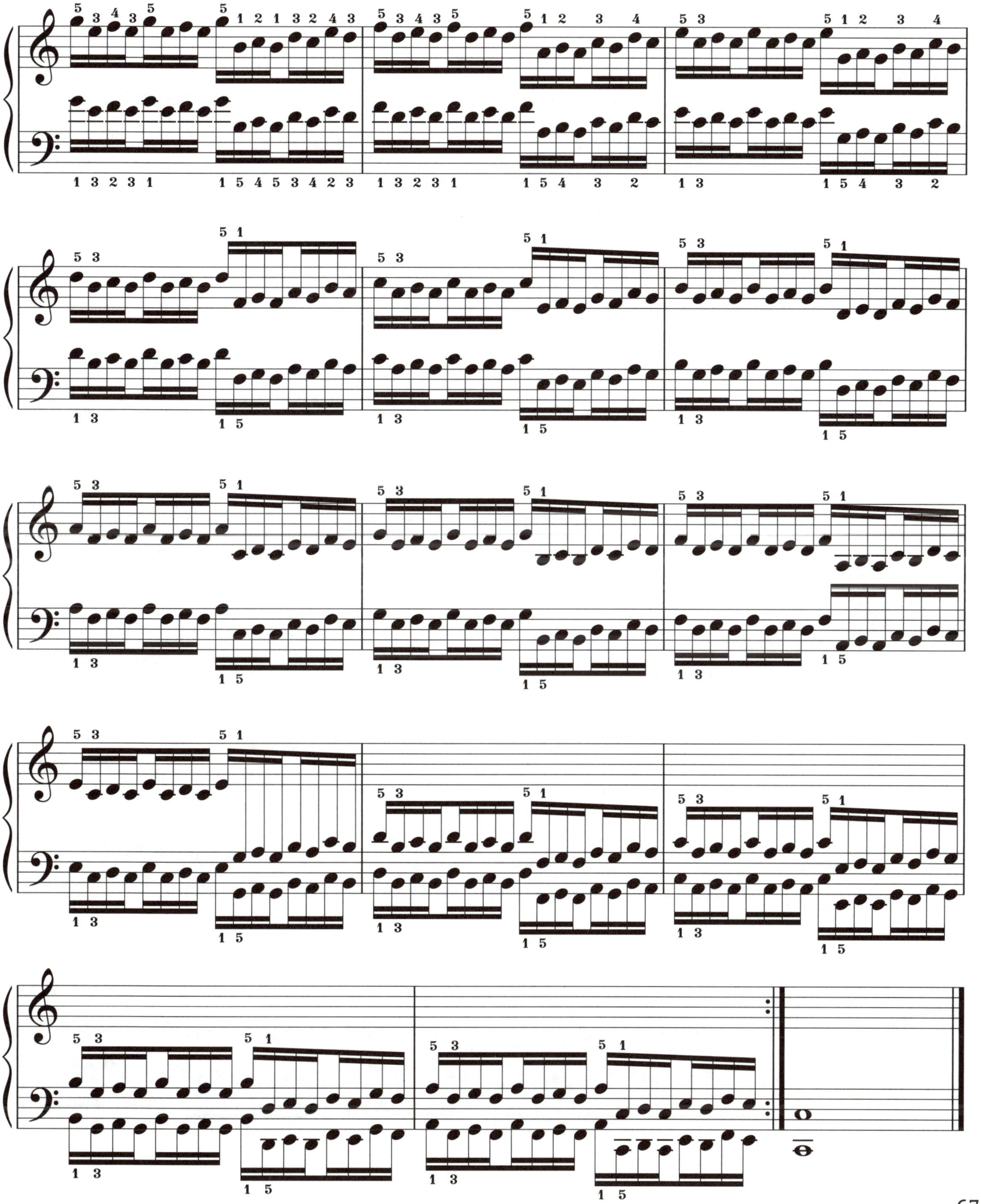

28번 곡 연습이 끝나면 27, 28번 곡을 이어서 4번 반복하세요.

다섯 손가락의 트릴을 위한 예비 연습

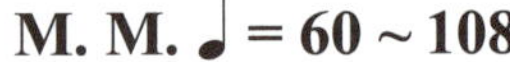

• 손목을 상하로 움직이지 말고 둥근 손 모양을 유지하고 각 손끝 힘으로 깨끗하고 고른 소리가 나도록 연습하세요.

M. M. ♩ = 60 ~ 108

29

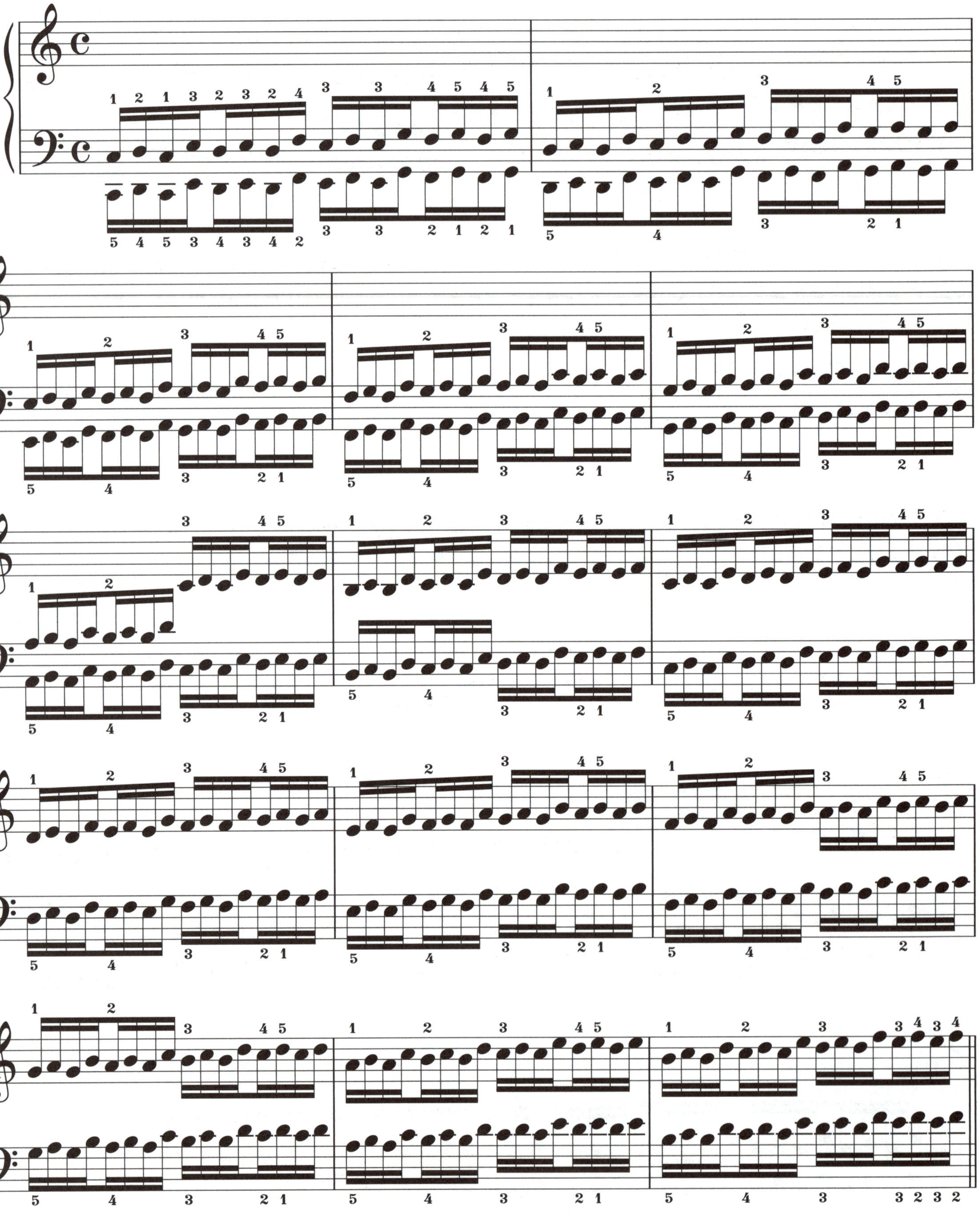

1-2, 5-4번의 트릴을 위한 예비 연습

• 가장 힘이 약한 양손 5-4번의 트릴을 잘하기 위한 효과적인 연습곡입니다. 둘째 박에서 셋째 박으로 이동할 때 손목 중심을 같이 이동시키면서 연습하세요.

M. M. ♩ = 60 ~ 108

30

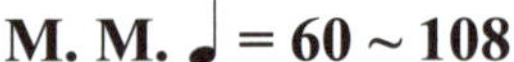

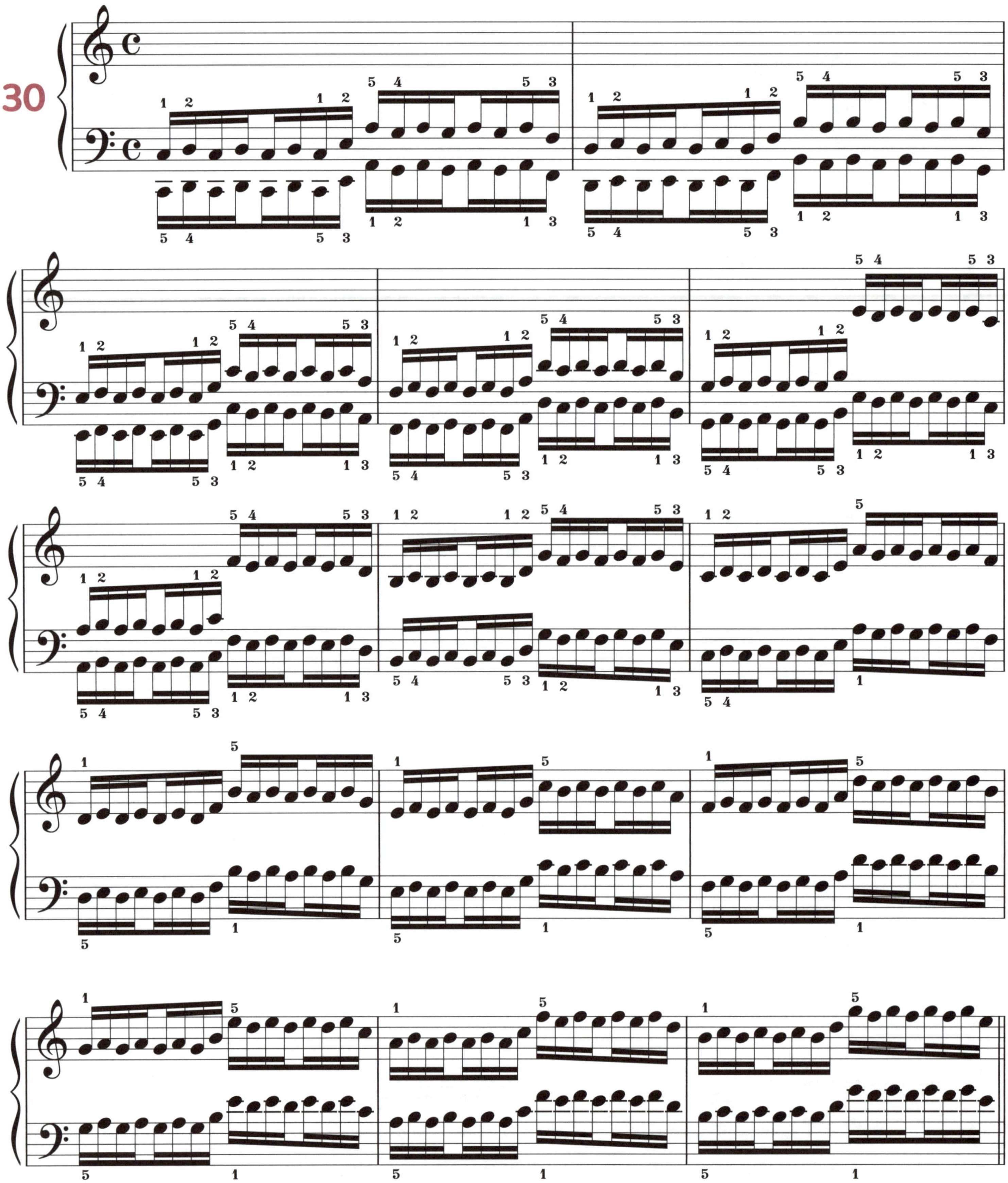

30번 곡 연습이 끝나면 29, 30번 곡을 이어서 4번 반복하세요.

M. M. $\quad \downarrow = 60 \sim 108$

31

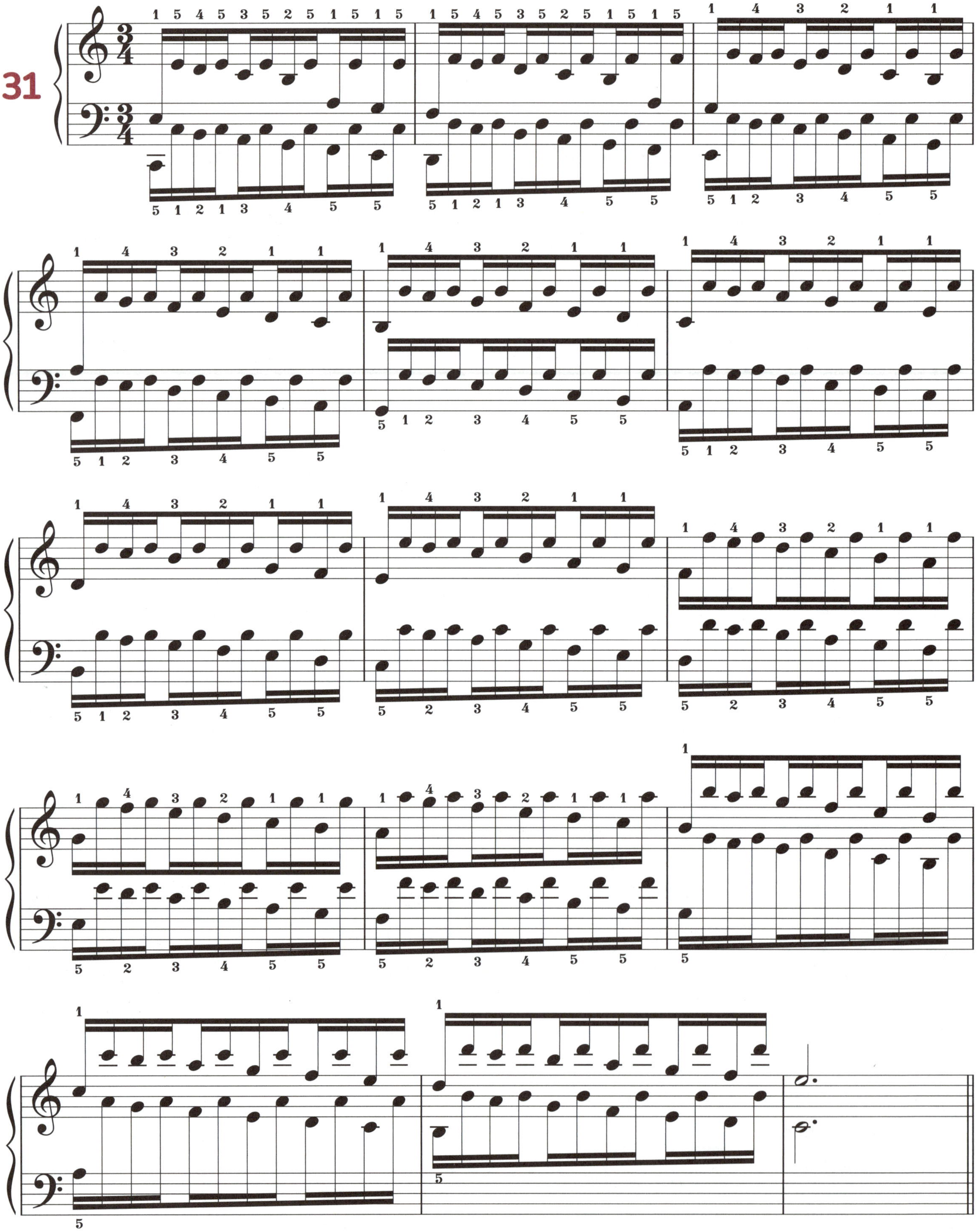

와   리듬으로도 자유롭게 연습하세요.

- 음계(스케일)를 위한 1번 손가락 이동 연습입니다.

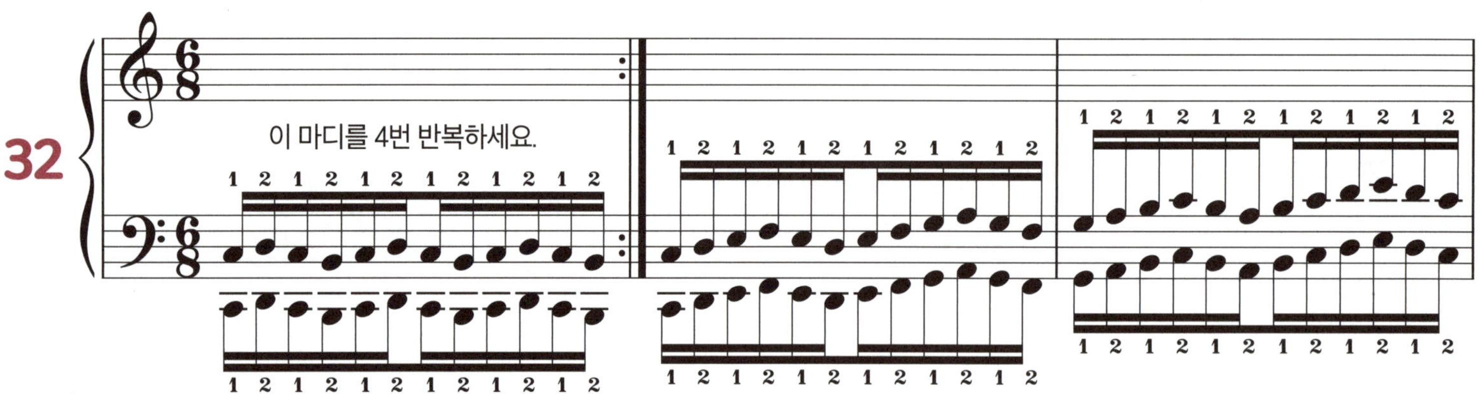

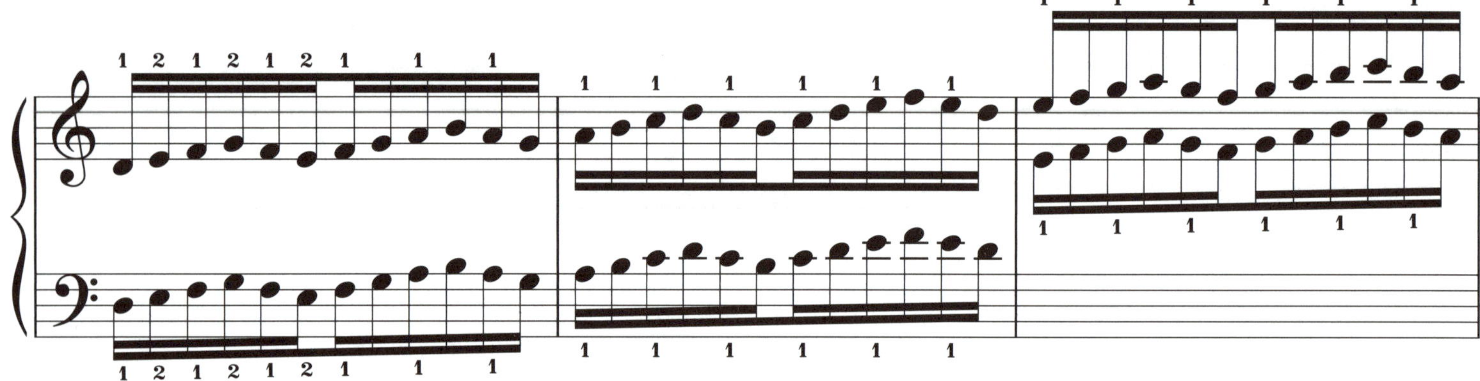

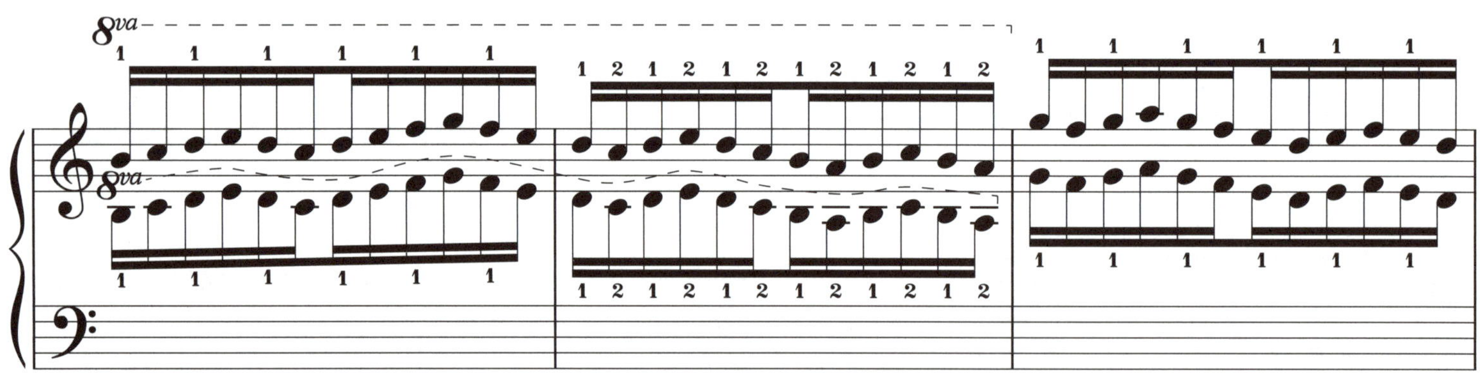

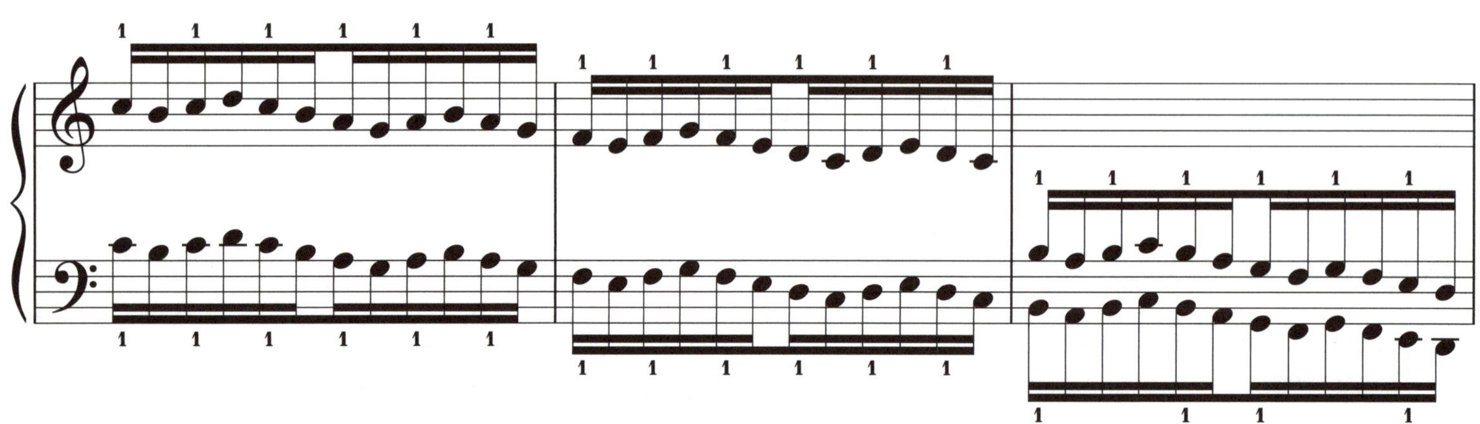

와   리듬으로도 자유롭게 연습하세요.

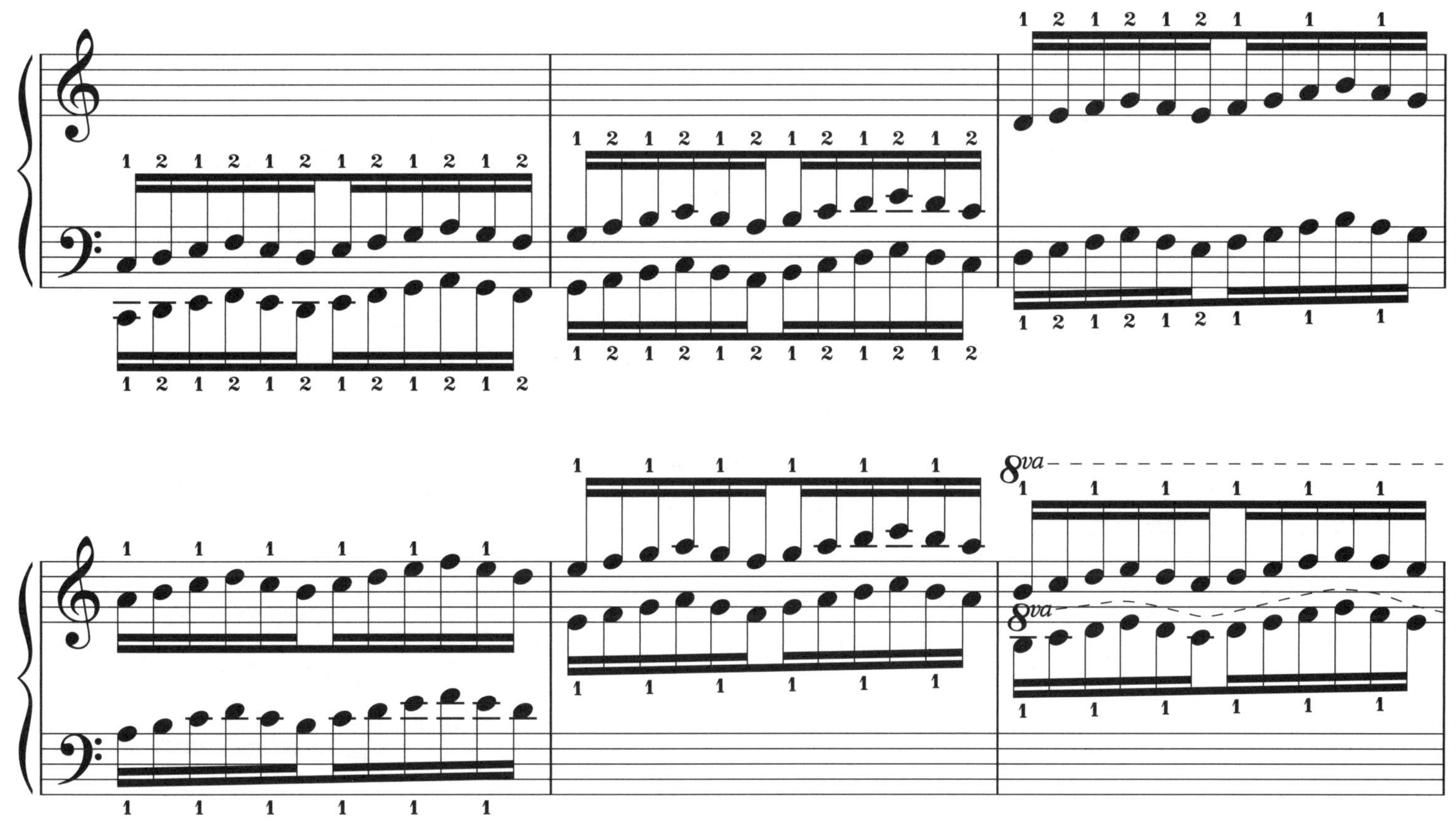

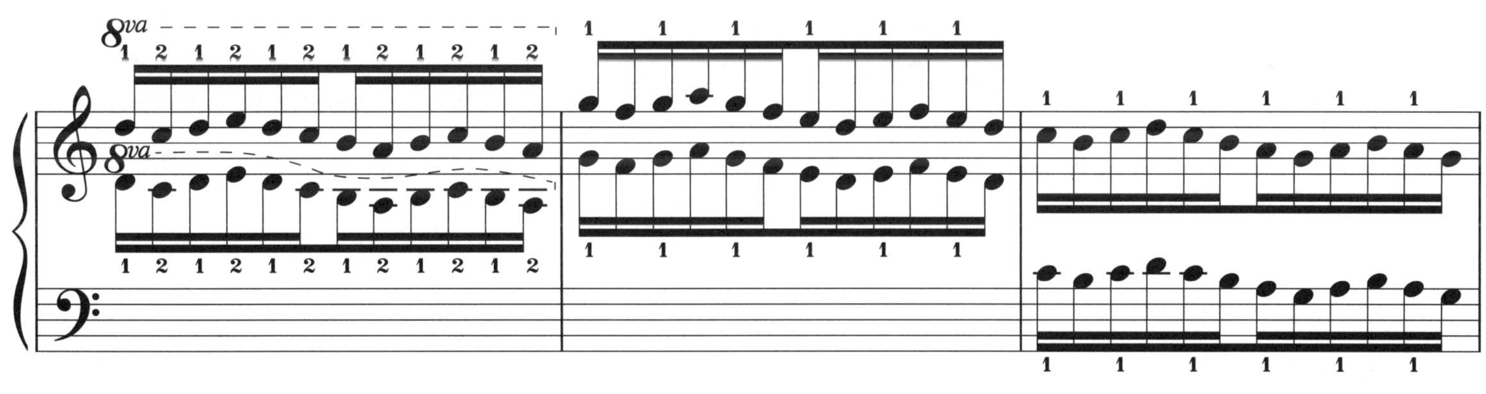

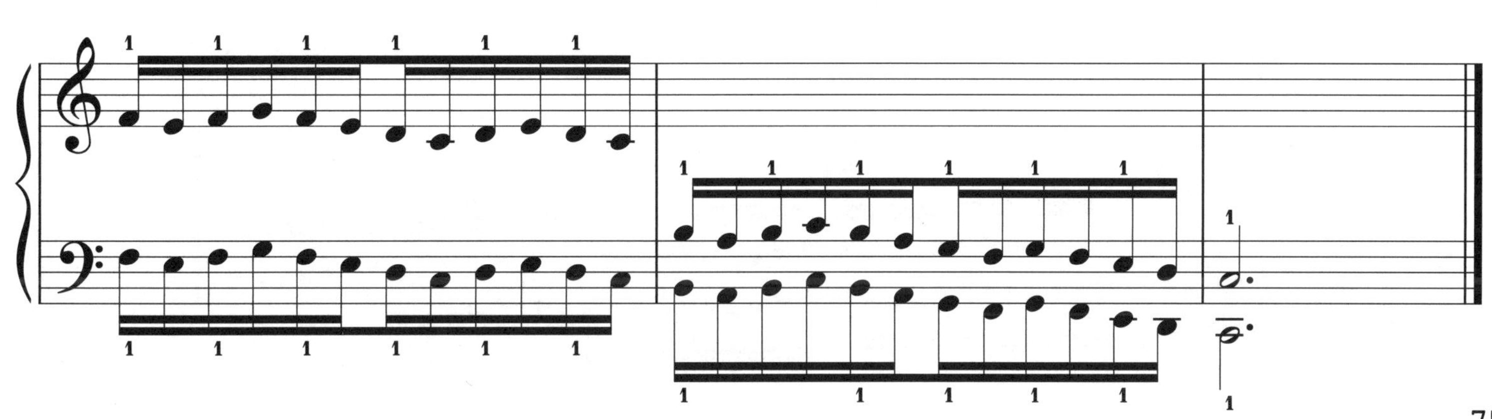

M. M. ♩. = 40 ~ 72
33
이 마디를
4번 반복

34

M. M. ♩ = 60 ~ 108

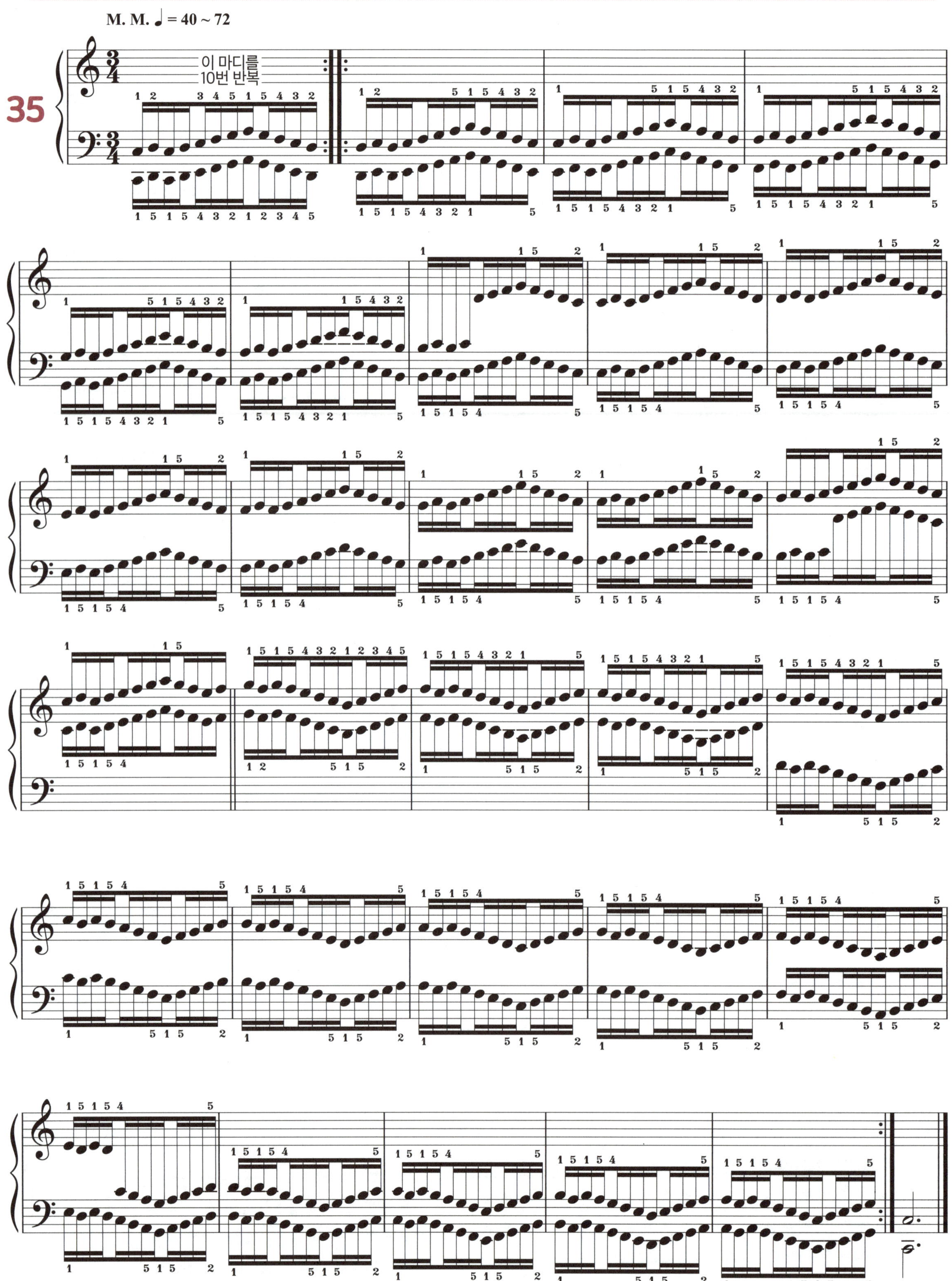
35
M. M. ♩ = 40 ~ 72
이 마디를 10번 반복

1번 옮기기의 다른 연습 방법

36

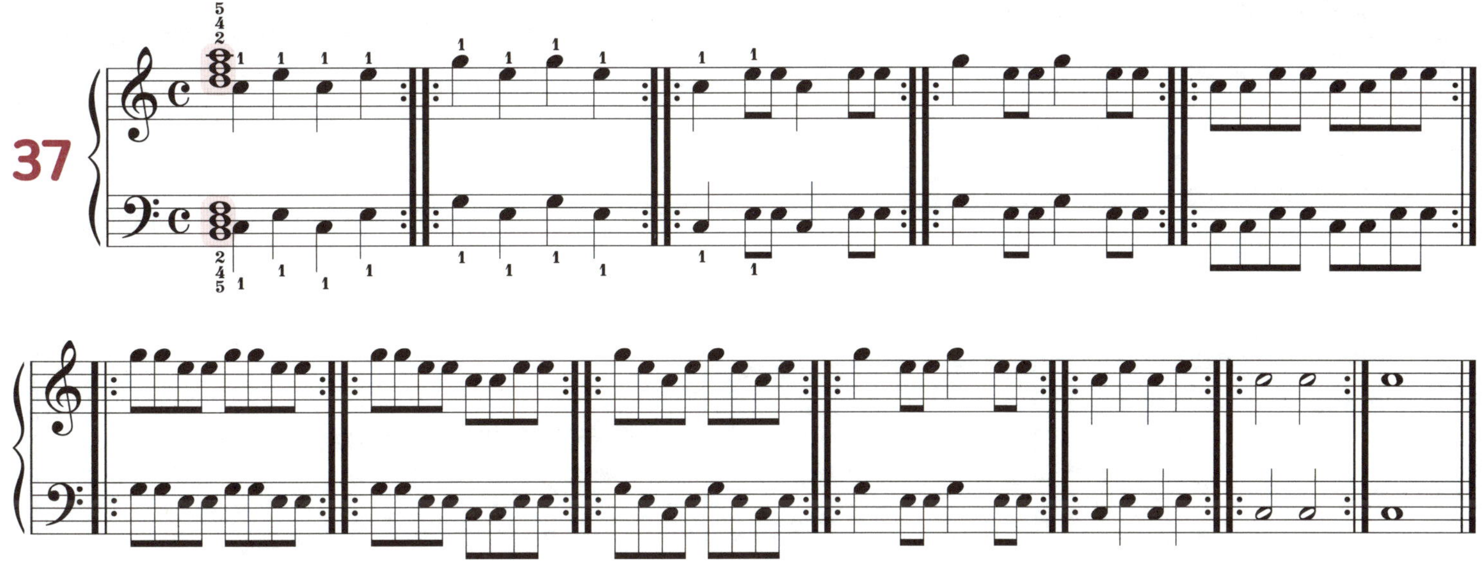

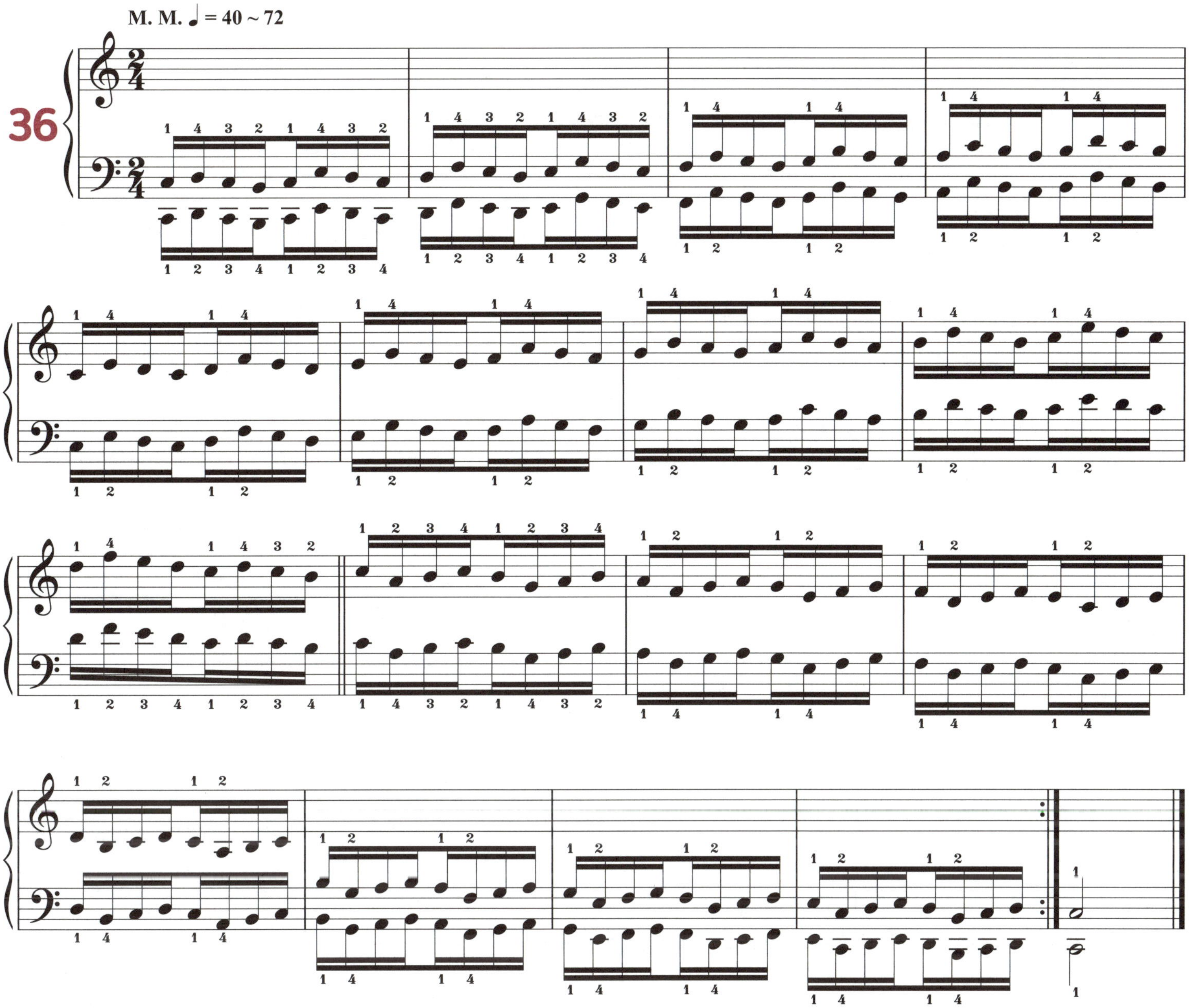

1번 옮기기를 위한 특별한 연습

37

표시한 3화음은 이 곡 12마디를 연주할 동안 계속 누르고 있어야 합니다.

M. M. ♩ = 40 ~ 72

와 리듬으로도 자유롭게 연습하세요.

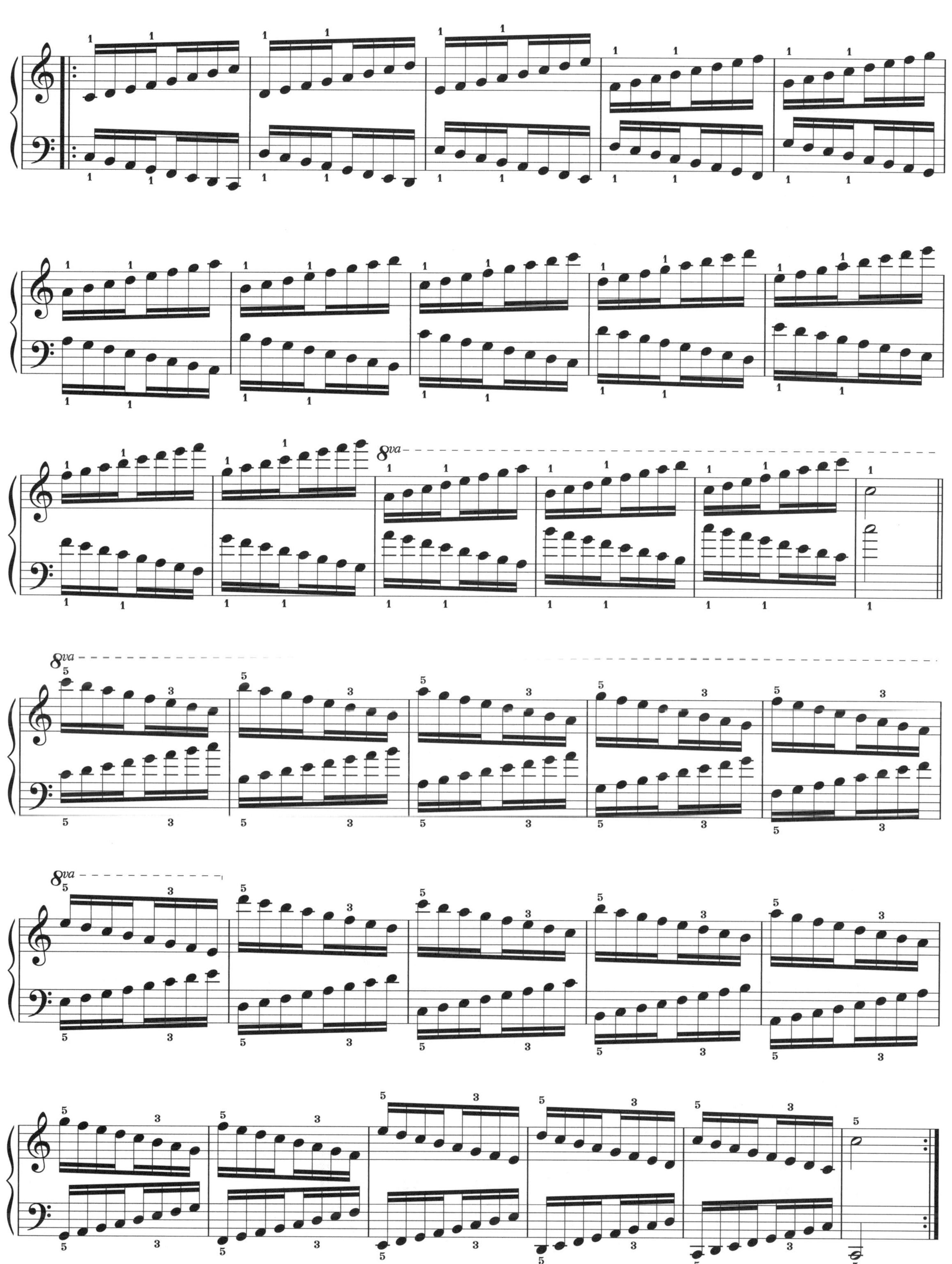

  모든 음계는 2옥타브, 3옥타브, 4옥타브 순으로 연습하고, 리듬 변주도 연습하세요.

모든 음계는 악보 없이 외워서 칠 수 있도록 연습하세요.

모든 음계는 악보 없이 외워서 칠 수 있도록 연습하세요.

• E♭ Major 내림마장조
• c minor 다단조 화성단음계
• c minor 다단조 가락단음계

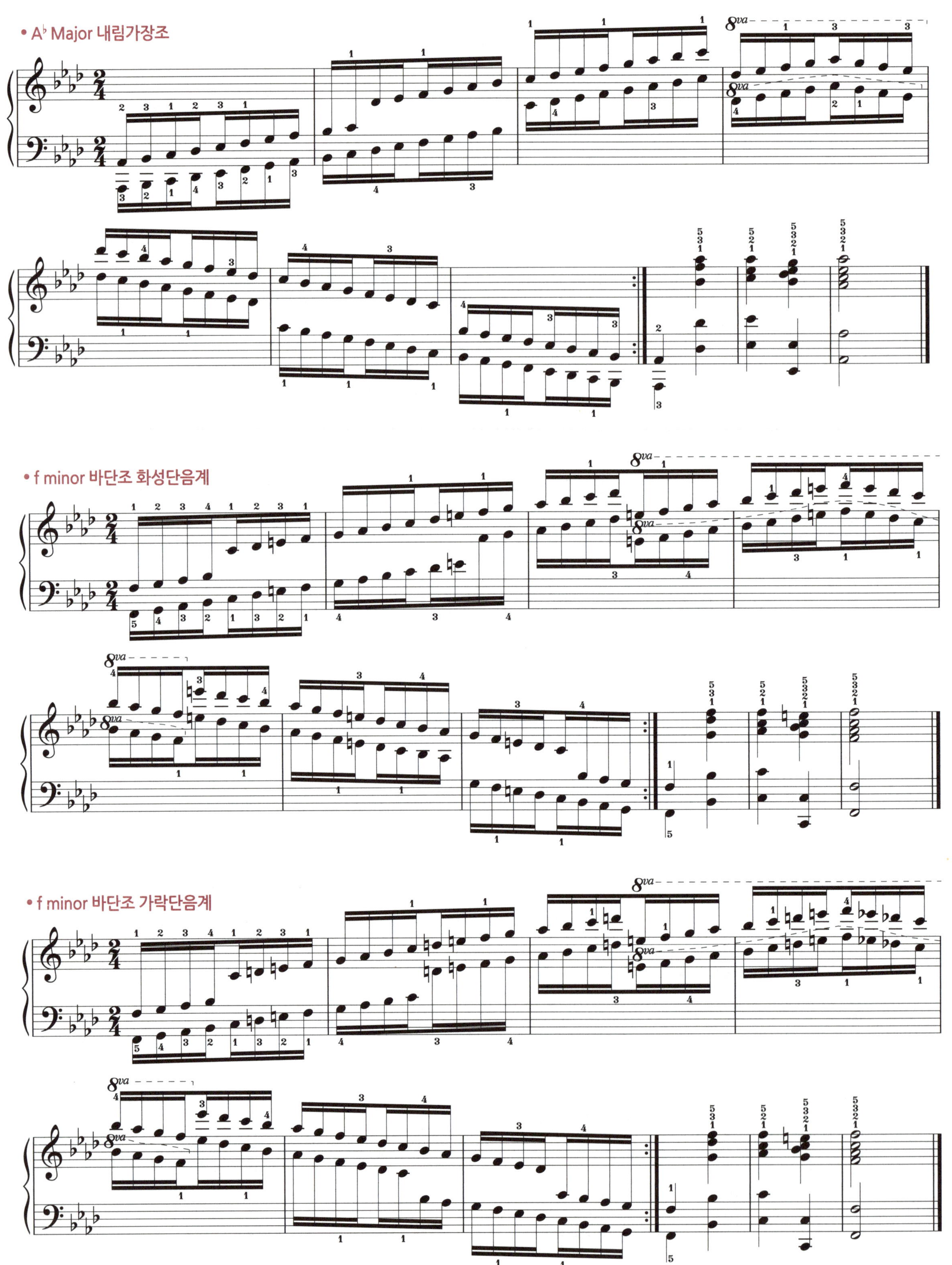

 모든 음계는 악보 없이 외워서 칠 수 있도록 연습하세요.

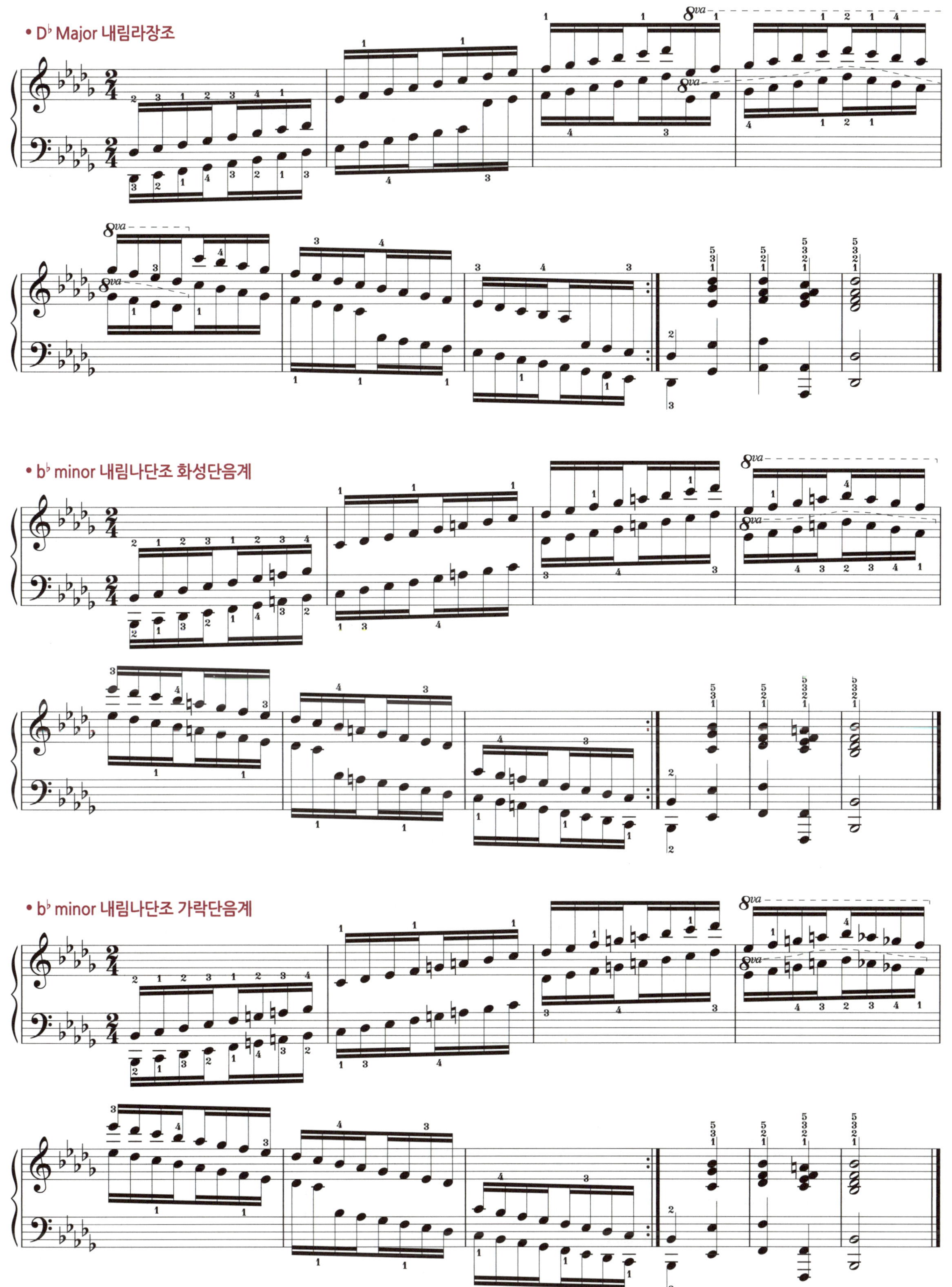

• D♭ Major 내림라장조
• b♭ minor 내림나단조 화성단음계
• b♭ minor 내림나단조 가락단음계

 모든 음계는 악보 없이 외워서 칠 수 있도록 연습하세요.

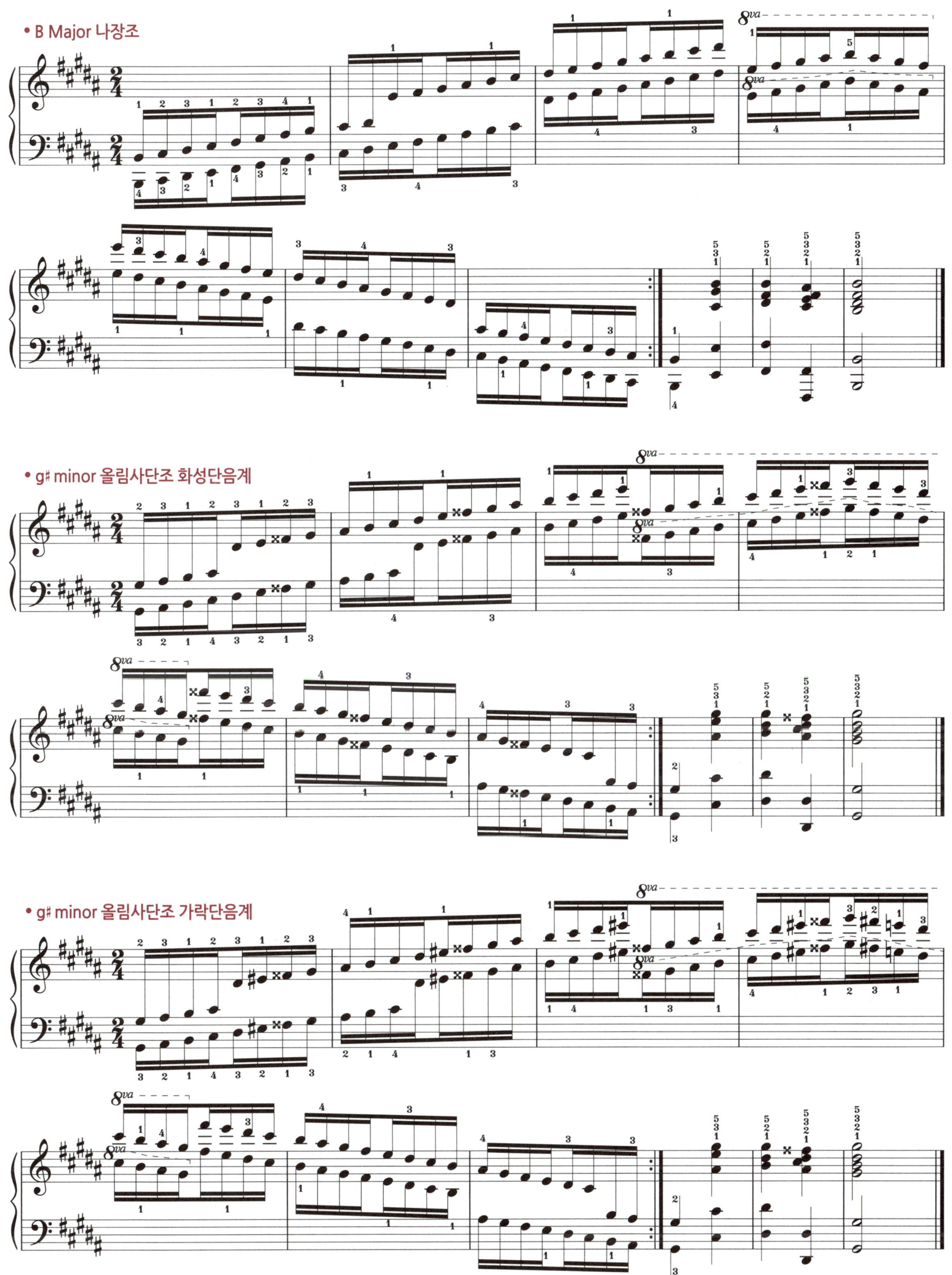

• B Major 나장조
• g# minor 올림사단조 화성단음계
• g# minor 올림사단조 가락단음계

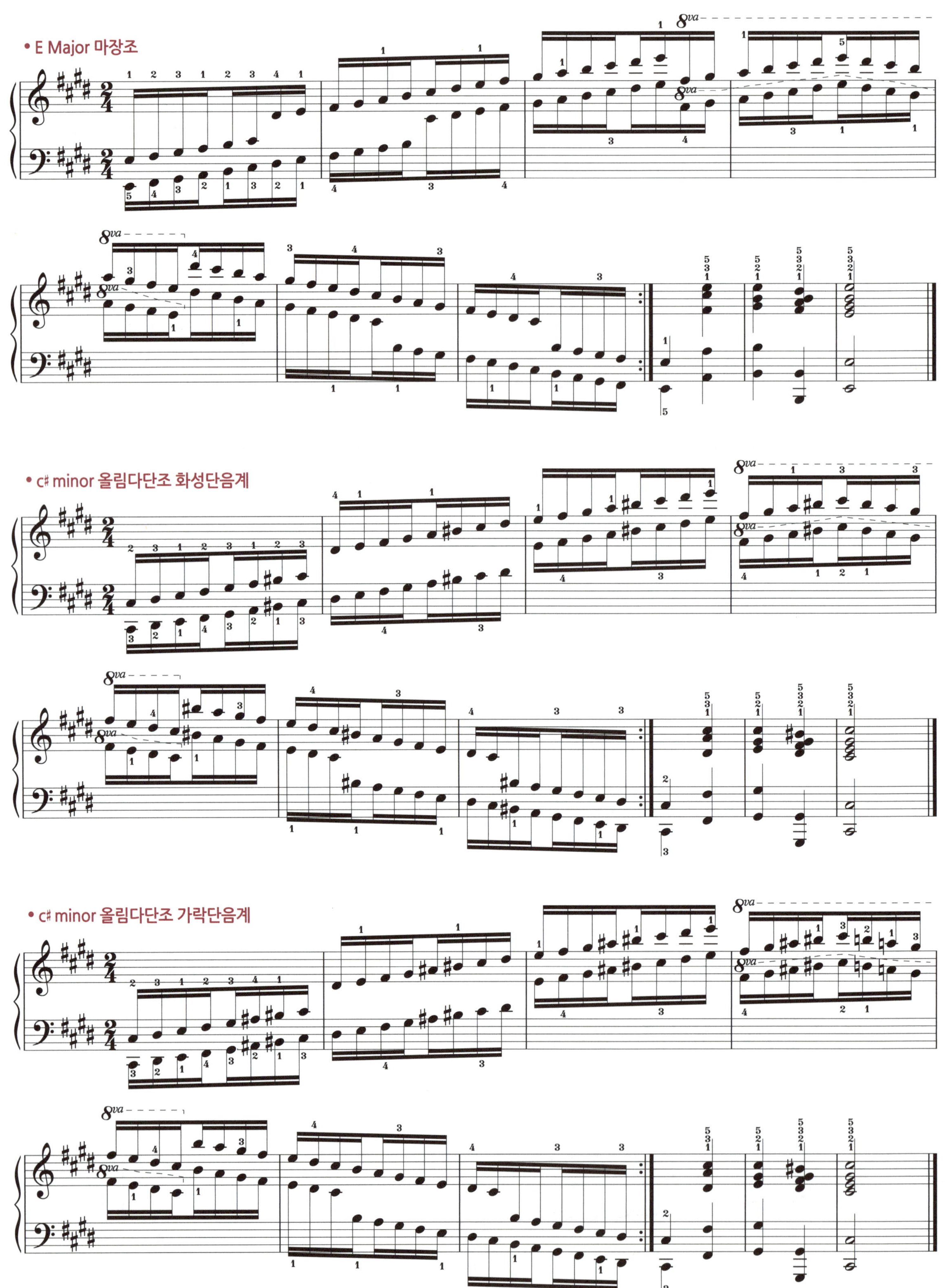

90　모든 음계는 악보 없이 외워서 칠 수 있도록 연습하세요.

• A Major 가장조

• f♯ minor 올림바단조 화성단음계
• f♯ minor 올림바단조 가락단음계

92 모든 음계는 악보 없이 외워서 칠 수 있도록 연습하세요.

G Major 사장조
e minor 마단조 화성단음계
e minor 마단조 가락단음계

반음계 연습
• 검은건반에 3번 손가락이 옵니다.
• 먼저 한 손씩 외울 정도로 연습하고, 양손 운지가 틀리지 않게 될 때까지 충분히 연습하세요.

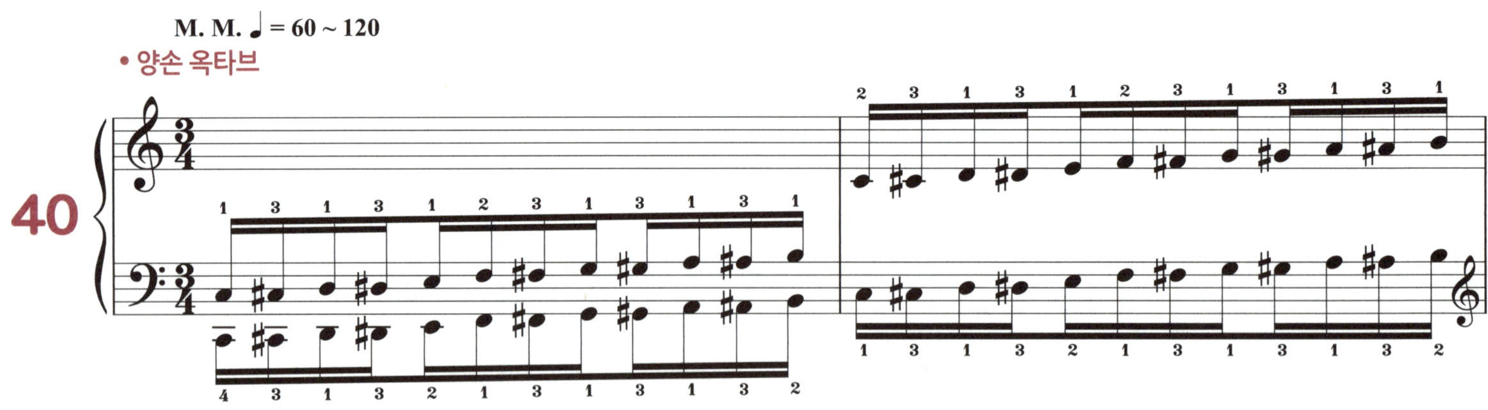
M. M. ♩ = 60 ~ 120
• 양손 옥타브
40

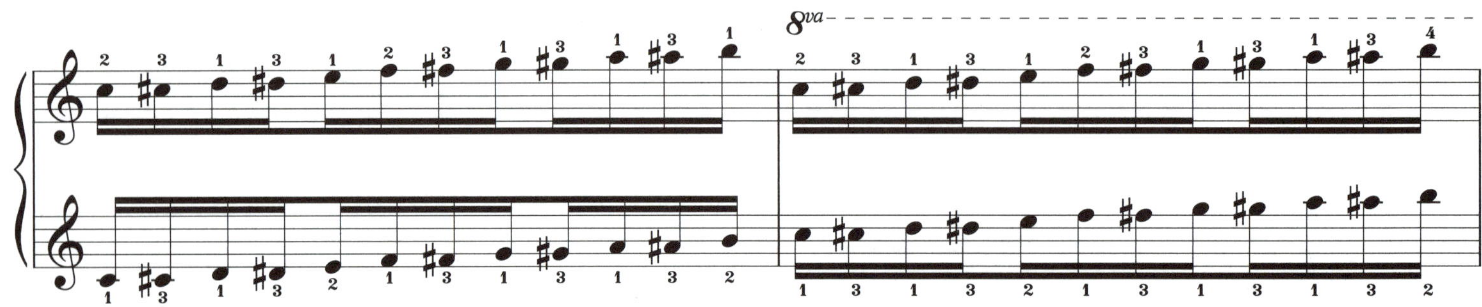

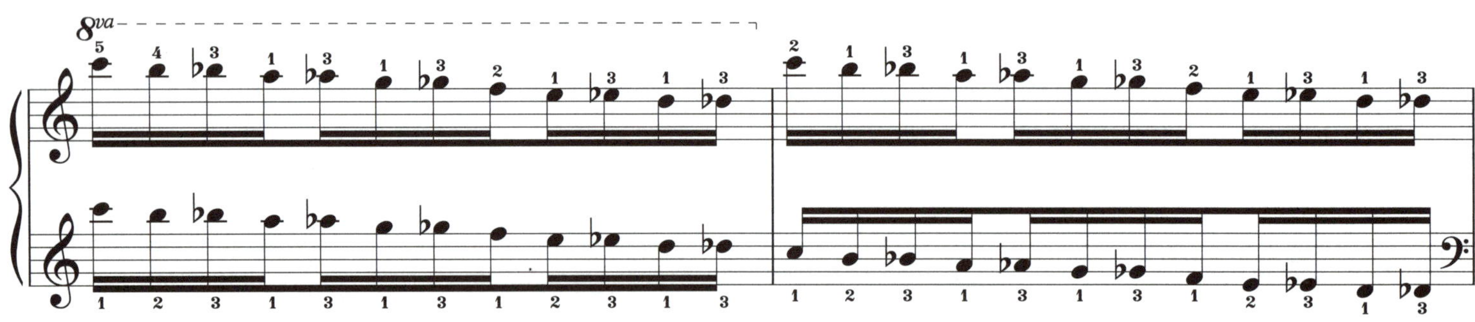

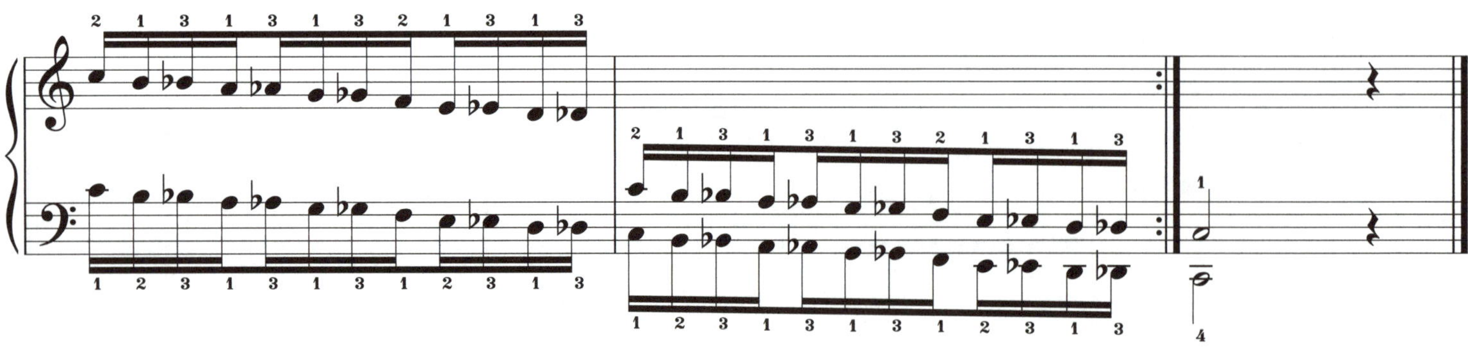

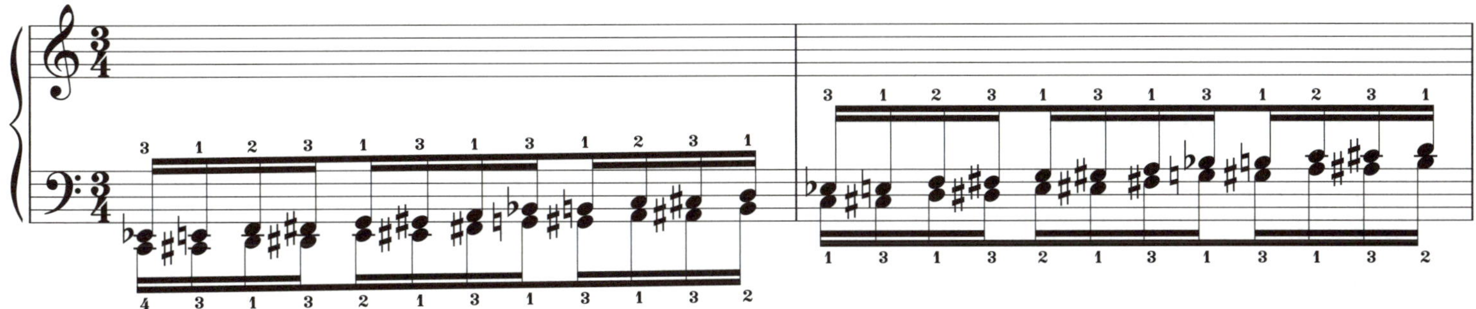

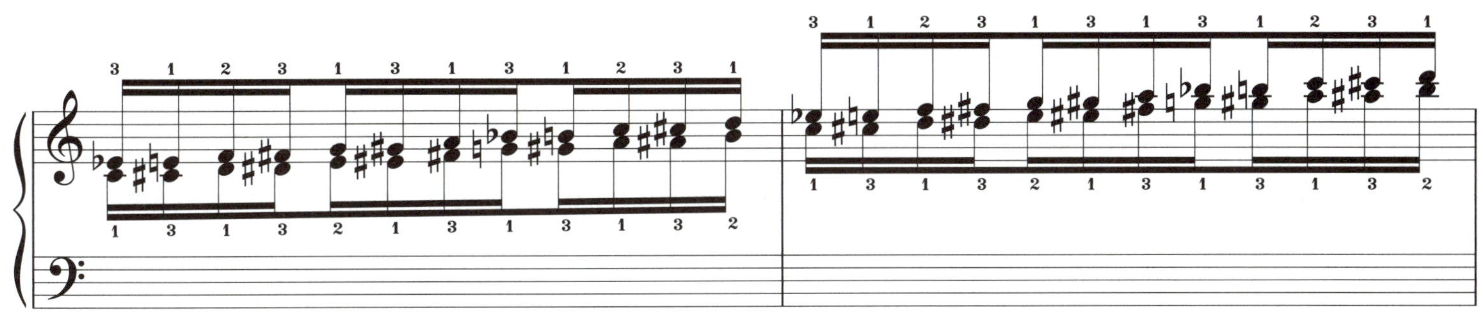

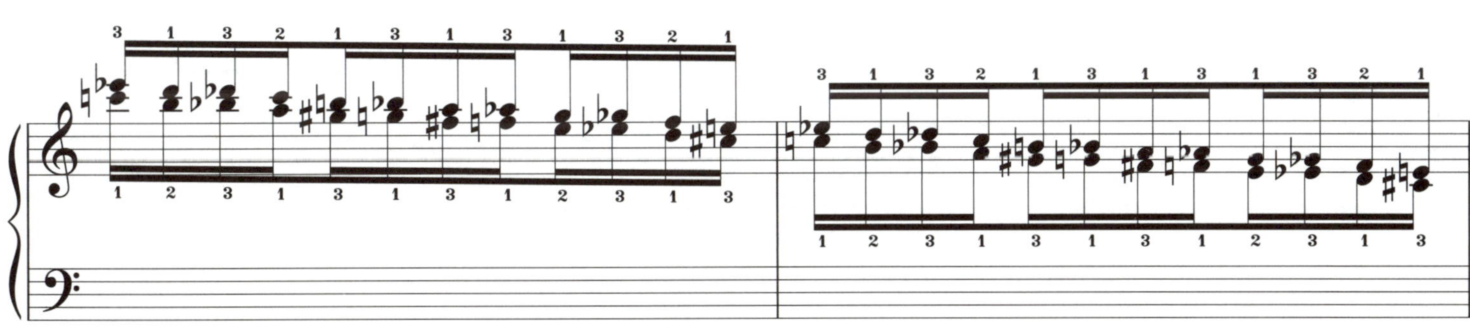

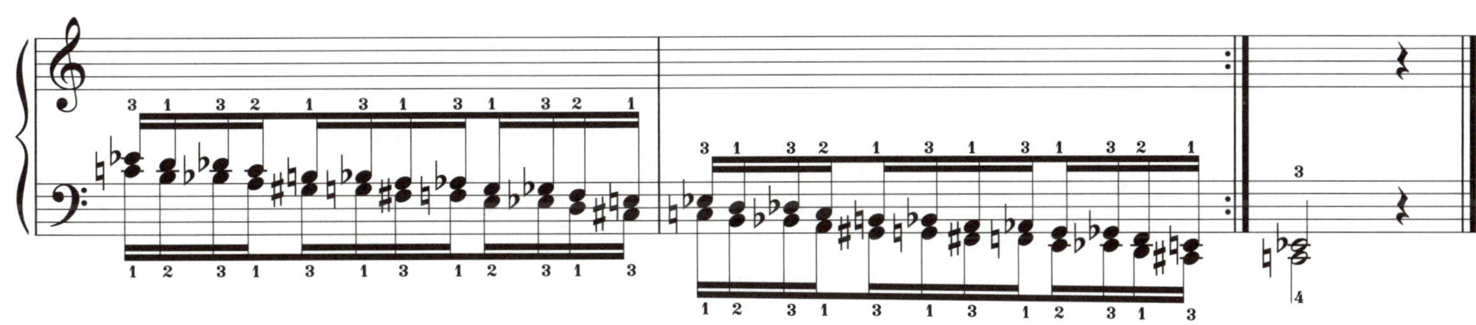

• 양손 장6도

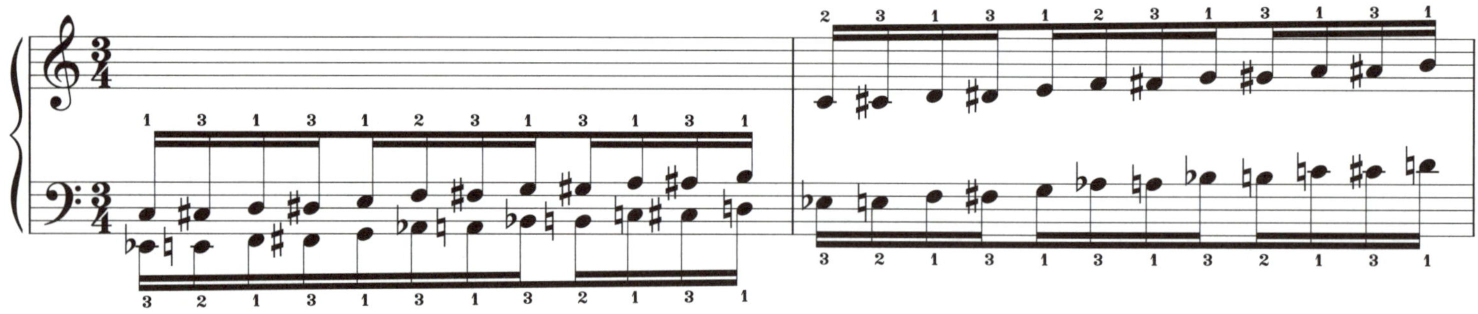

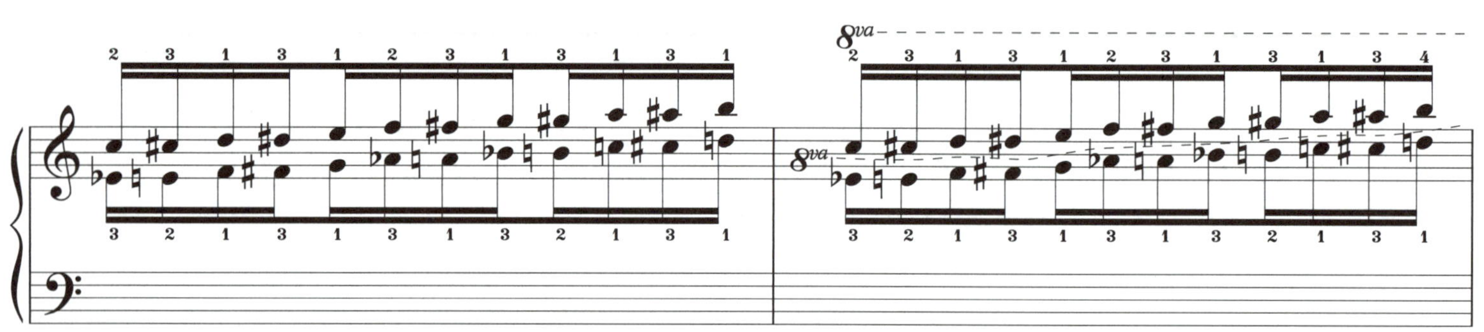

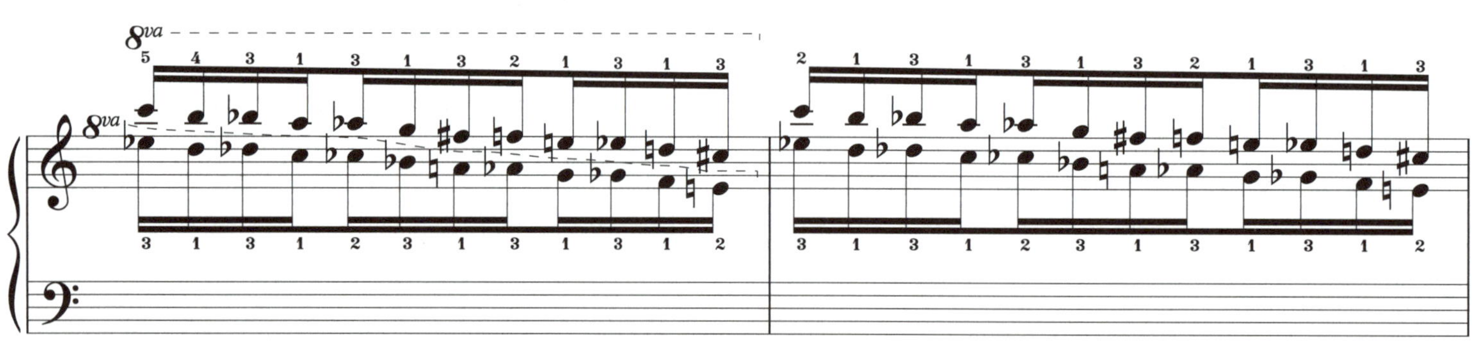

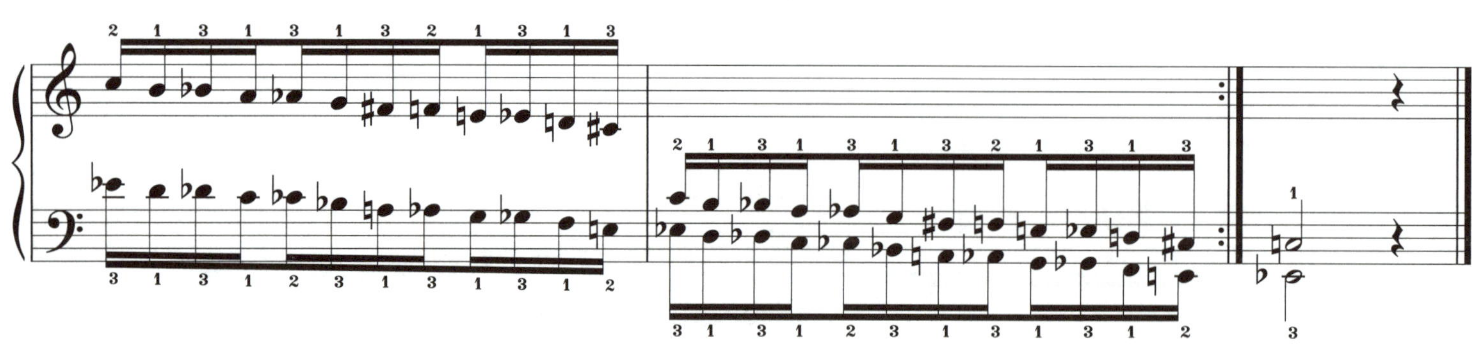

양손 단6도

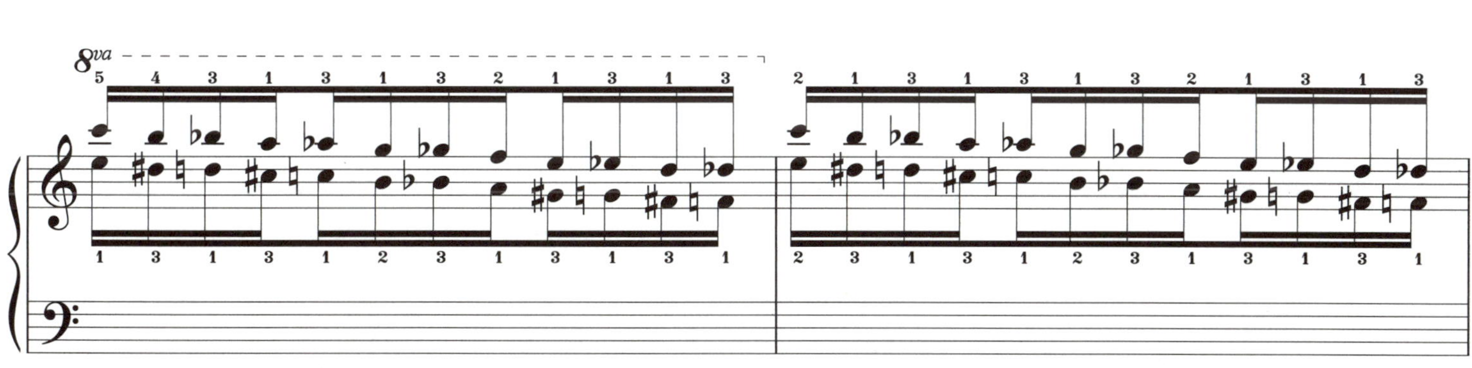

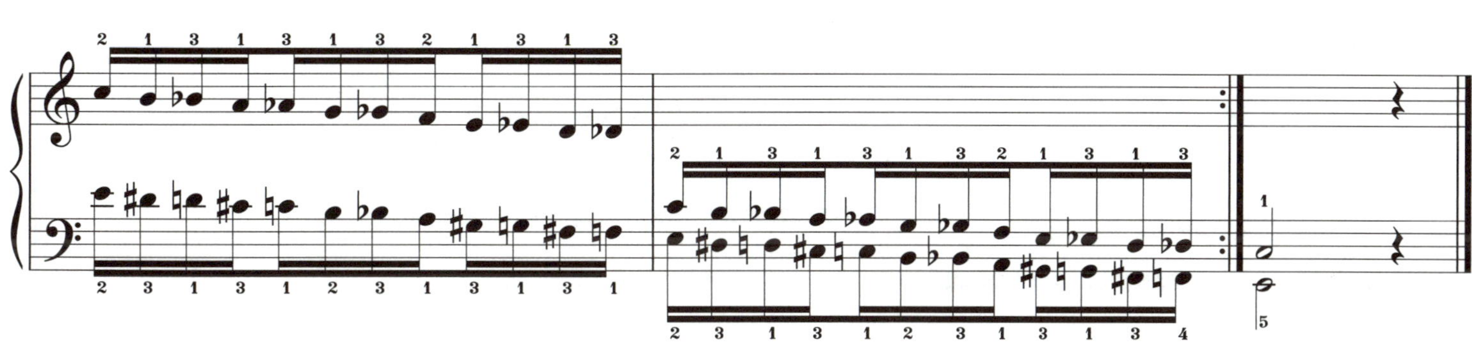

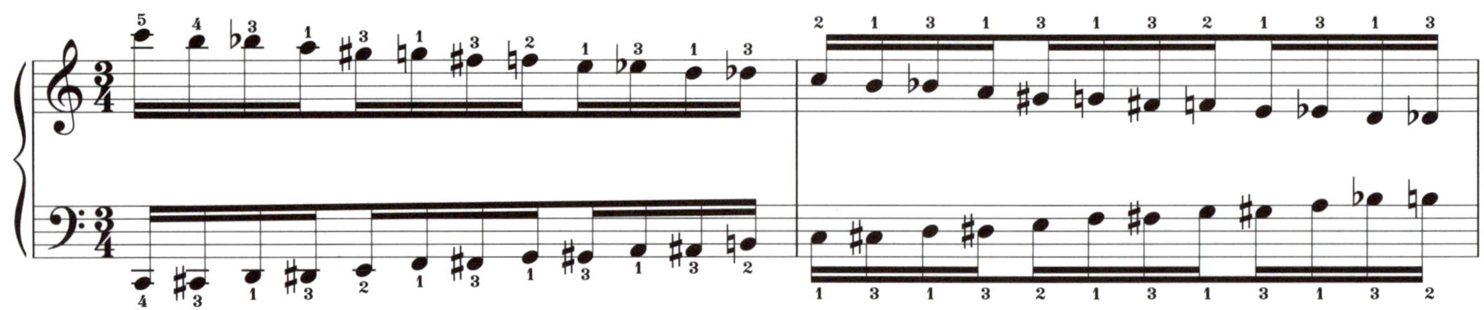

• 4옥타브 장3도에서 시작하는 양손 반진행

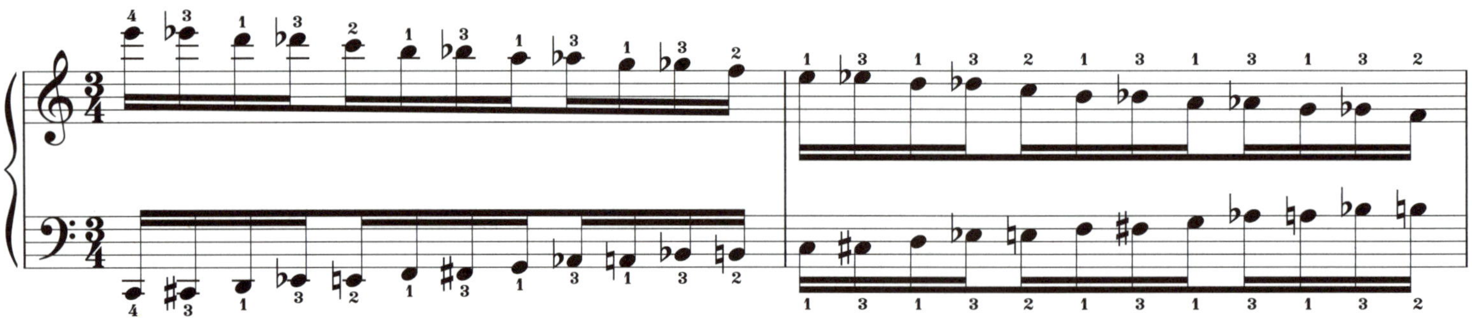

• 4옥타브 단3도에서 시작하는 양손 반진행

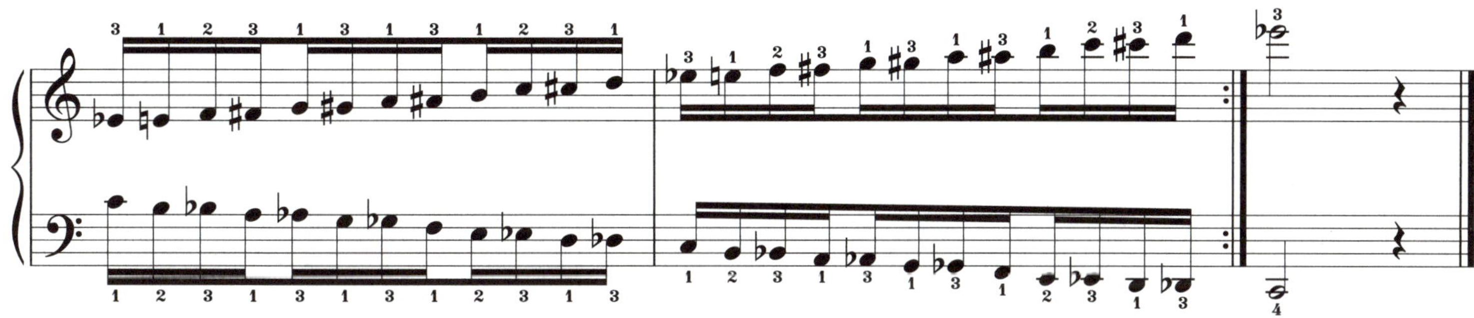

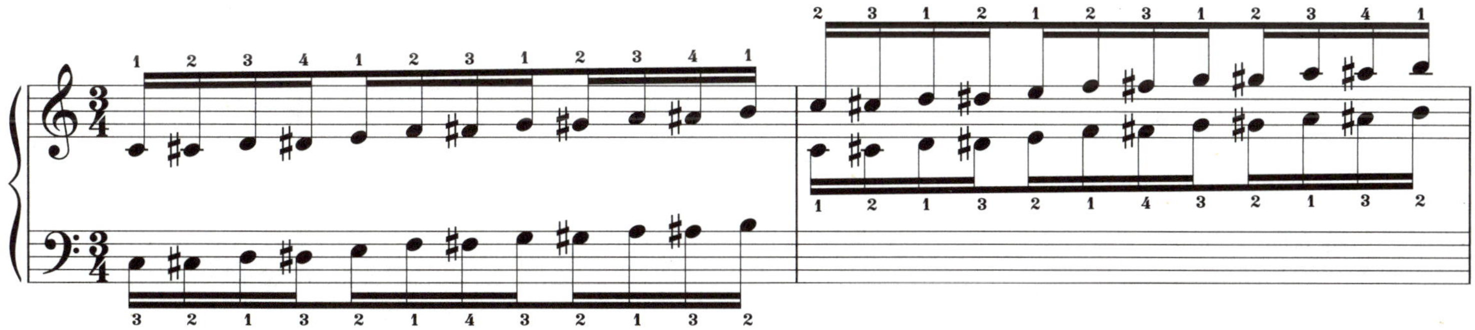
• 레가토를 잘 치기 위한 특별한 손가락 운지 연습

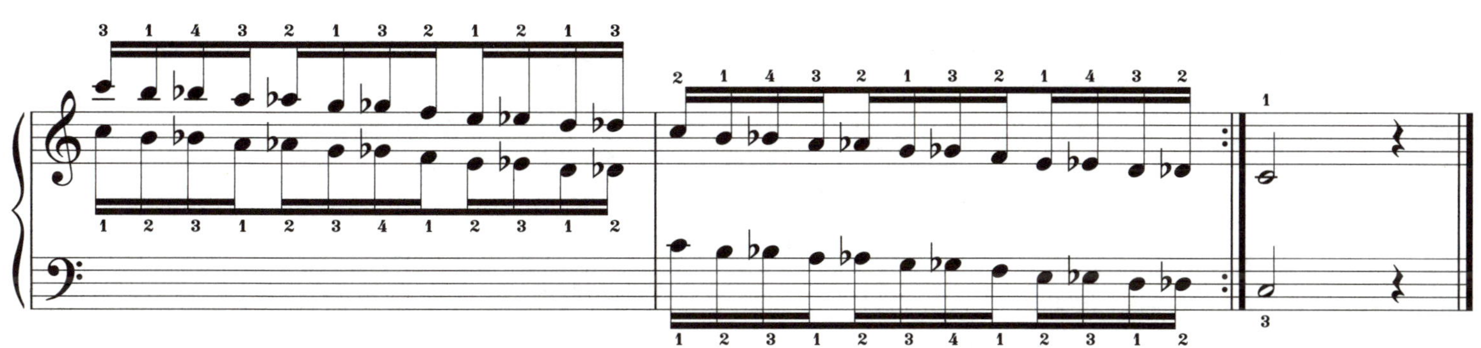

장3화음과 단3화음의 아르페지오 연습
-24개 조-

M. M. ♩ = 60 ~ 108
• C Major 다장조 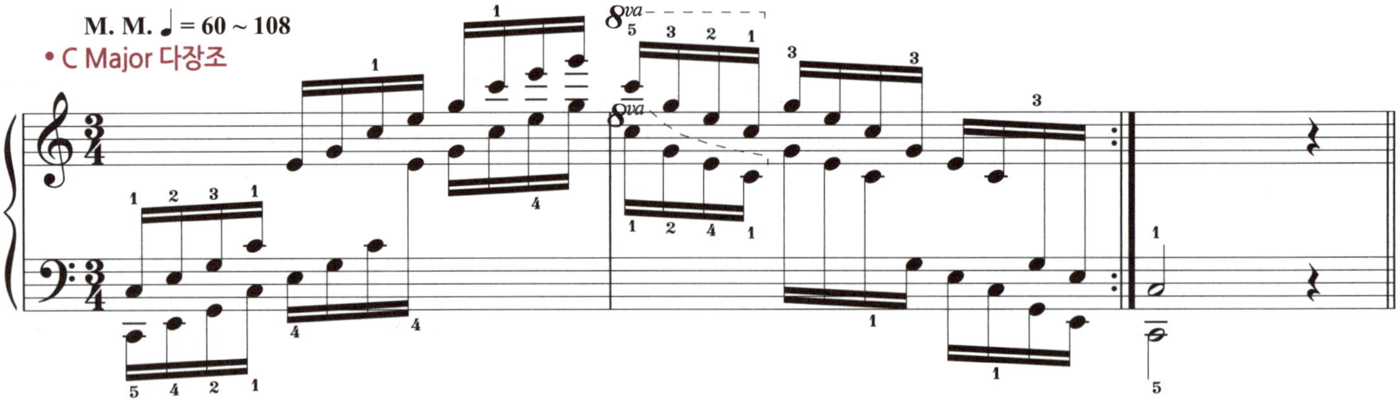
41
• a minor 가단조 
• F Major 바장조 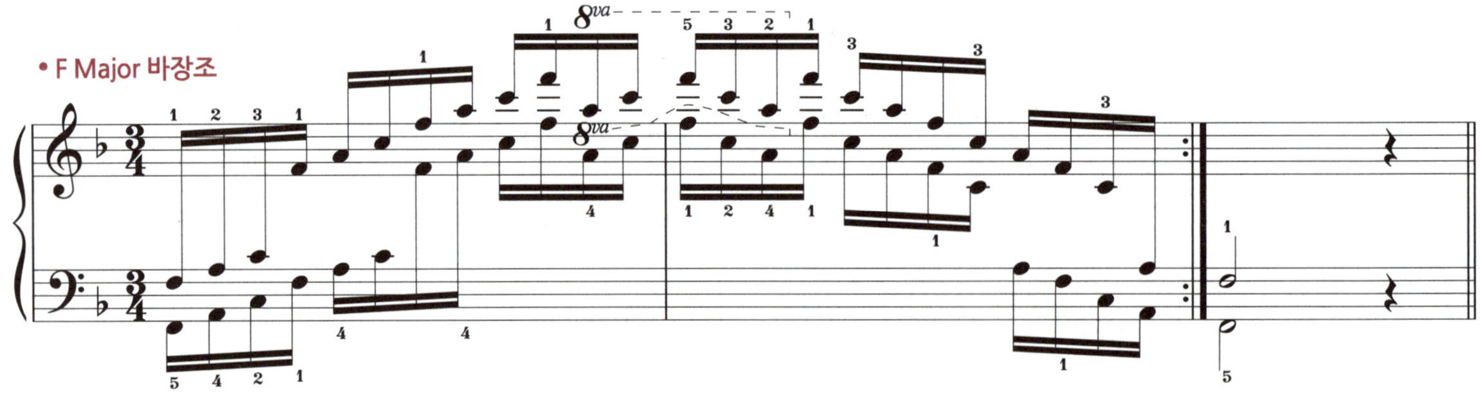
• d minor 라단조
100

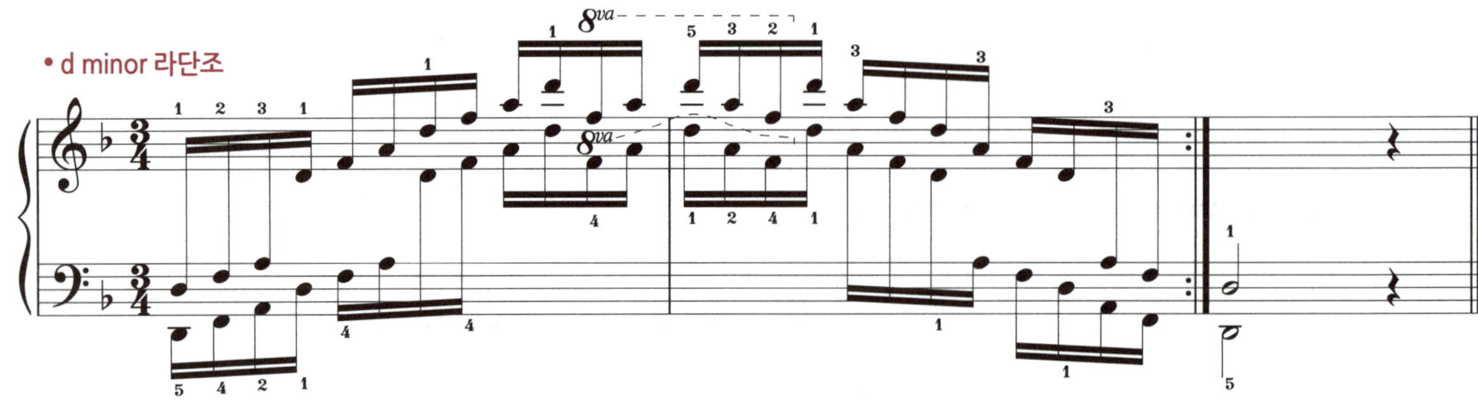

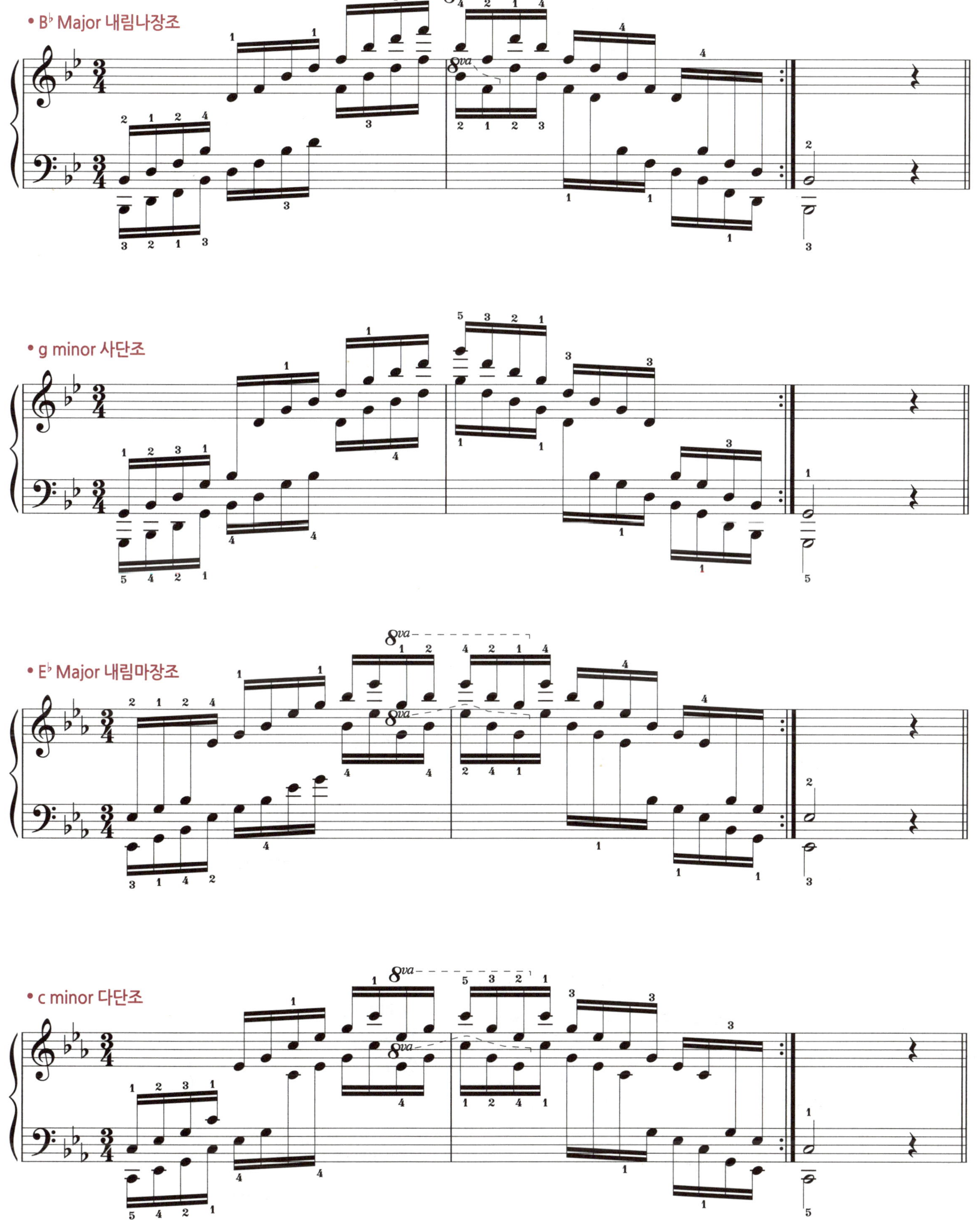
• B♭ Major 내림나장조
• g minor 사단조
• E♭ Major 내림마장조
• c minor 다단조

• A♭ Major 내림가장조 
• f minor 바단조 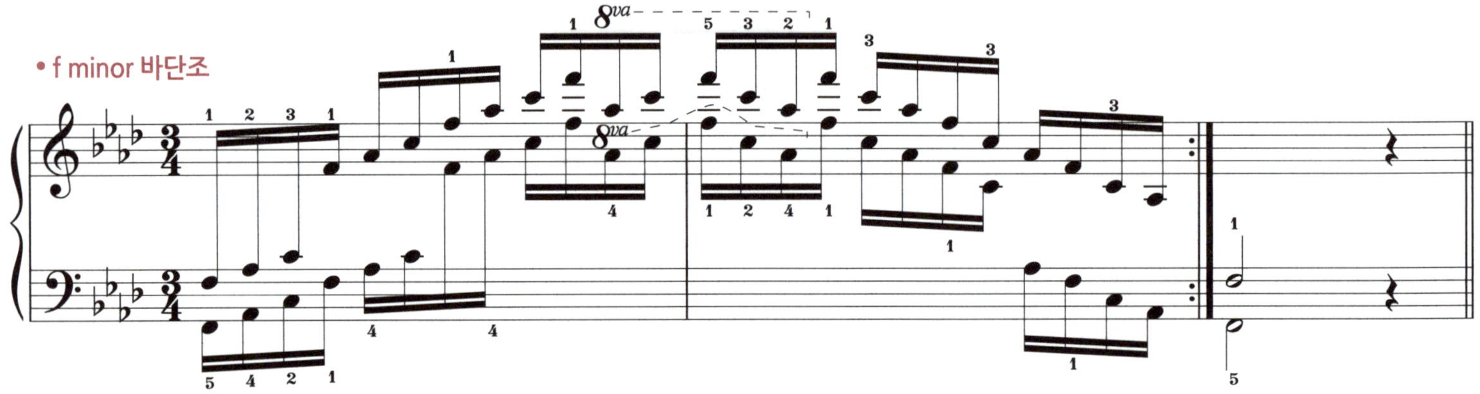
• D♭ Major 내림라장조 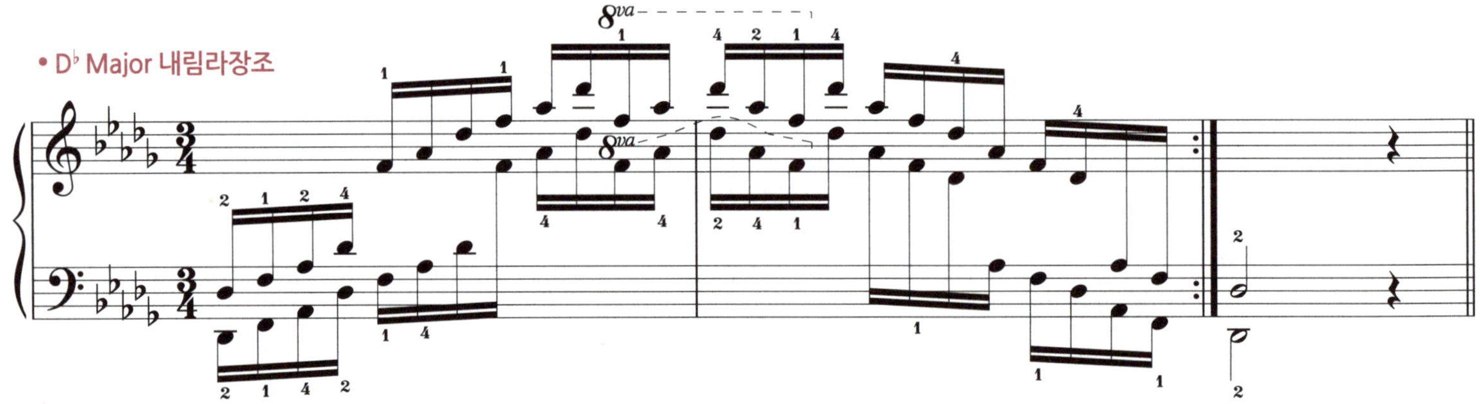
• b♭ minor 내림나단조

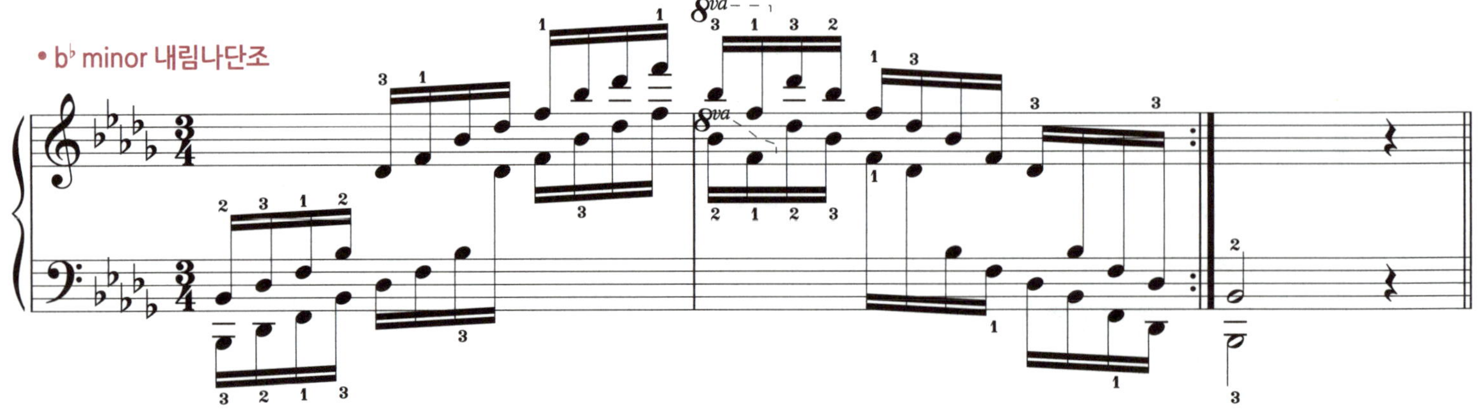

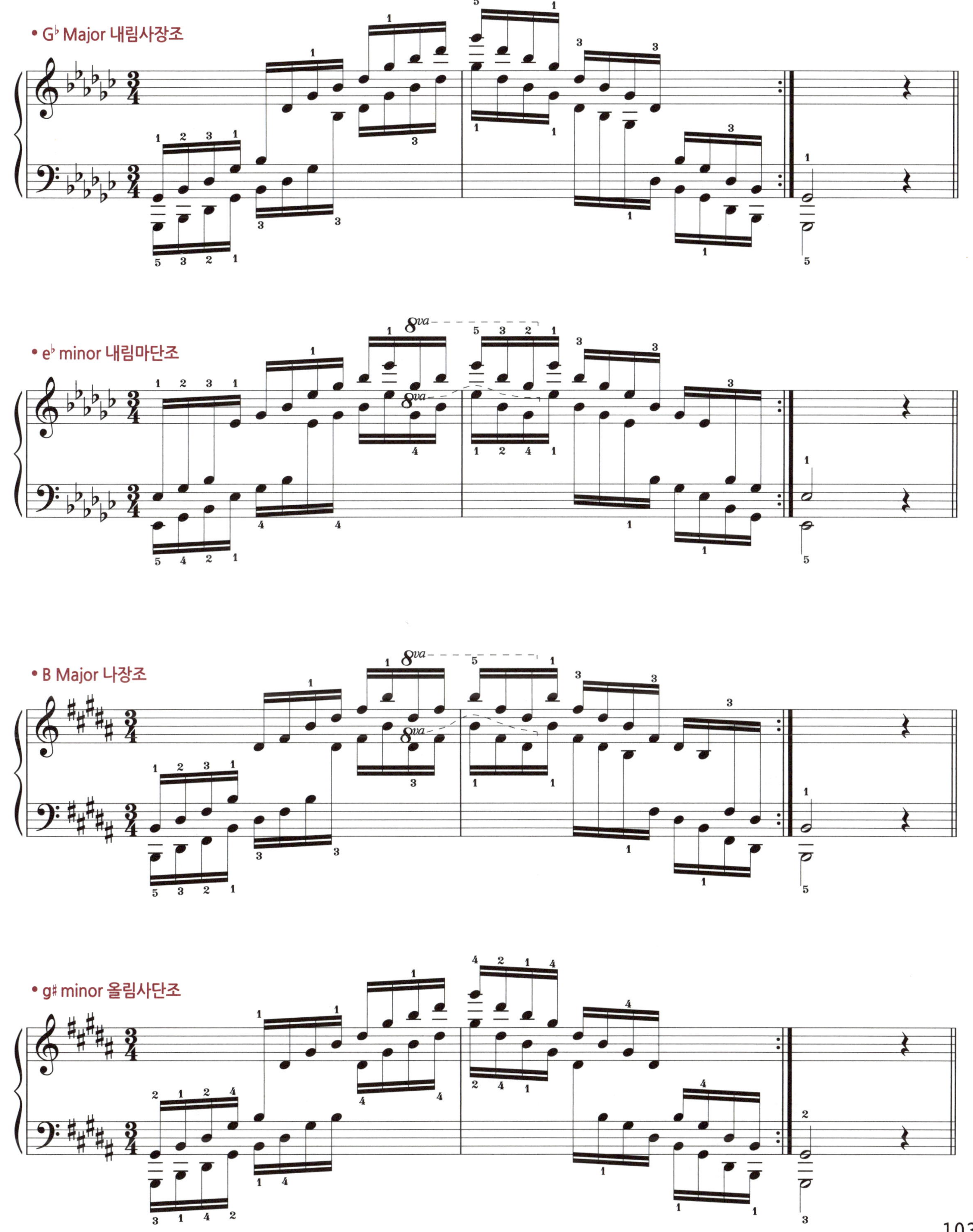

103

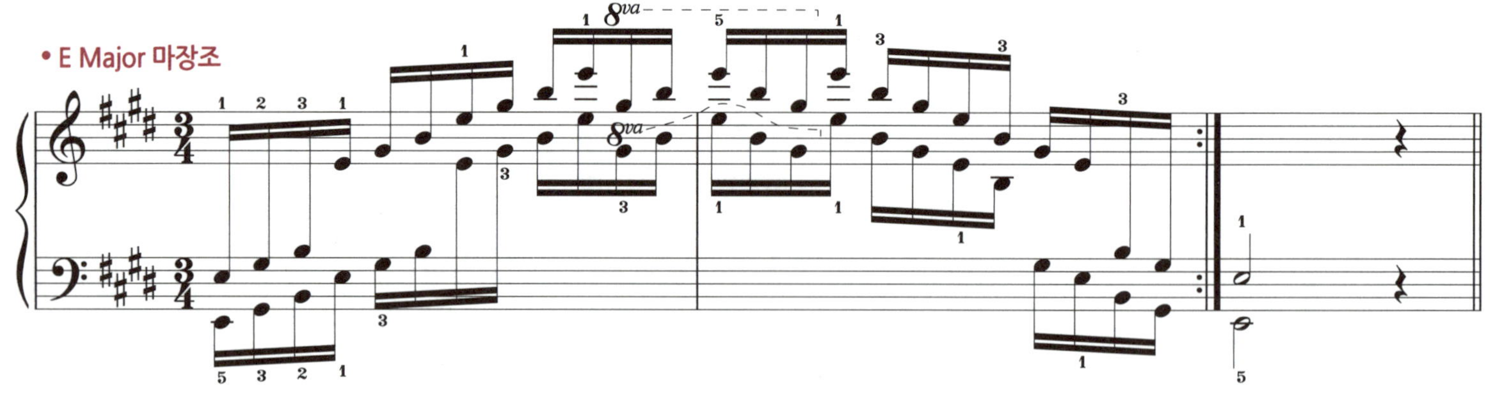
E Major 마장조

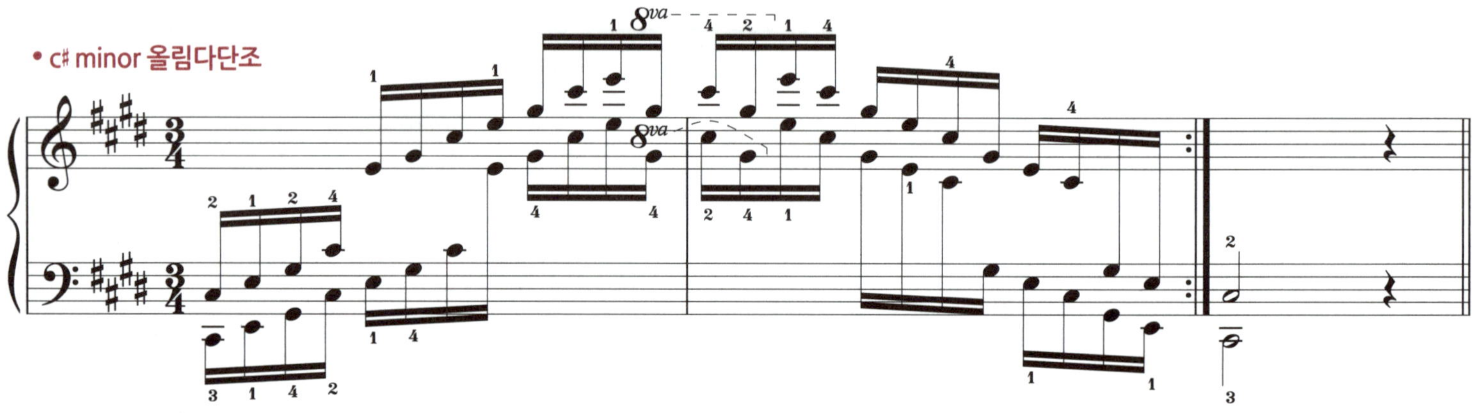
c♯ minor 올림다단조

A Major 가장조

f♯ minor 올림바단조

• D Major 라장조

• b minor 나단조

• G Major 사장조

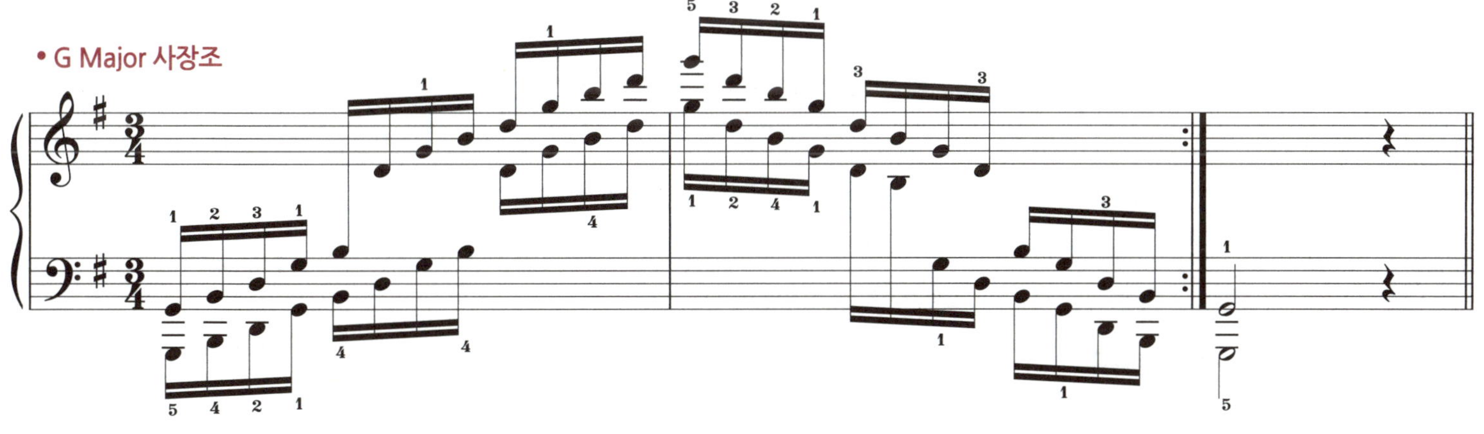

• e minor 마단조

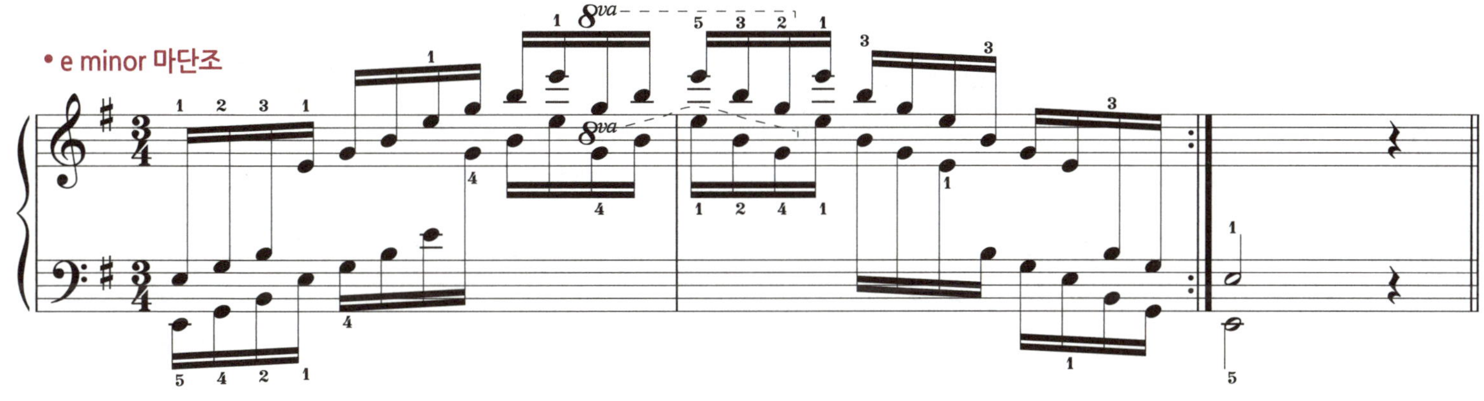

감7화음 아르페지오 연습
-각 손가락 벌리기-

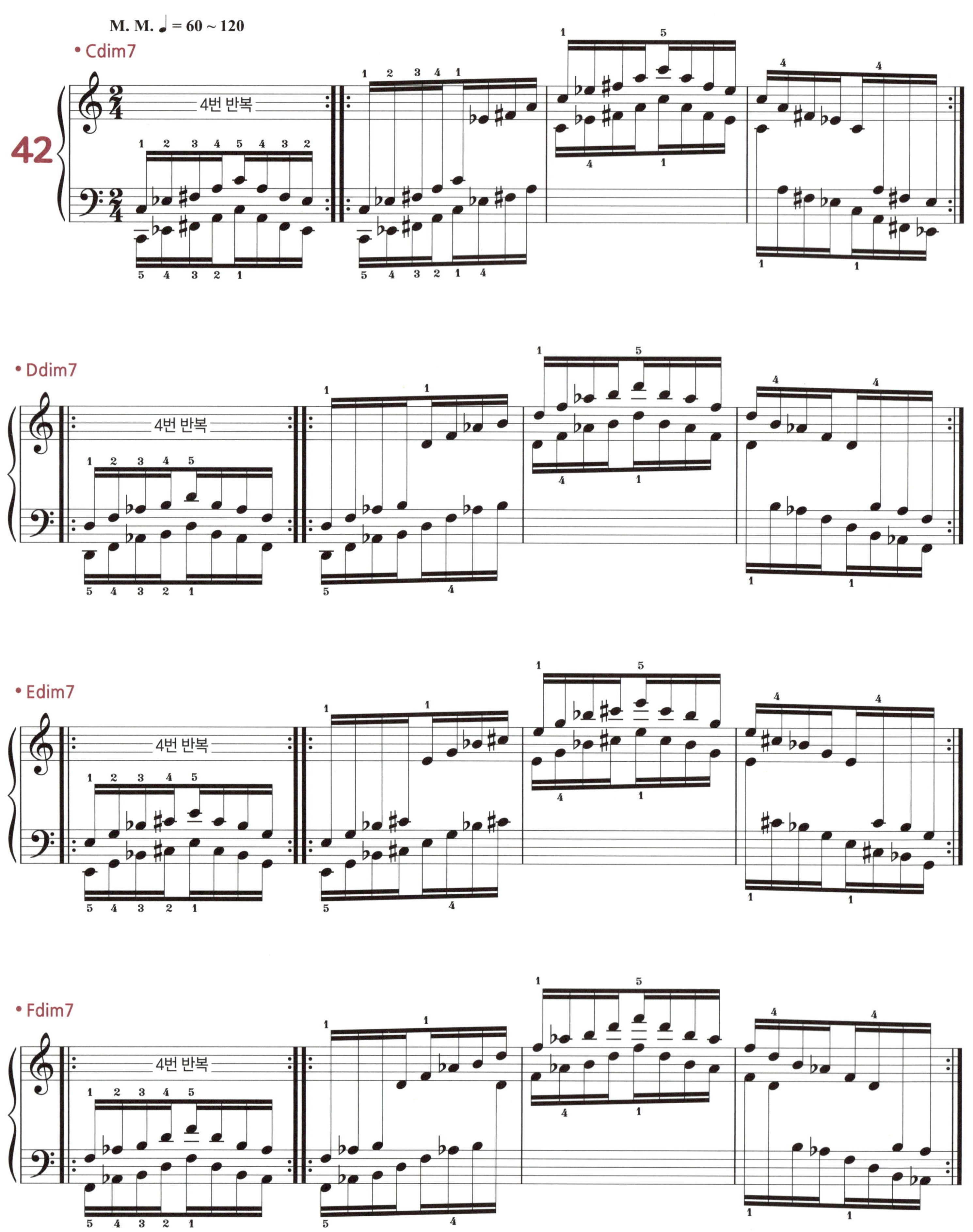

dim7는 '디미니쉬드 세븐스'라고 읽으며, '감7화음'의 영문 코드 네임입니다.

• Gdim7
1 2 3 4 5
4번 반복
5 4 3 2 1

• Adim7
1 2 3 4 5
4번 반복
5 4 3 2 1
8va

• Bdim7
1 2 3 4 5
4번 반복
5 4 3 2 1
8va

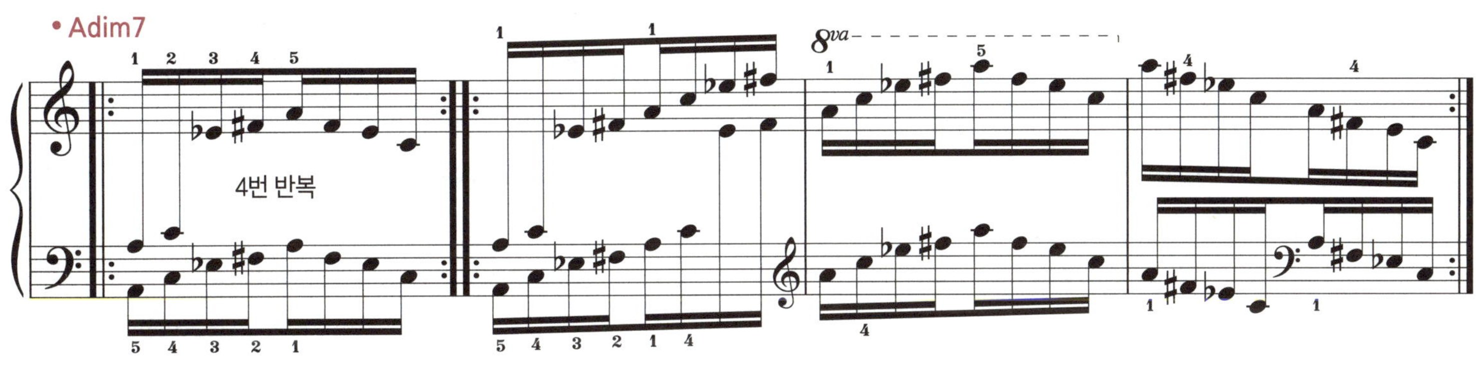

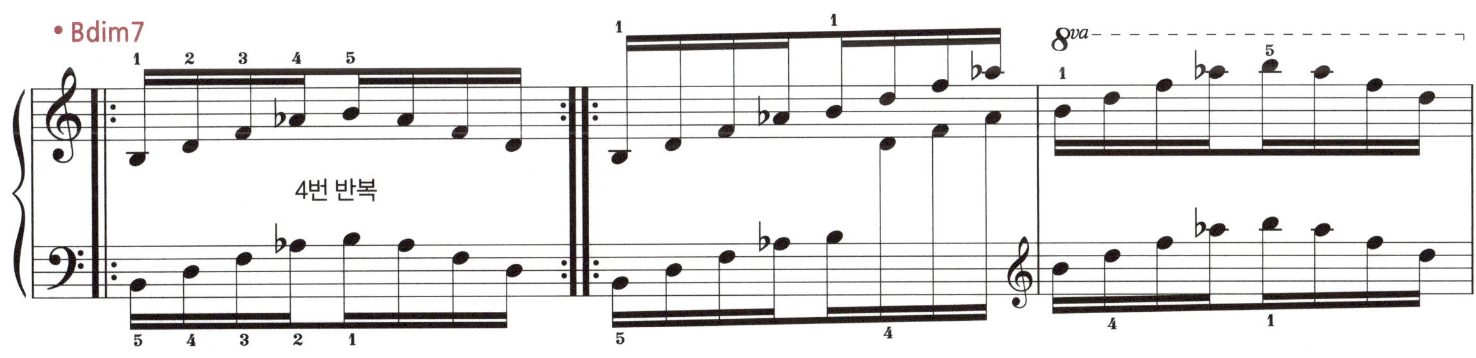

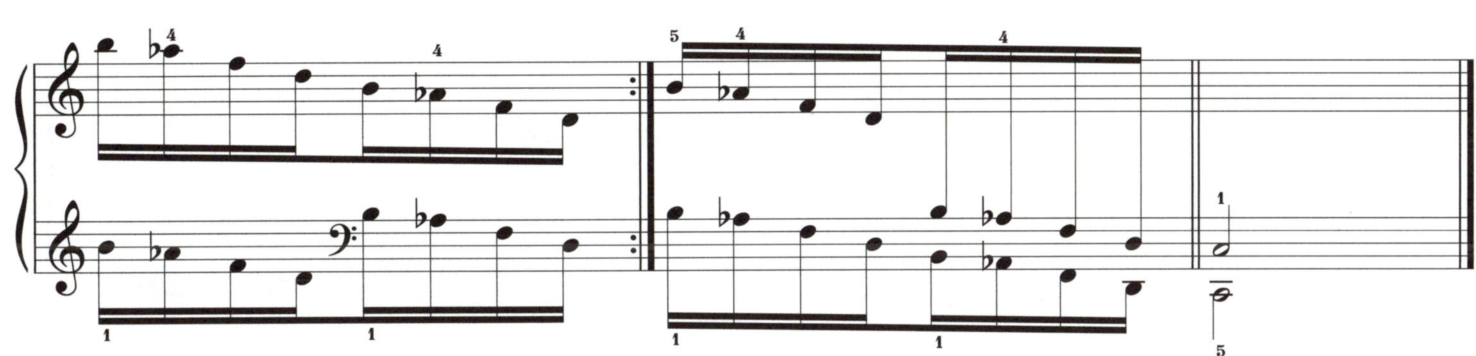

107

딸림7화음 아르페지오 연습
-각 손가락 벌리기-

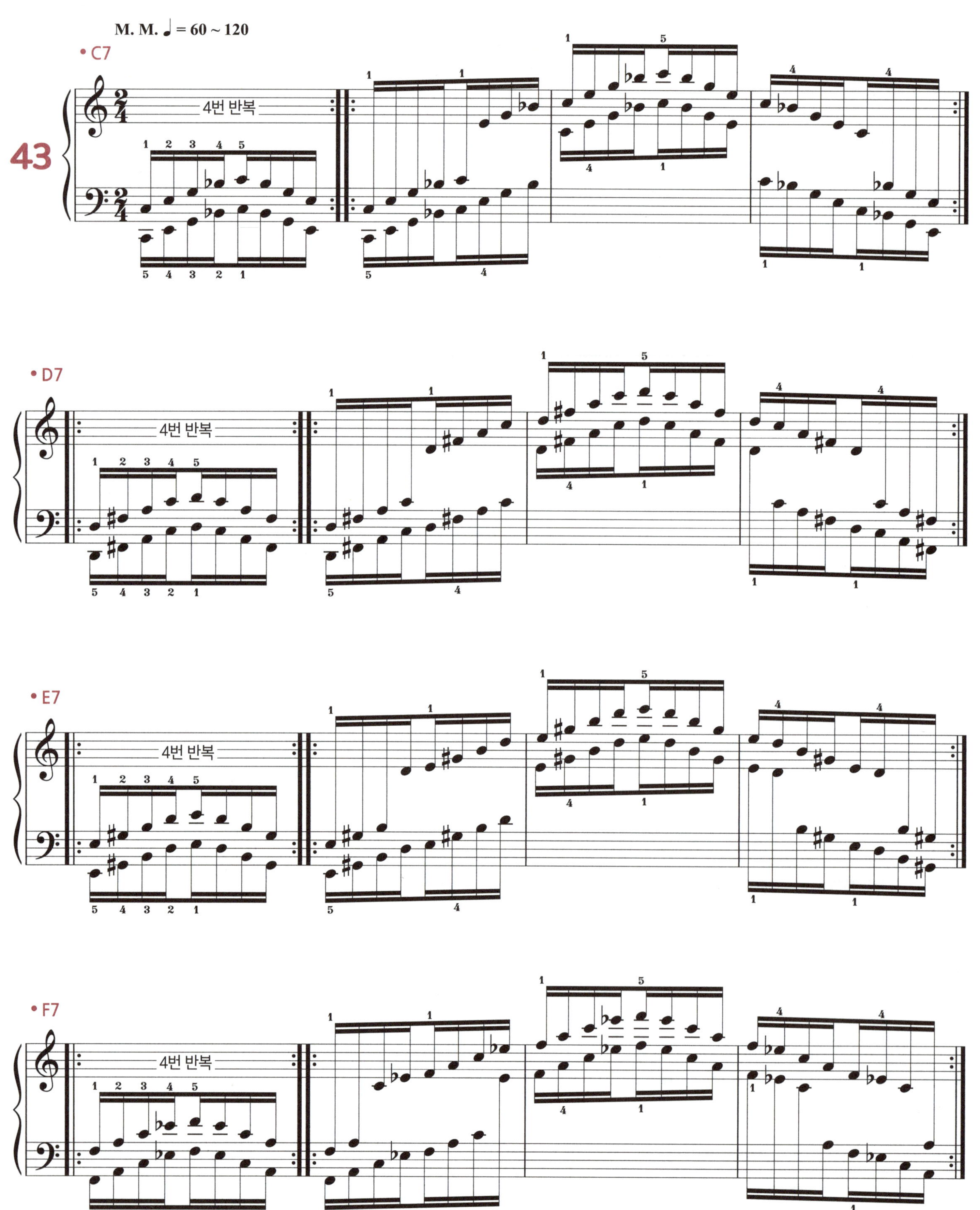

‘딸림7화음’은 영어로 ‘도미넌드(dominant) 세븐스’ 코드라고 읽으며, 기호로 쓸 때는 C7과 같이 알파벳 영문자 옆에 7자를 적어서 나타냅니다.

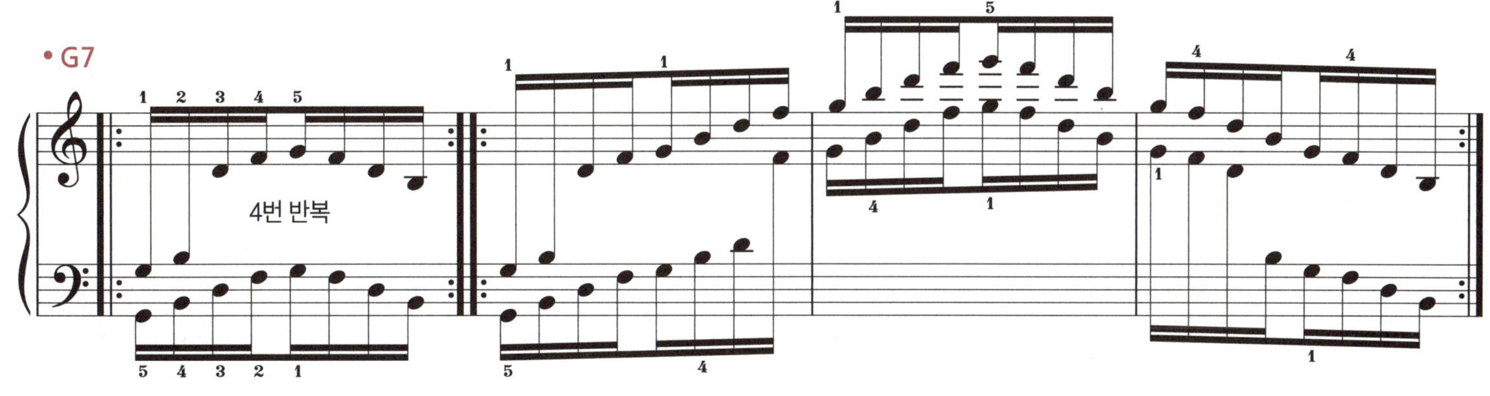

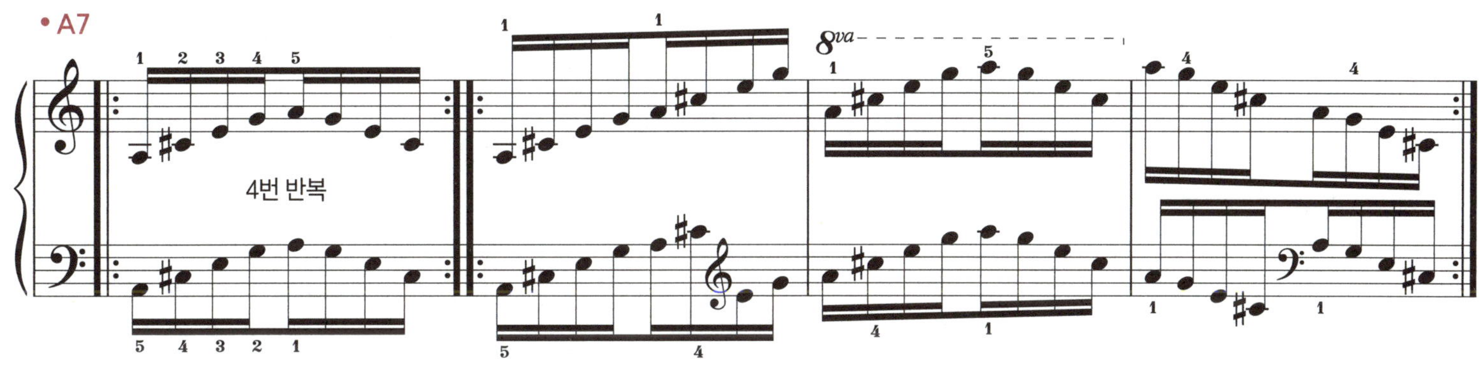

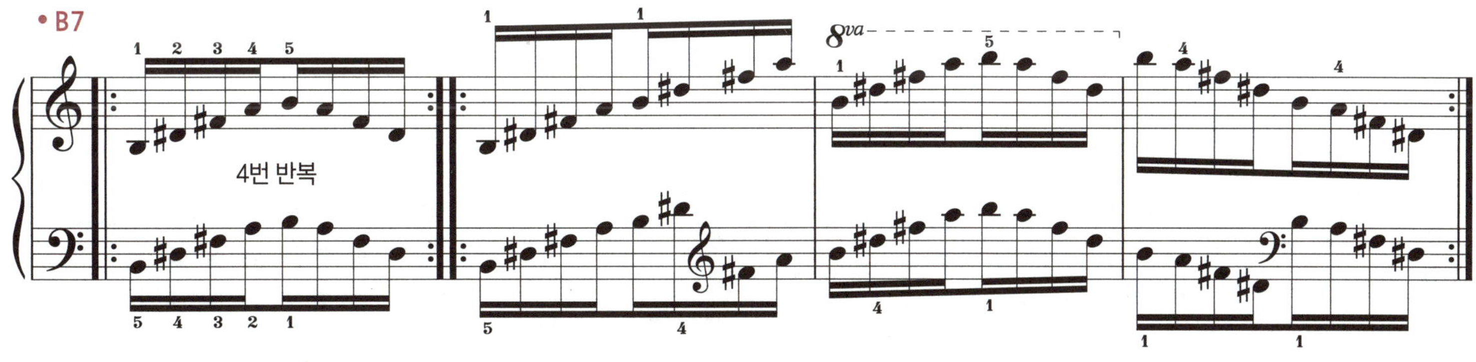

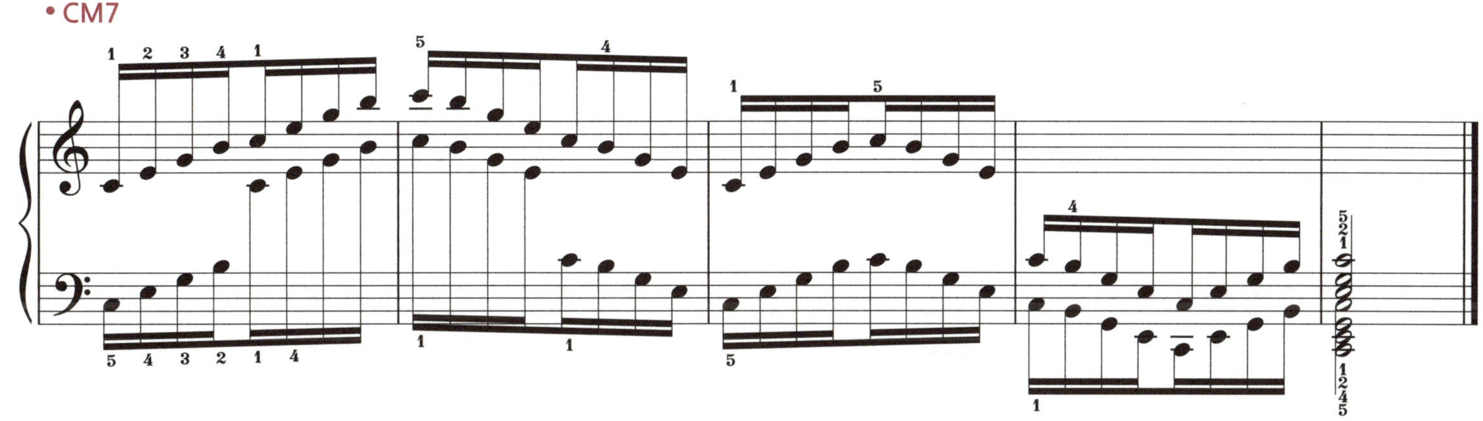

M7(메이저 세븐스) 코드는 '장7화음'을 말합니다.

제 3 부
가장 큰 기술적 어려움을 마스터하기 위한 연습

3개의 같은 음 연속해서 치기

- 손목이나 팔이 위아래로 움직이지 않도록 주의하면서 손가락을 세워서 연습하세요.

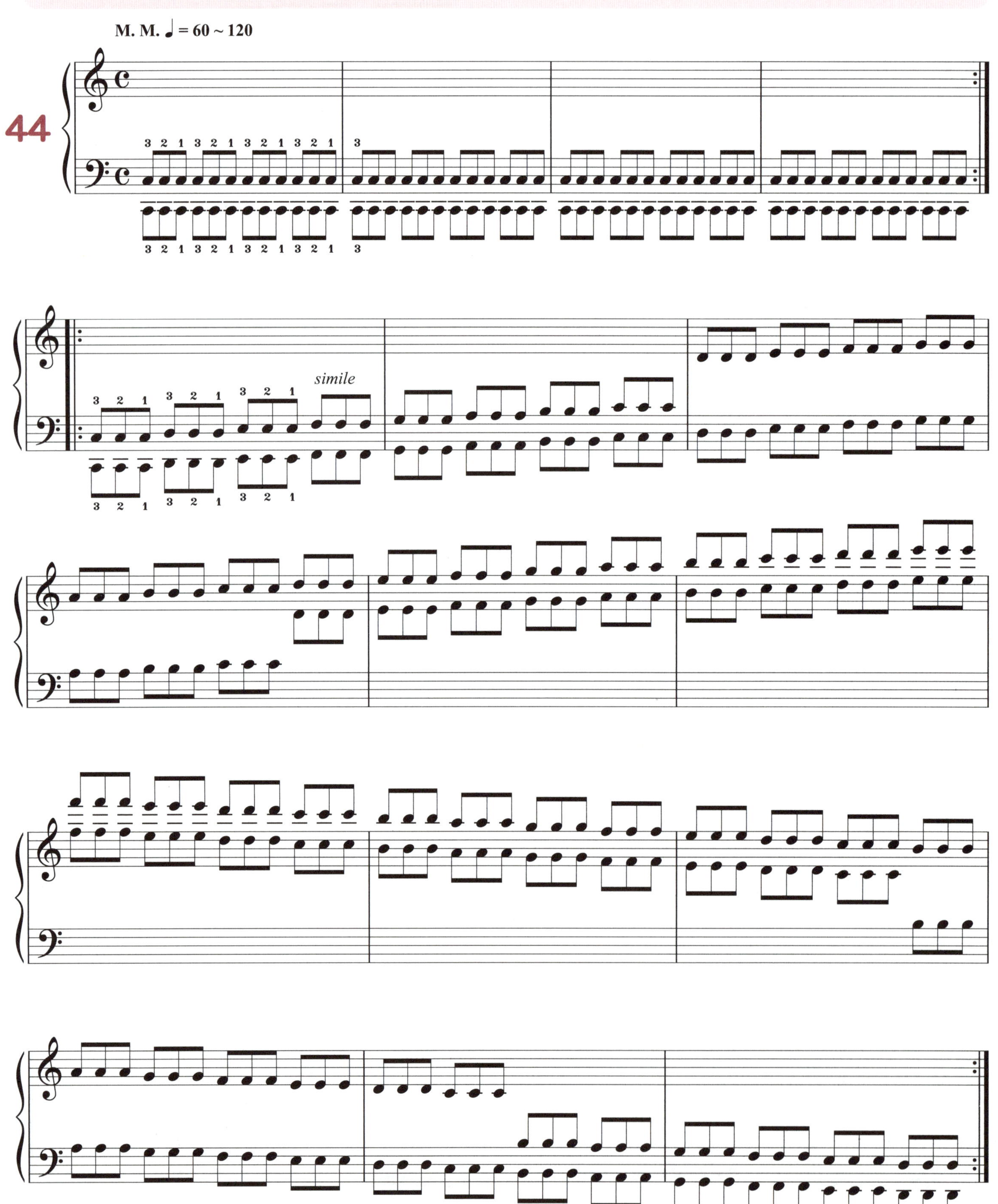

 처음 네 마디를 잘 치게 되면 다음 마디로 넘어가세요.

3 2 1   3 2 1   3 2 1   3 2 1
simile
3 2 1   3 2 1   3 2 1
3 2 1

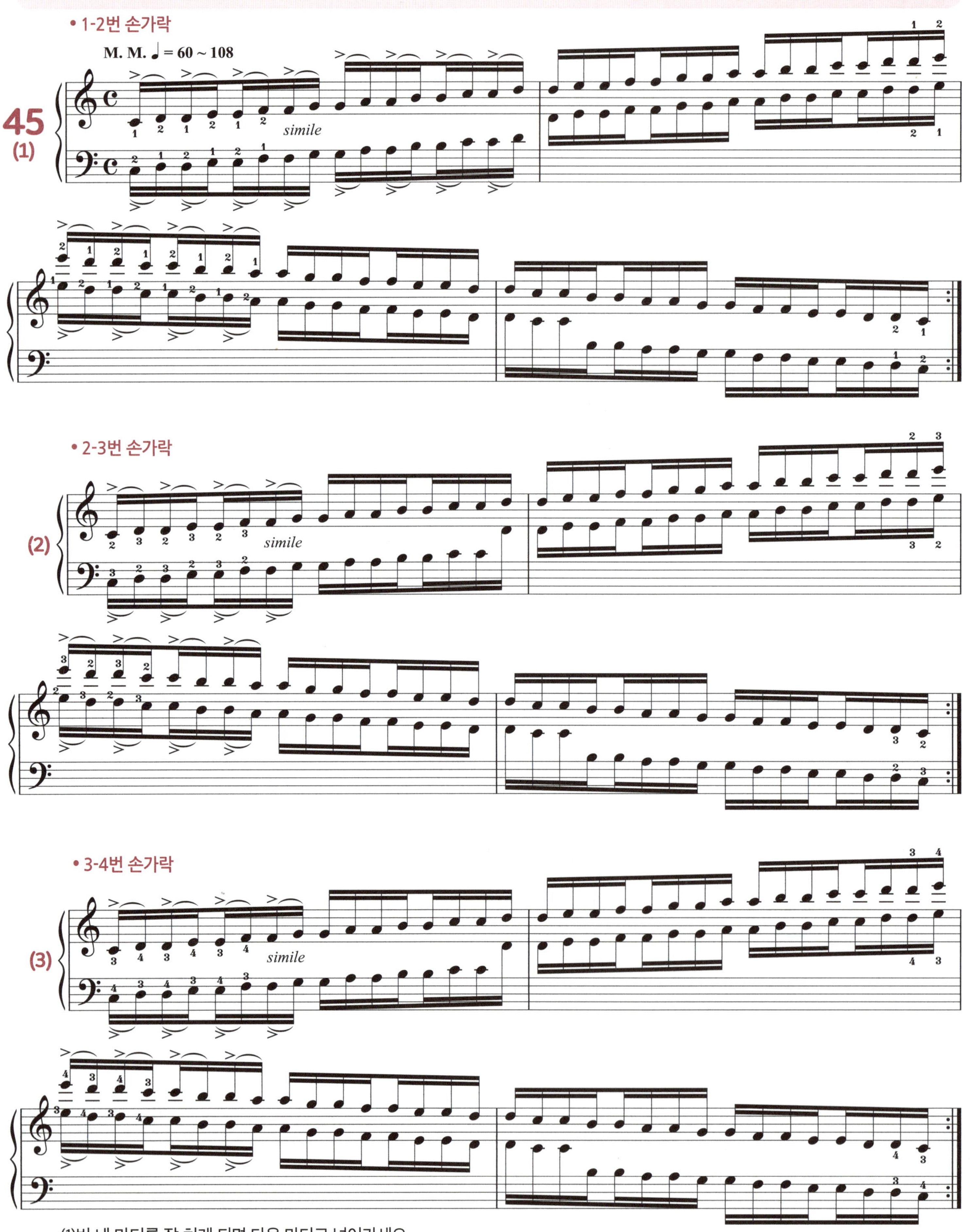

(1)번 네 마디를 잘 치게 되면 다음 마디로 넘어가세요.

• 4-5번 손가락

(4)

• 1-3번 손가락

(5)

• 2-4번 손가락

(6)

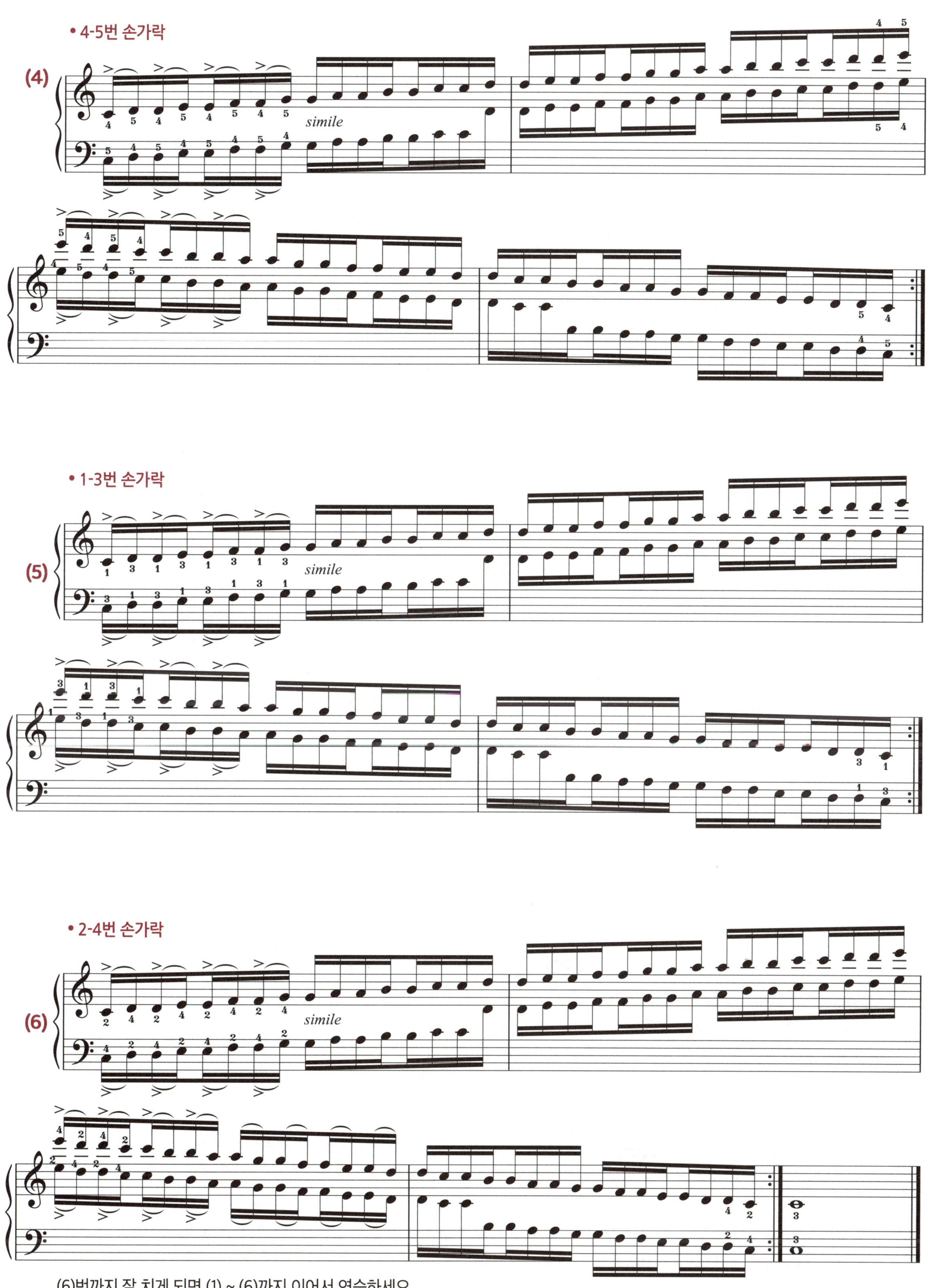

(6)번까지 잘 치게 되면 (1) ~ (6)까지 이어서 연습하세요.

• 처음 여섯 마디를 빠른 속도로 잘 칠 수 있을 때까지 충분히 연습한 후 다음 마디로 넘어가세요.

● 오른손 5-1번, 왼손 1-5번의 손가락 바꾸기가 표시나지 않을 정도로 빠르게 준비하고 이동하세요.

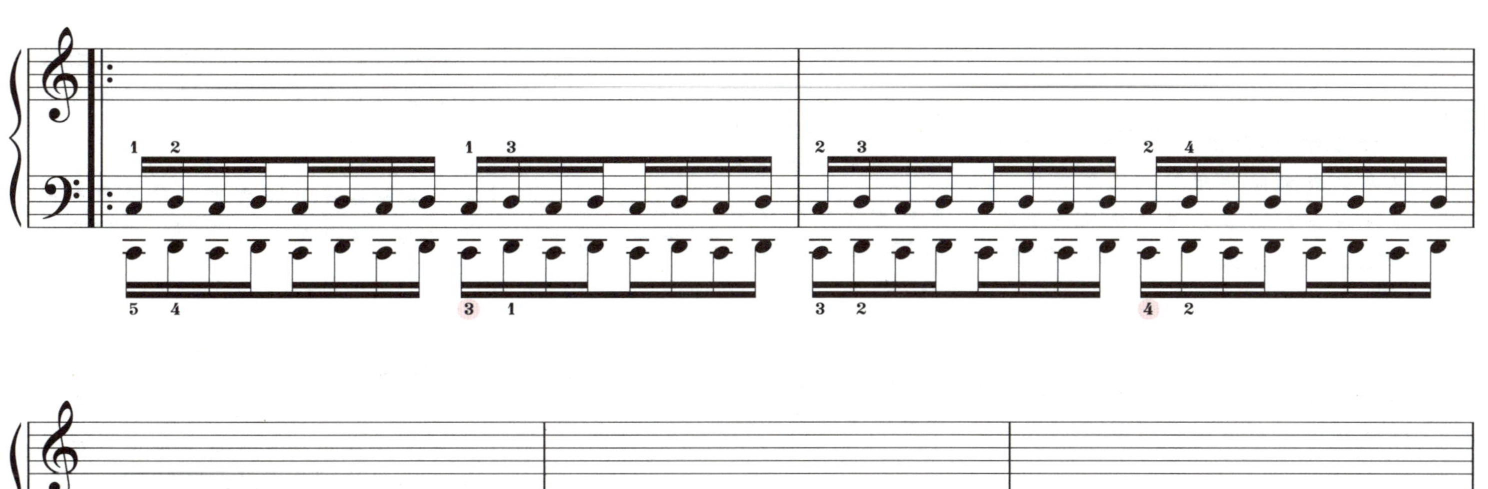

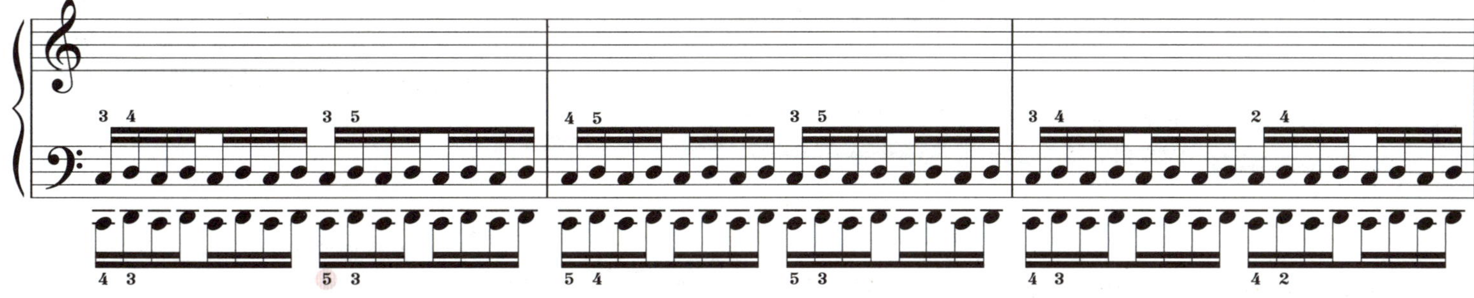

4개의 같은 음 연속해서 치기

- 손목이나 팔이 올라가지 않도록 주의하며, 손가락을 바꿀 때 누른 건반이 다시 올라오지 않은 상태에서 다음 손가락을 치면 소리가 깨끗하지 못합니다.

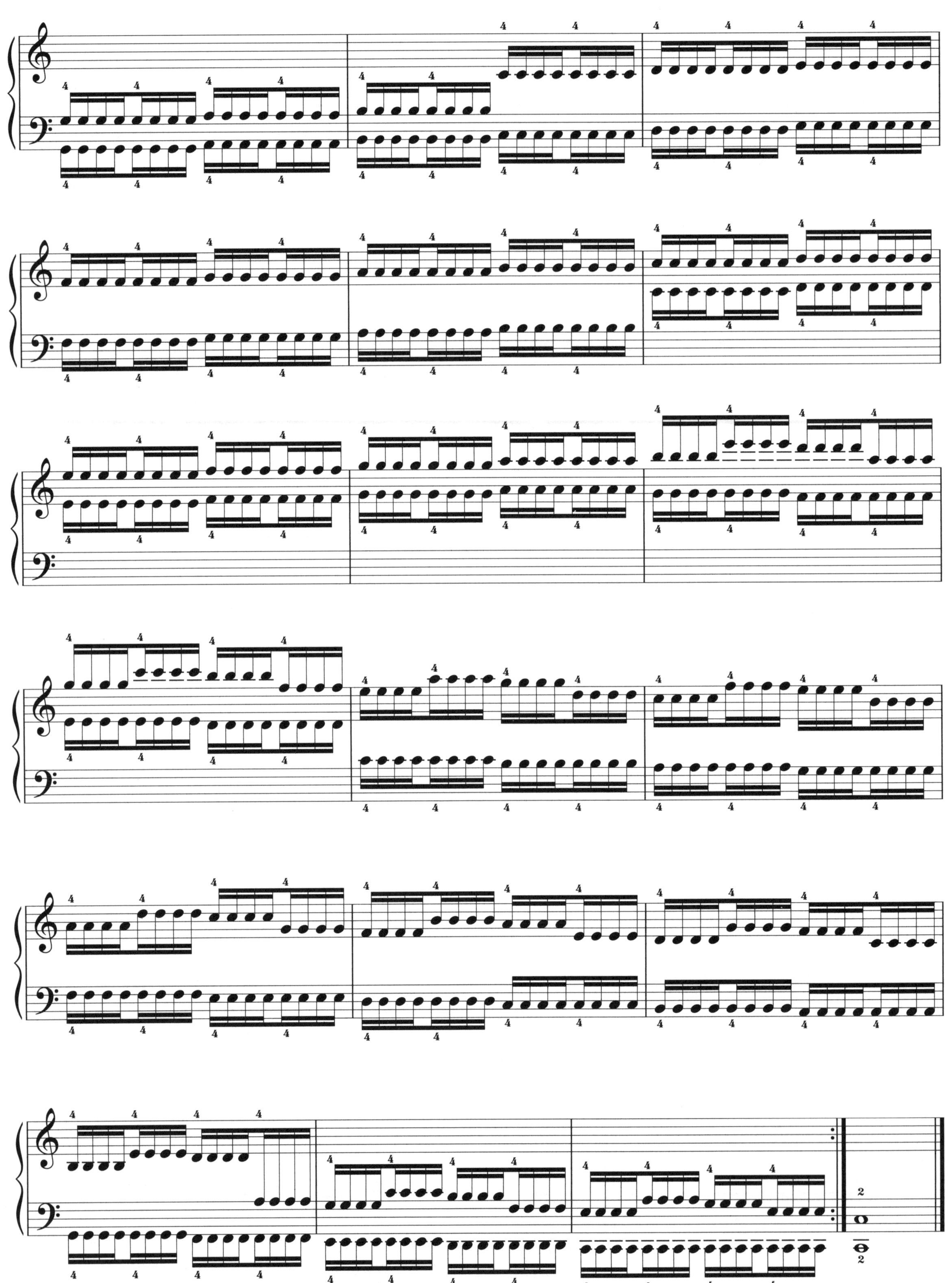

• 손가락을 바로 세우고, 손목을 부드럽게, 팔은 움직이지 말고 연습하세요.

M. M. ♩ = 40 ~ 84

• 3도 겹음

48

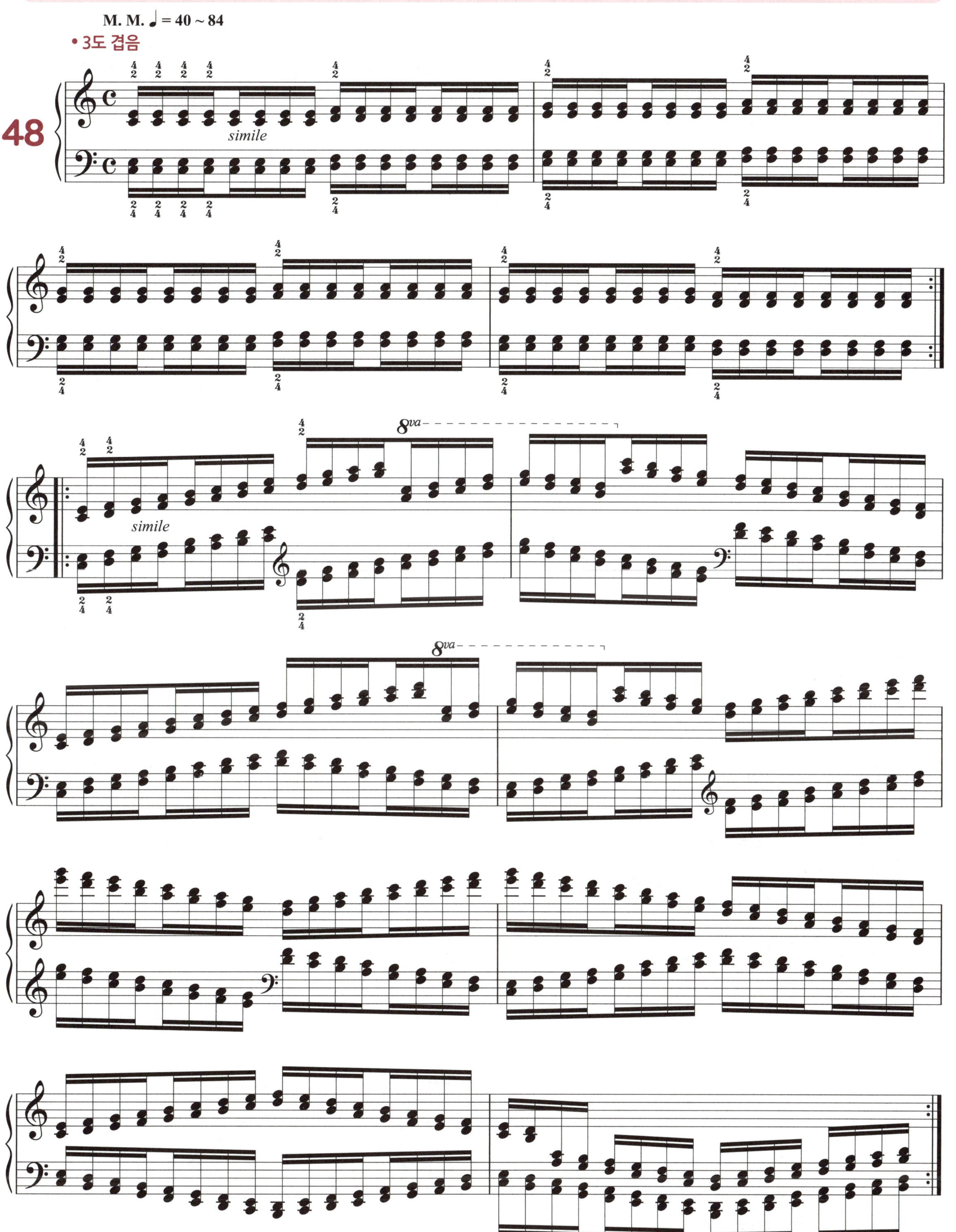

M. M. ♩ = 40 ~ 84
• 6도 겹음
simile
8va
8va
8va

• 손목의 회전이 자연스럽게 되도록 연습하세요.

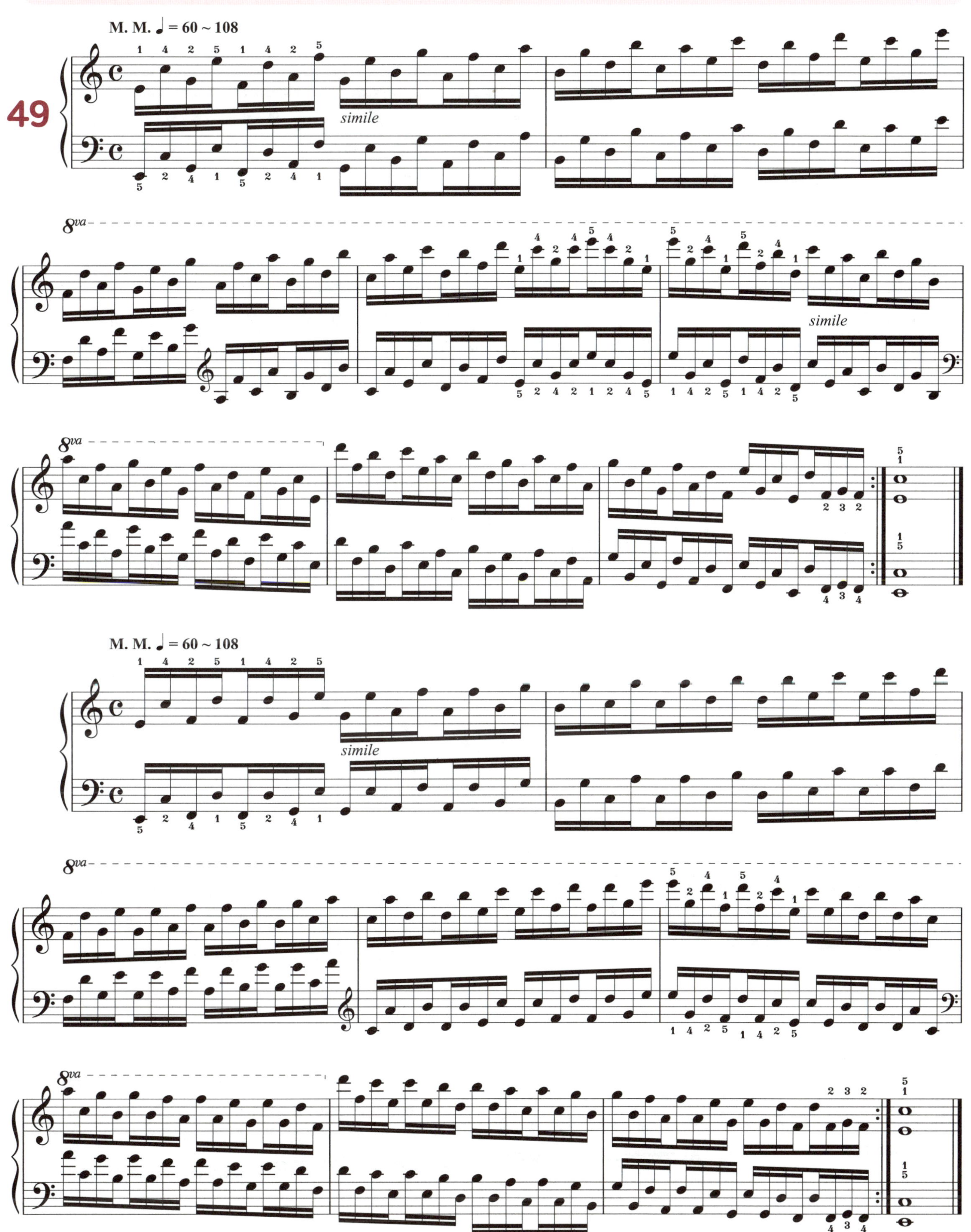

• 3도 겹음의 연속 진행은 곡에 자주 사용되는 어려운 주법입니다. 모든 음이 고르게 소리나도록 충분히 연습하세요.

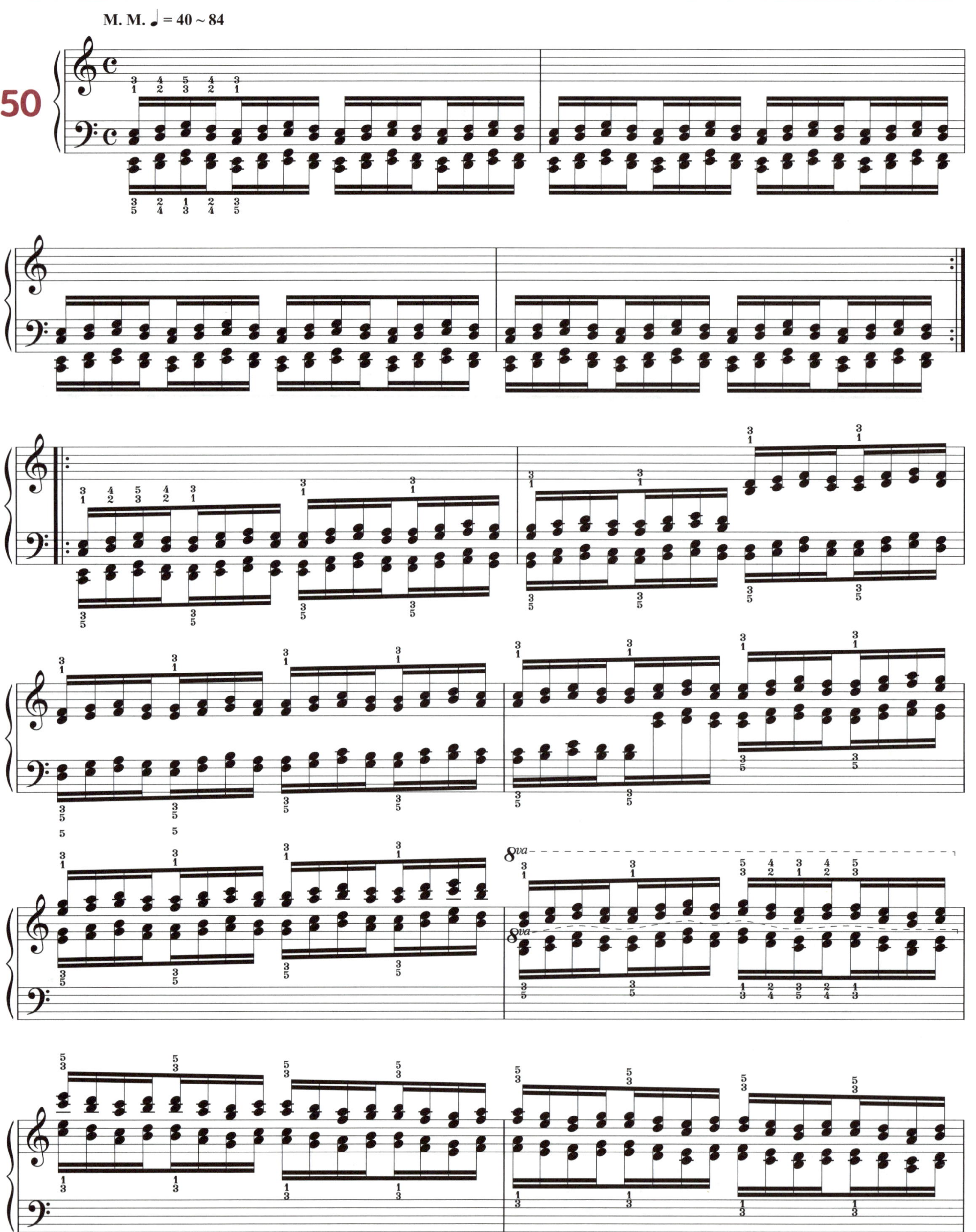

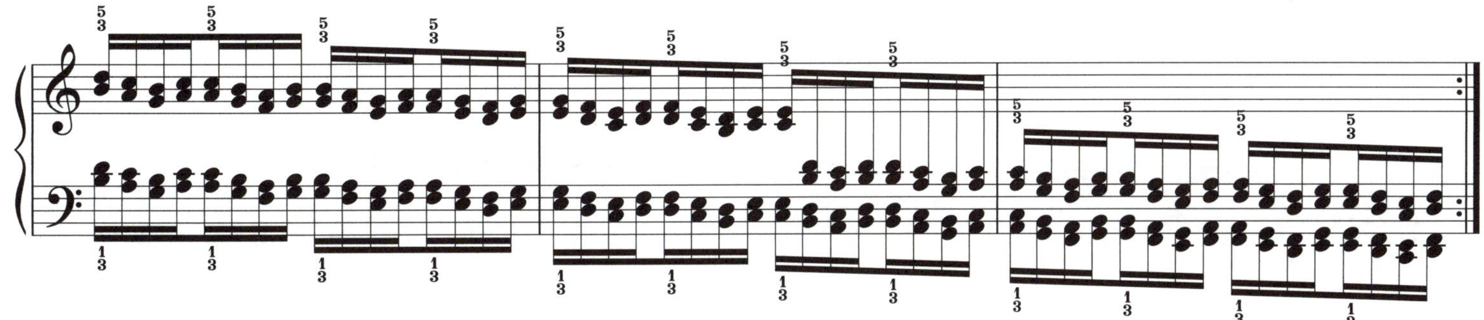

3도 겹음 음계를 레가토로 치기

- 이 연습은 3도 겹음 스케일(음계)에 매우 중요한 연습입니다. 흰머리로 표시된 음은 그 다음 음을 칠 때까지 누르고 있어야 합니다.

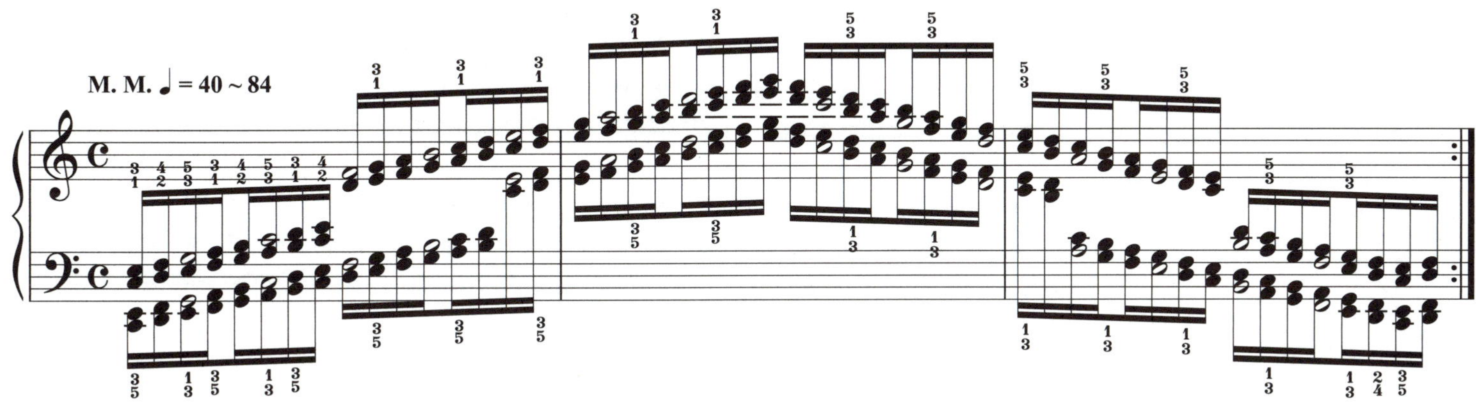

단3도 겹음과 반음계 연습

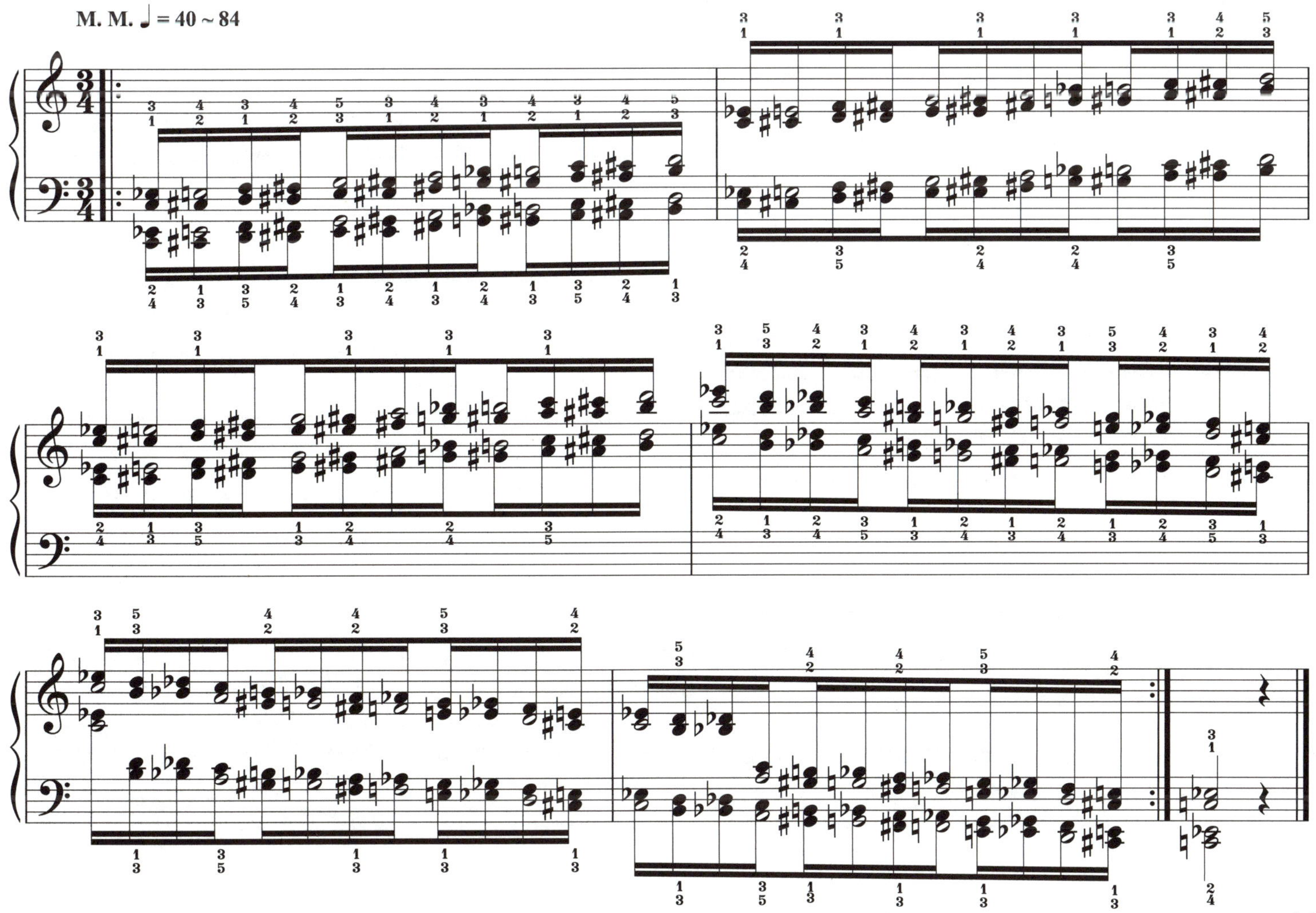

- 1번과 5번 손가락을 펴서 1옥타브 간격의 건반을 누르고, 다른 손가락들은 둥글게 합니다. 손목이 부드럽게 움직일 수 있을 때까지 처음 여덟 마디를 천천히 반복하면서 점차 빠르기를 더하고, 이어서 전체를 쉬지말고 치세요.

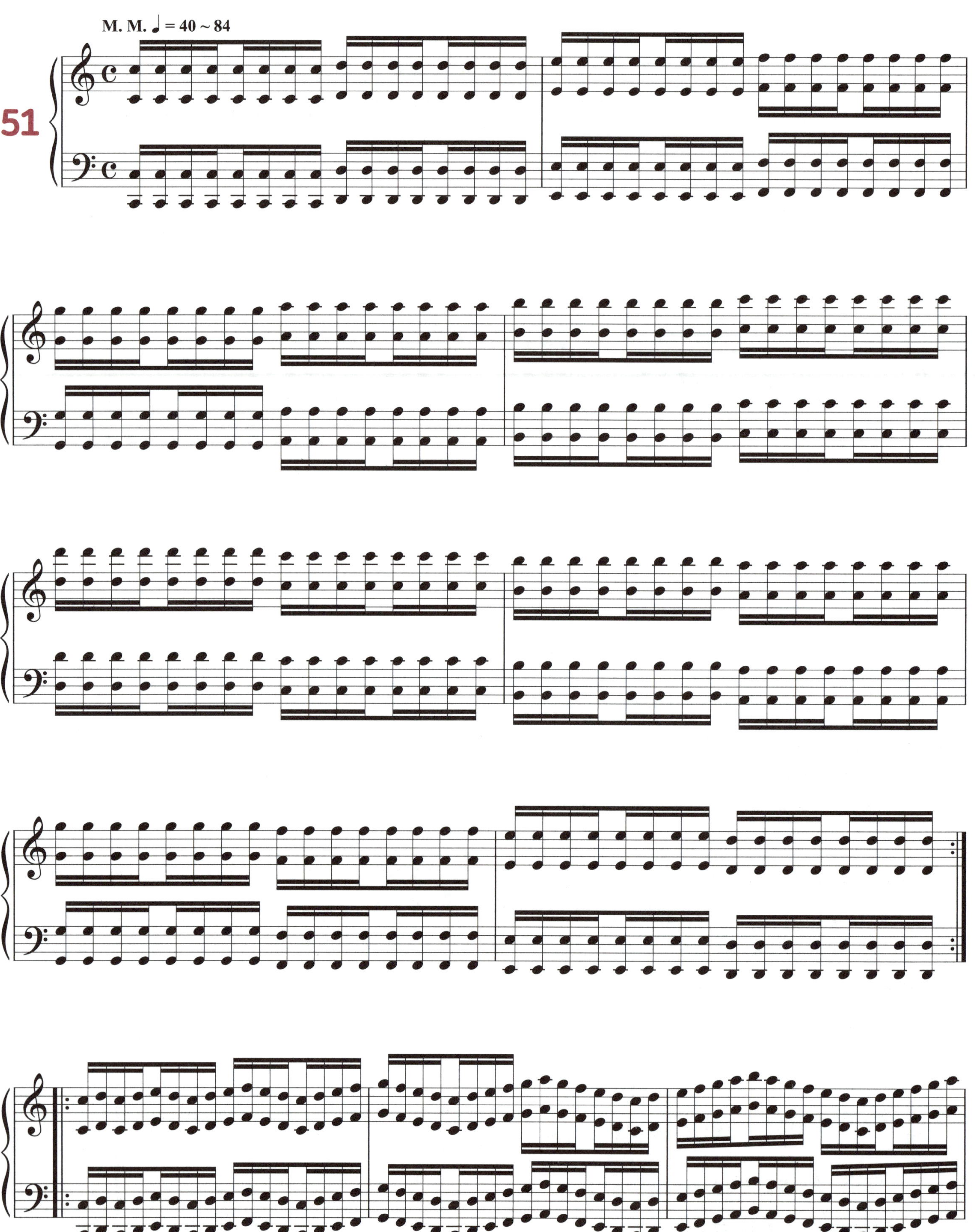

손목이 피로해지면 빠르기를 늦추고, 피로가 풀리면 다시 빠르기를 더해가세요.

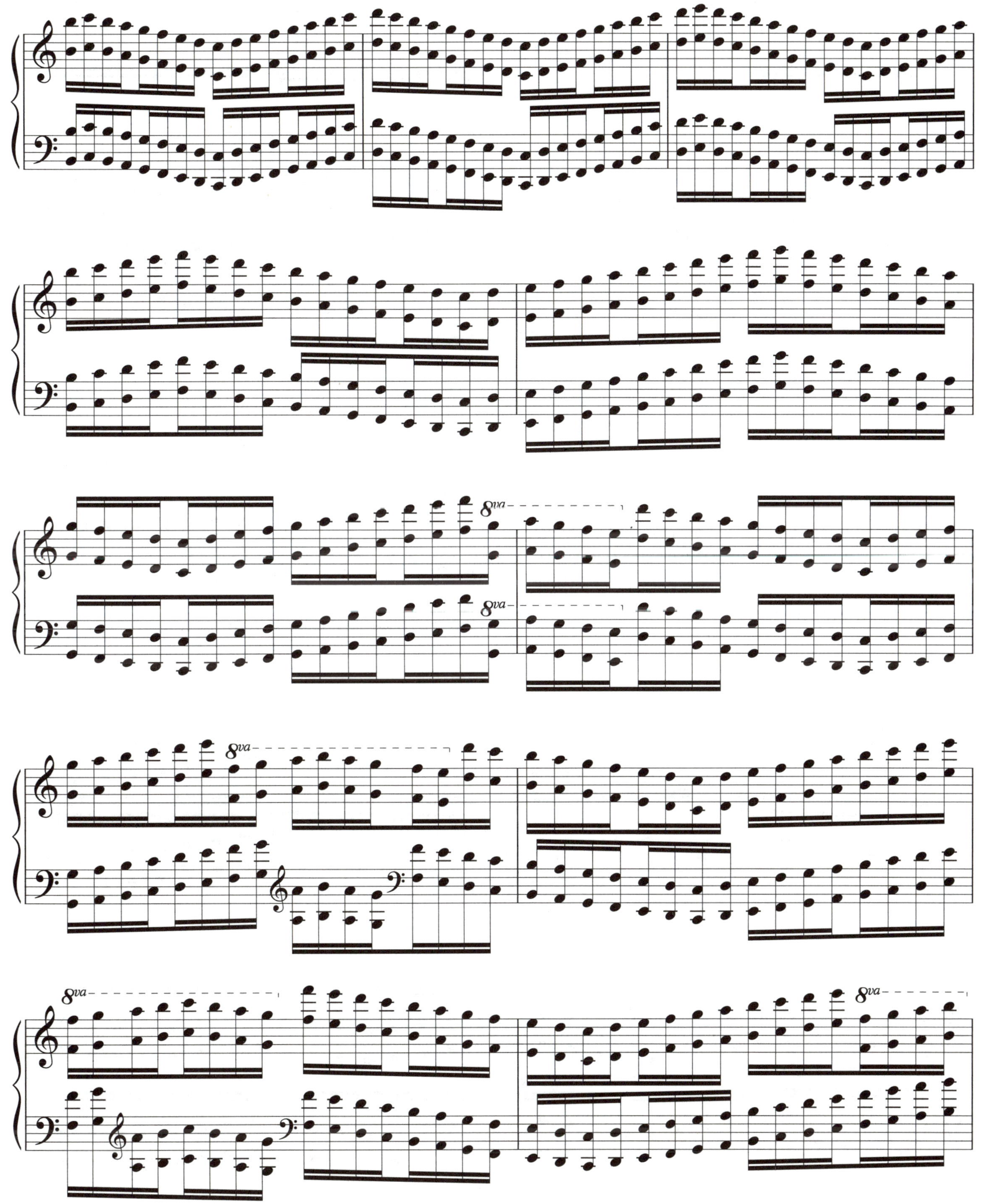

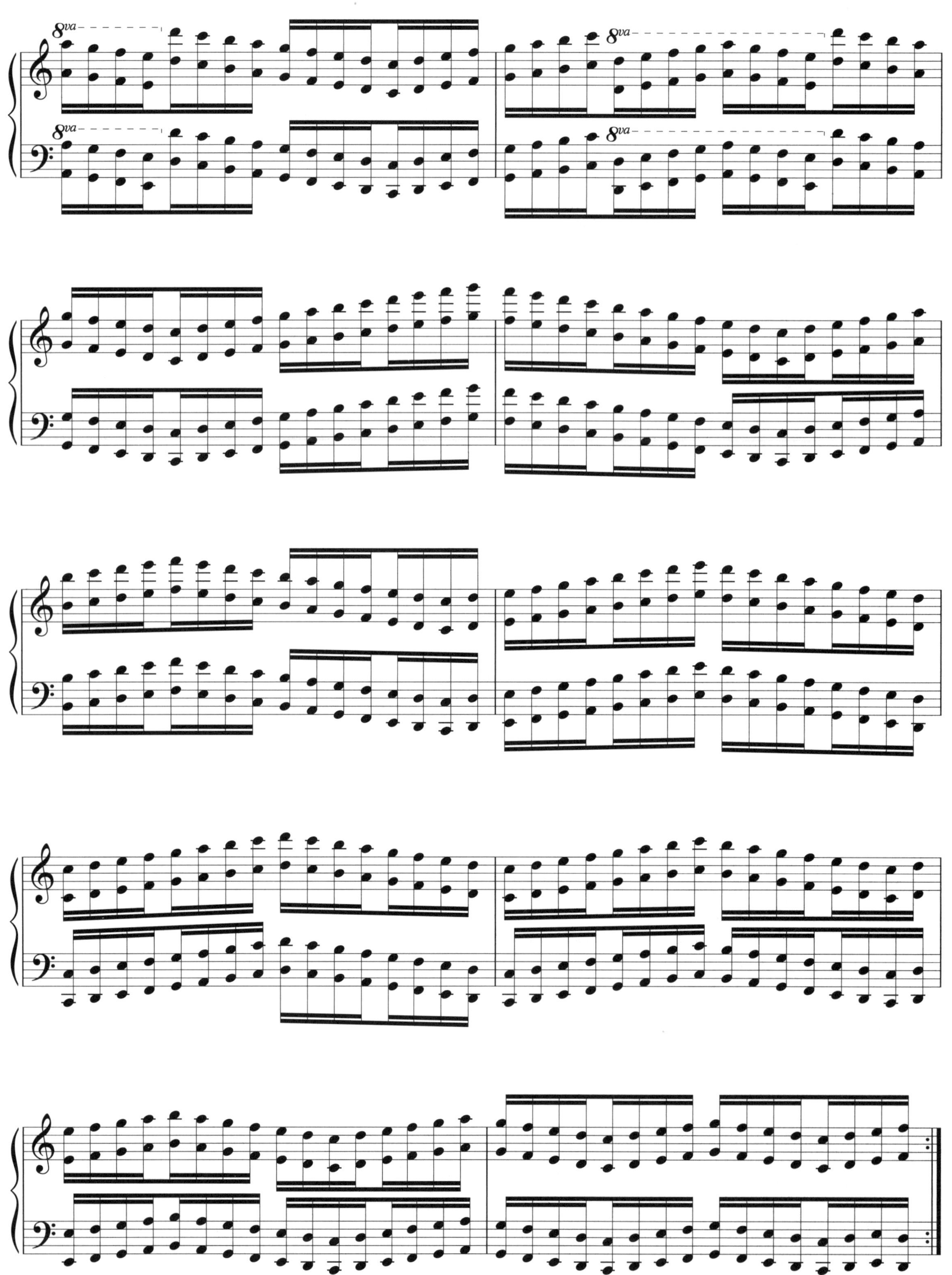

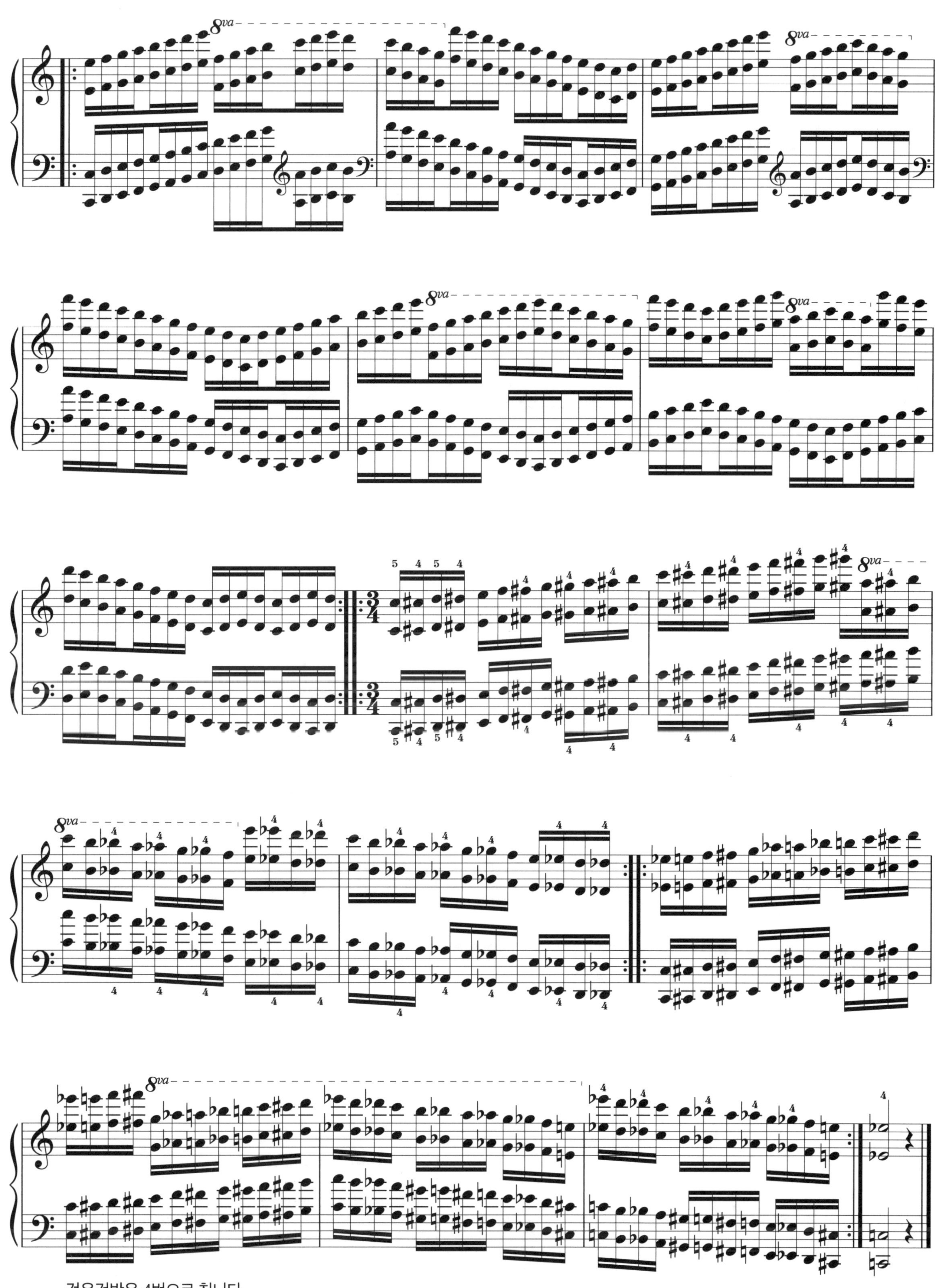

검은건반은 4번으로 칩니다.

3도 겹음의 음계 연습

• 각 음이 고르게, 그리고 부드럽게 치는 연습입니다.

M. M. ♩ = 40 ~ 84

52

• C Major 다장조

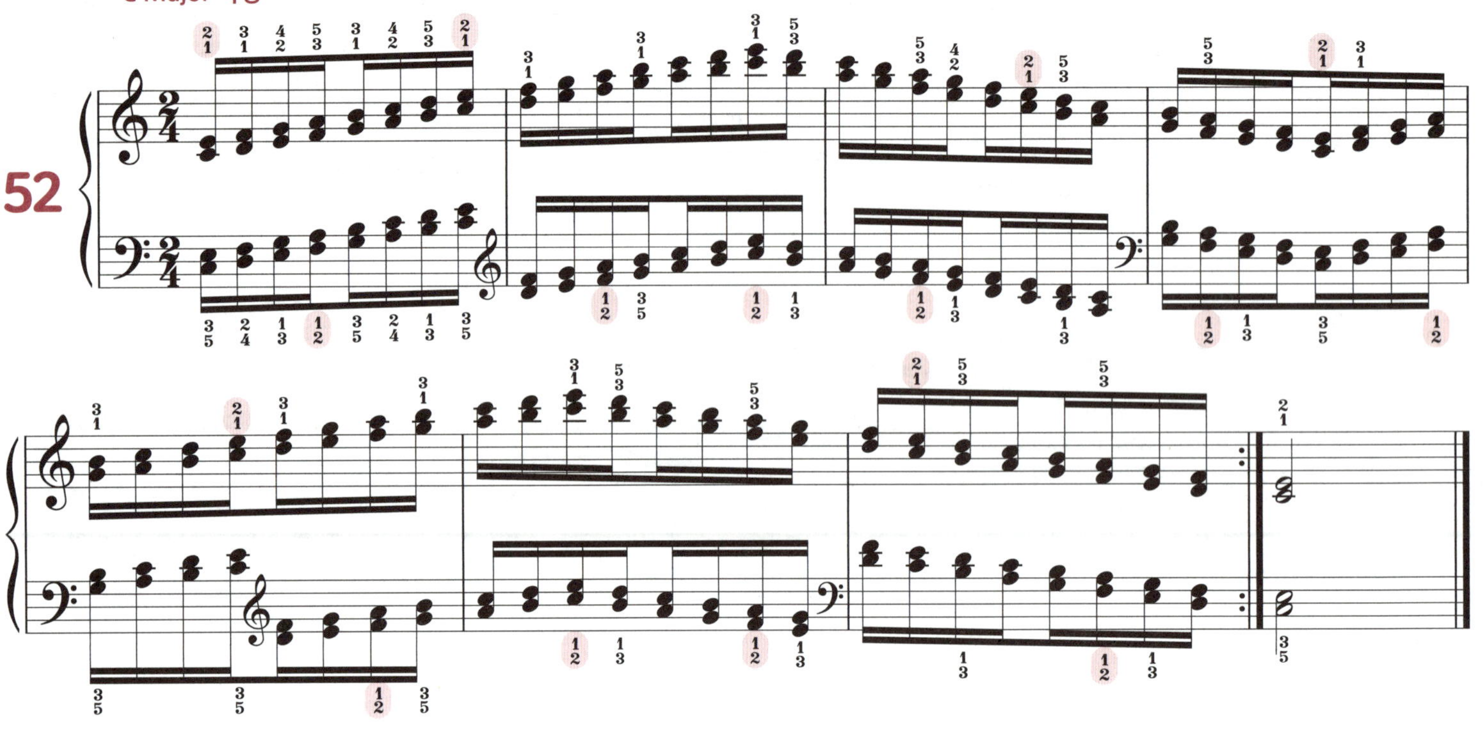

• G Major 사장조

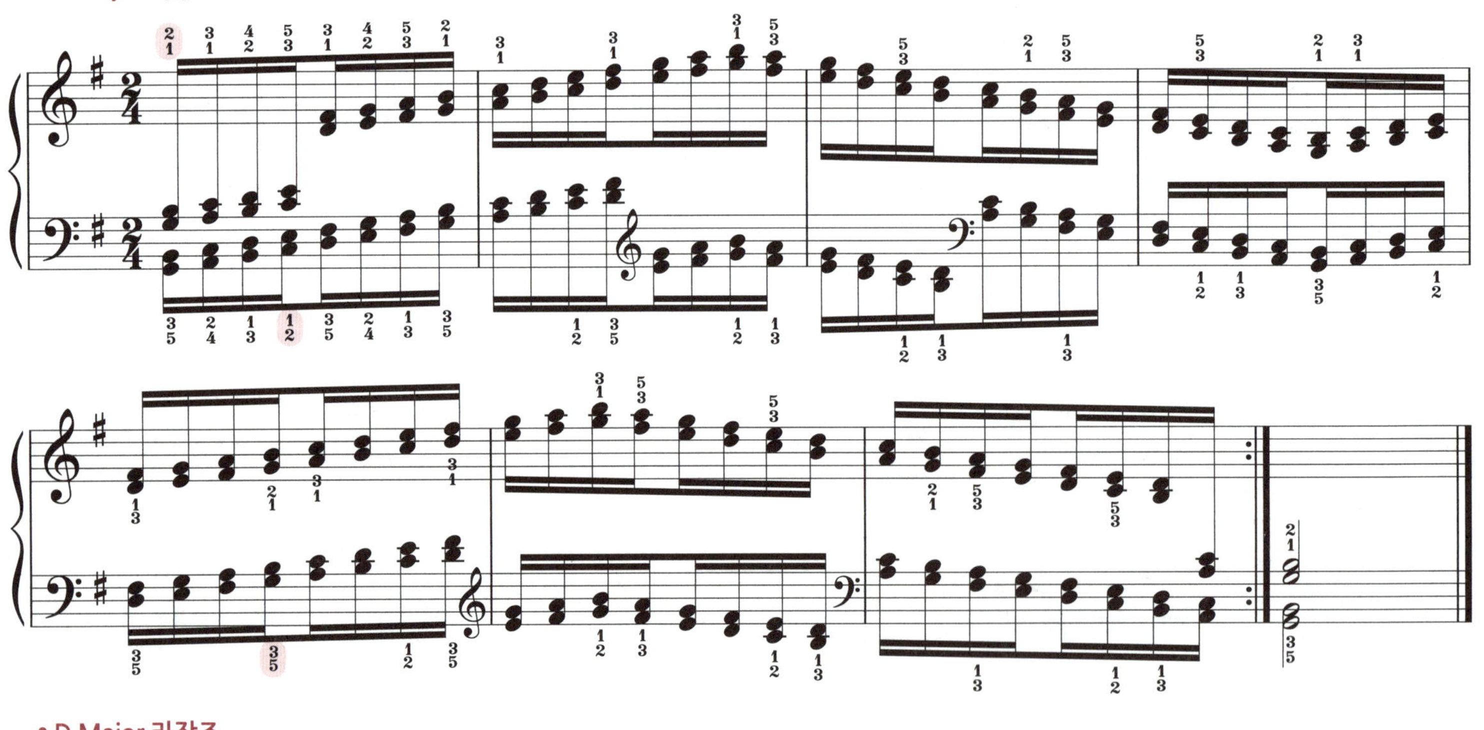

• D Major 라장조

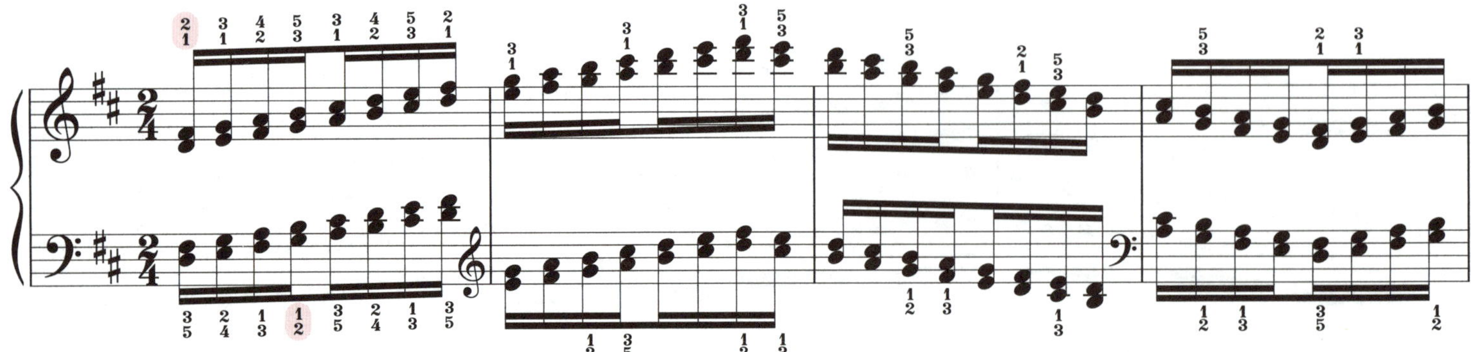

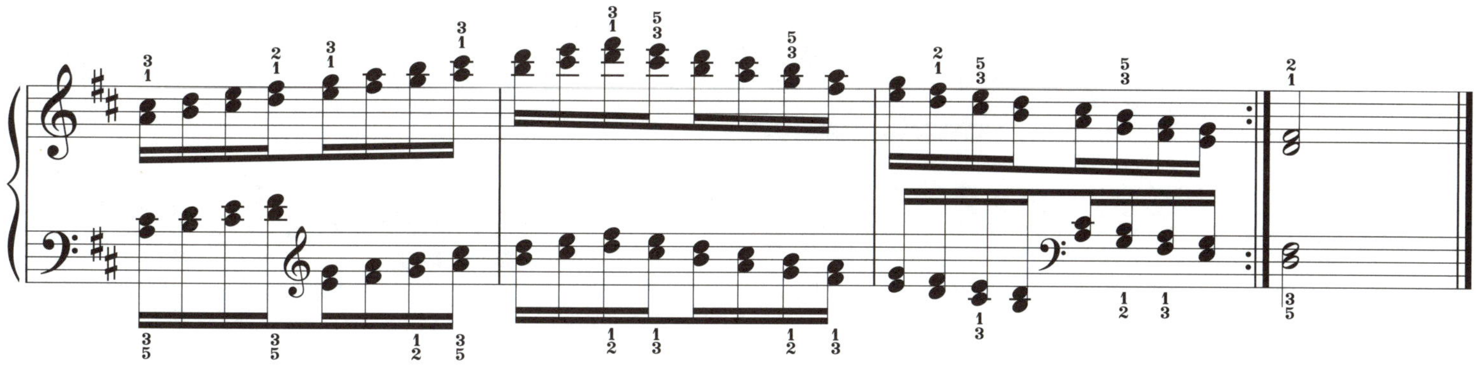

• A Major 가장조

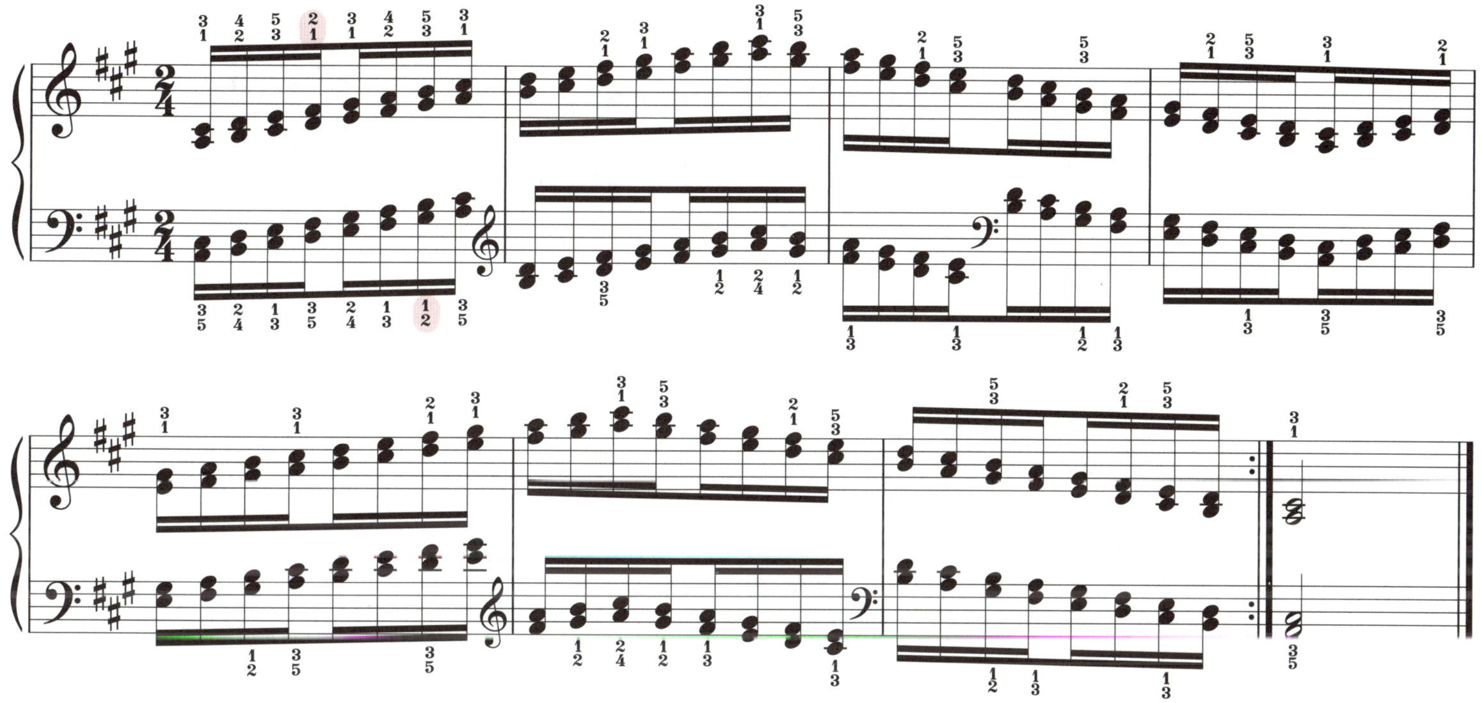

• E Major 마장조

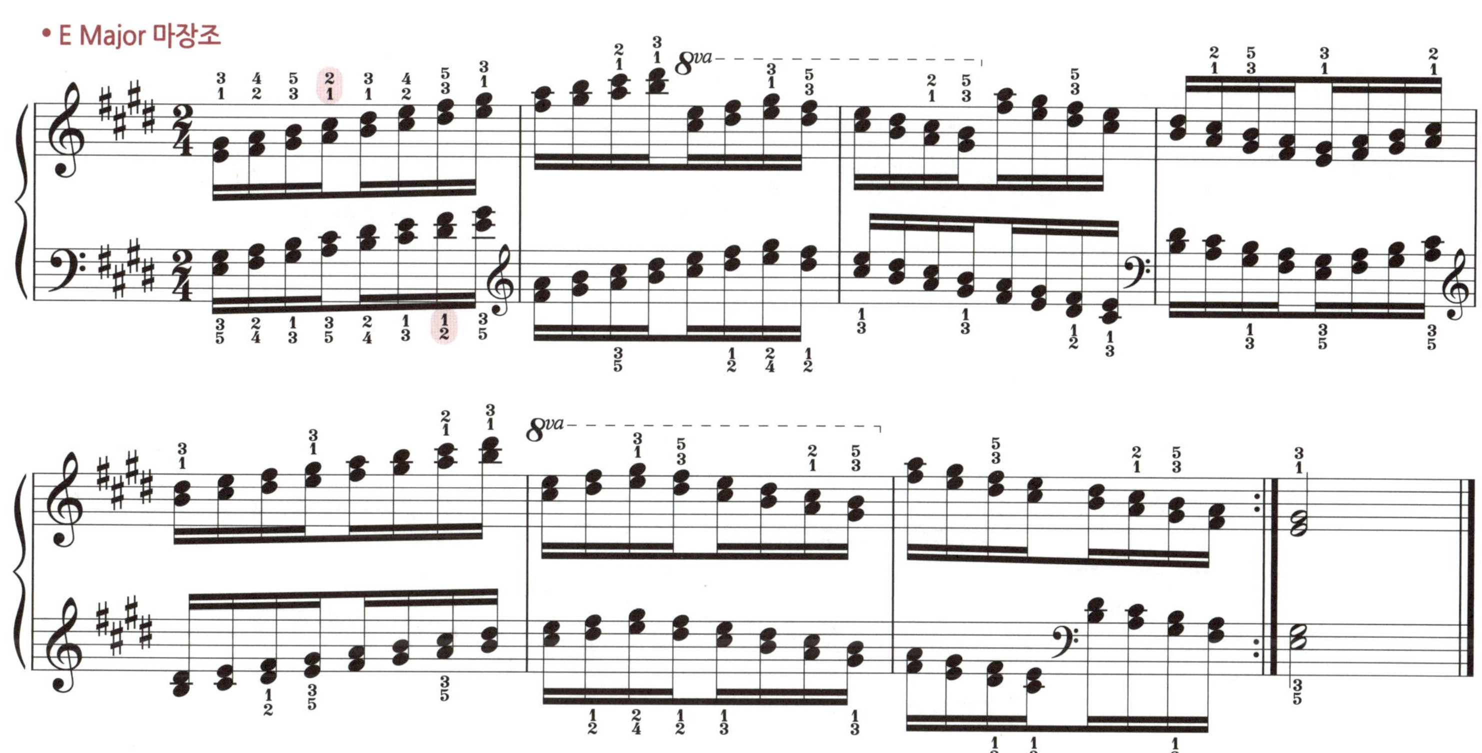

F Major 바장조

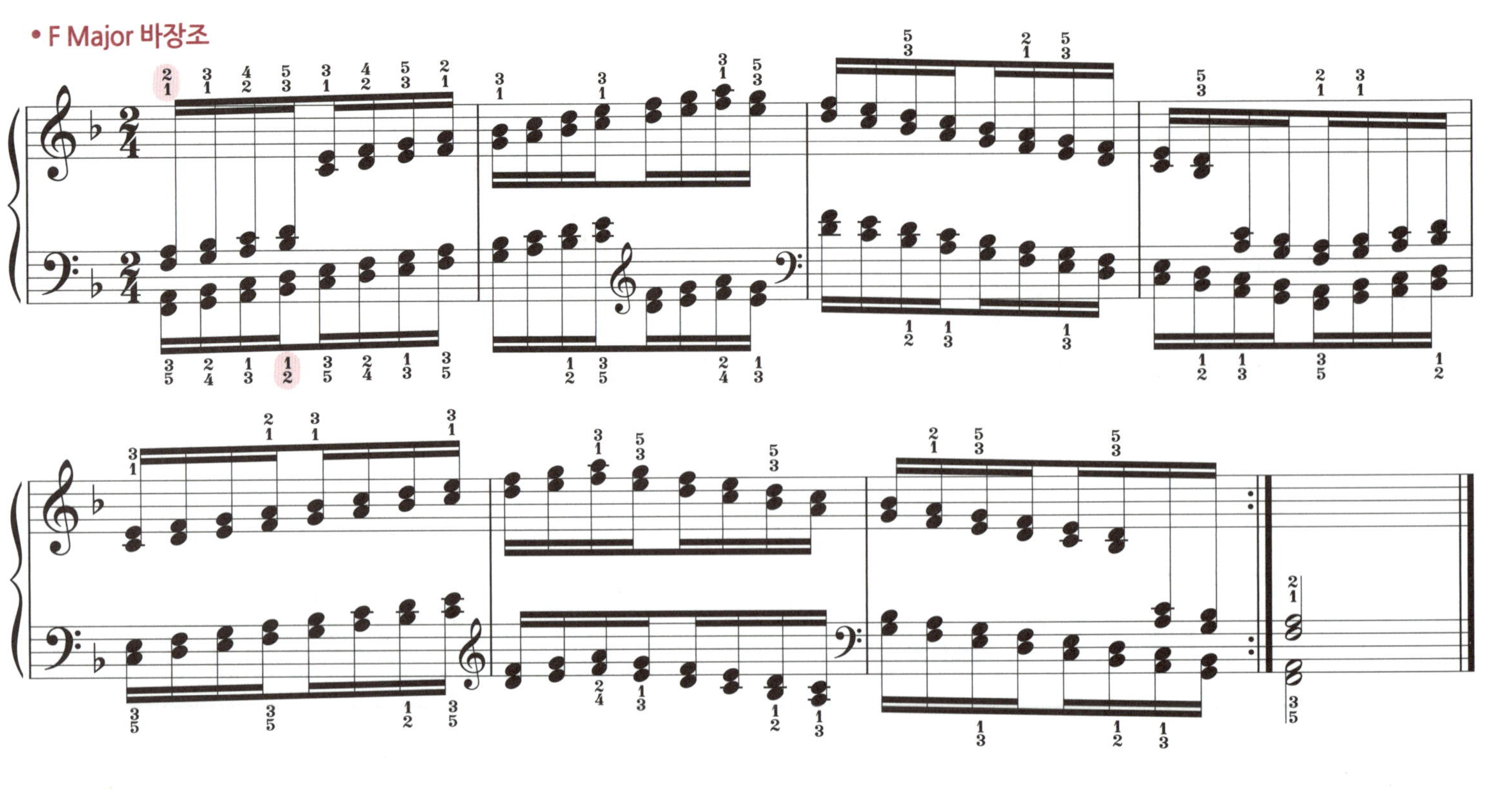

B♭ Major 내림나장조

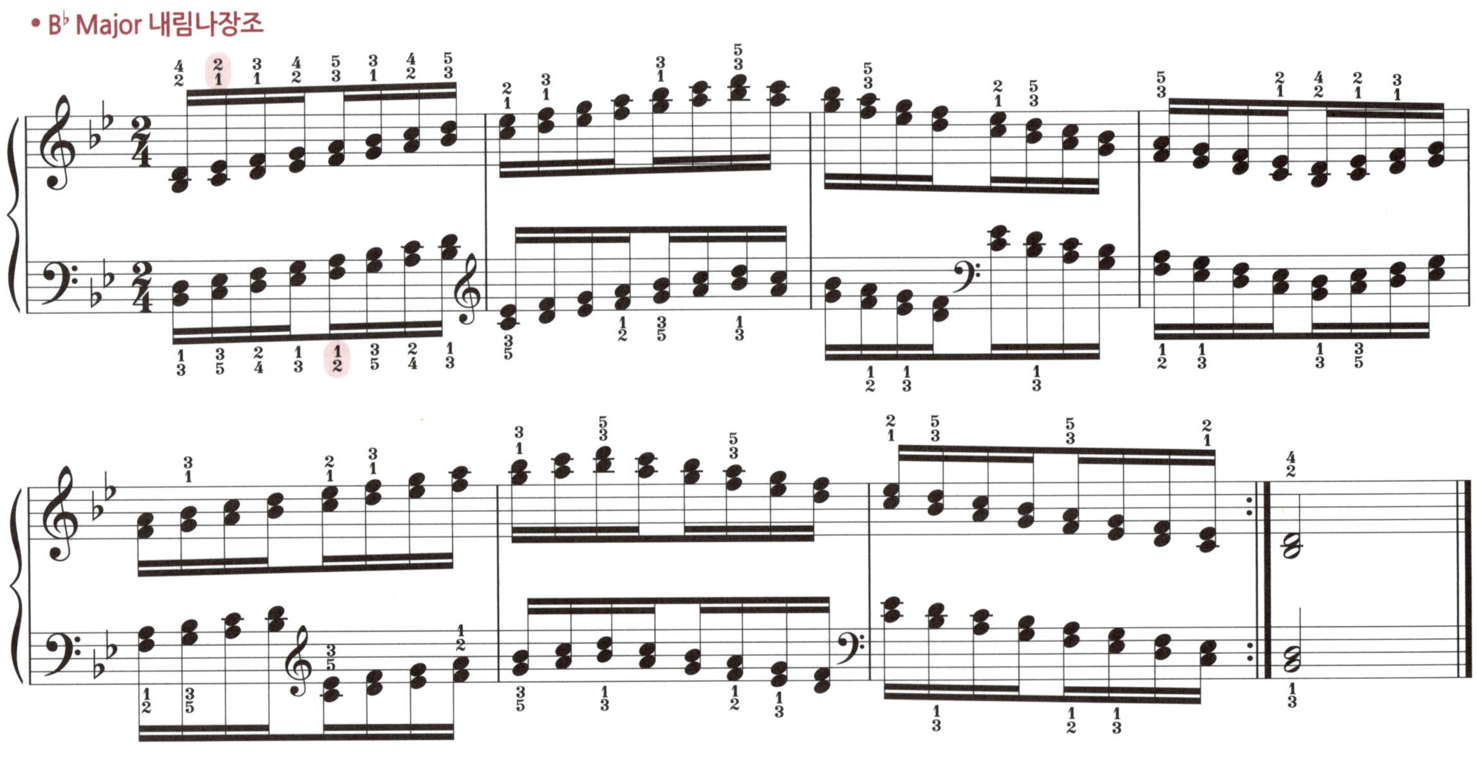

E♭ Major 내림마장조

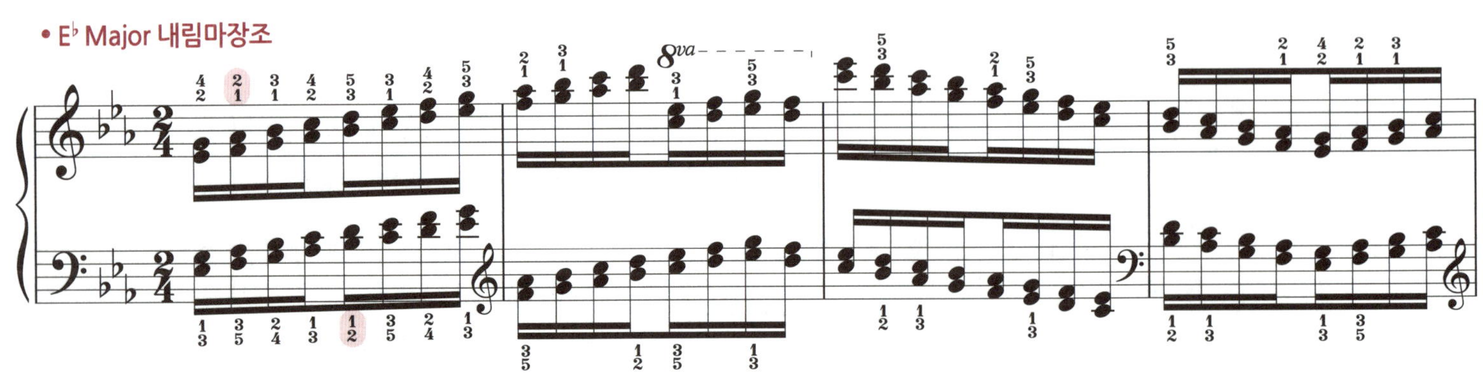

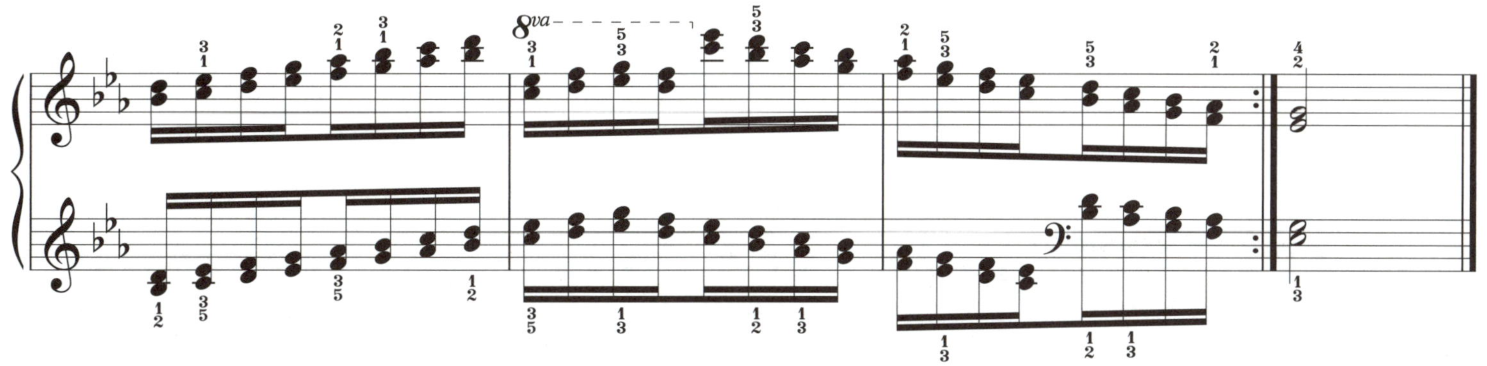

• A♭ Major 내림가장조

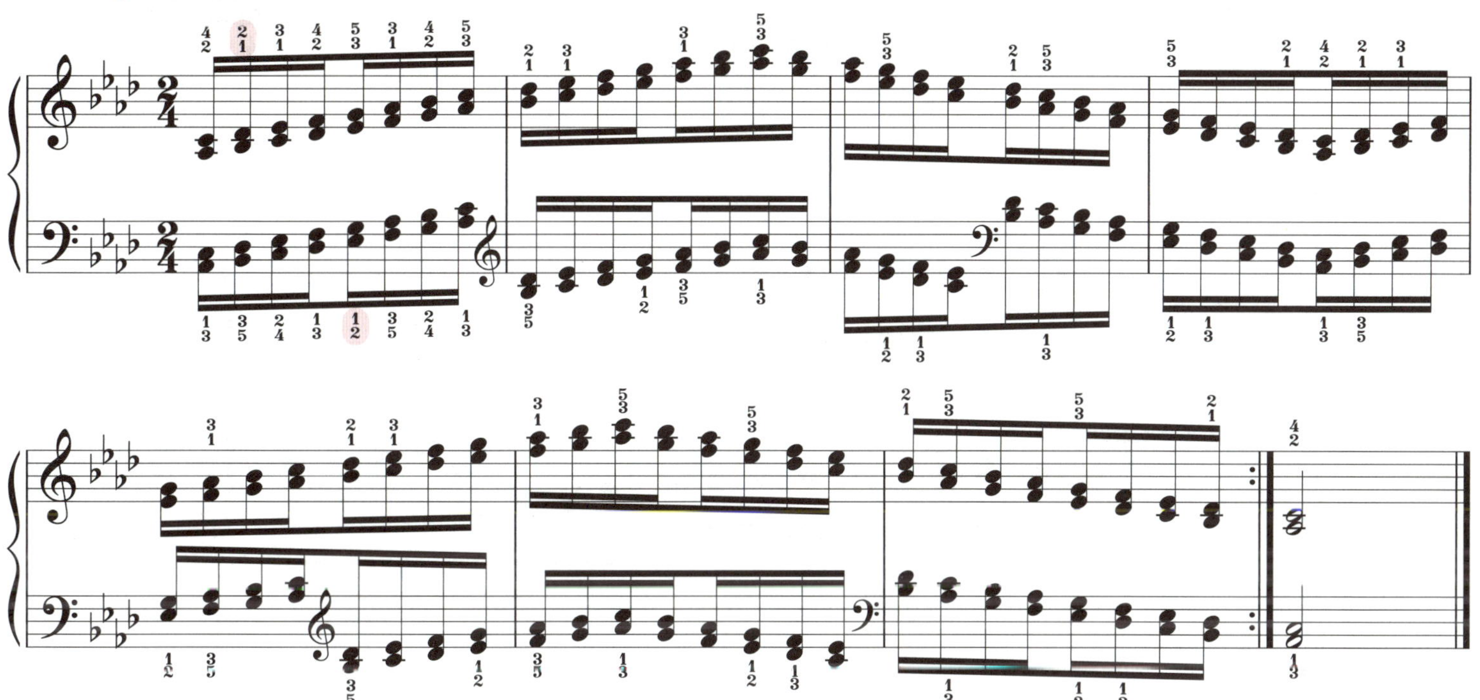

• a minor 가단조

d minor 라단조

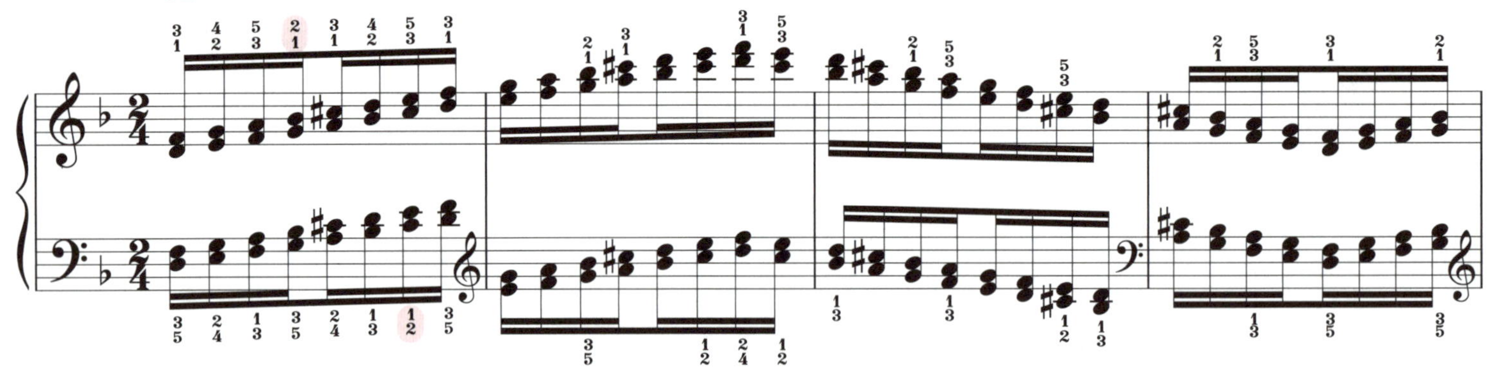

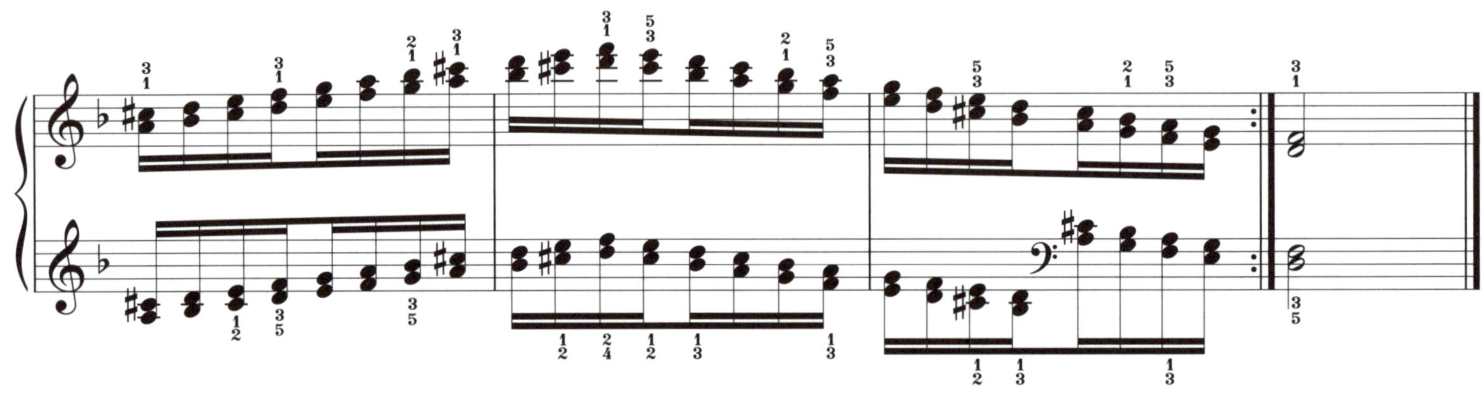

g minor 사단조

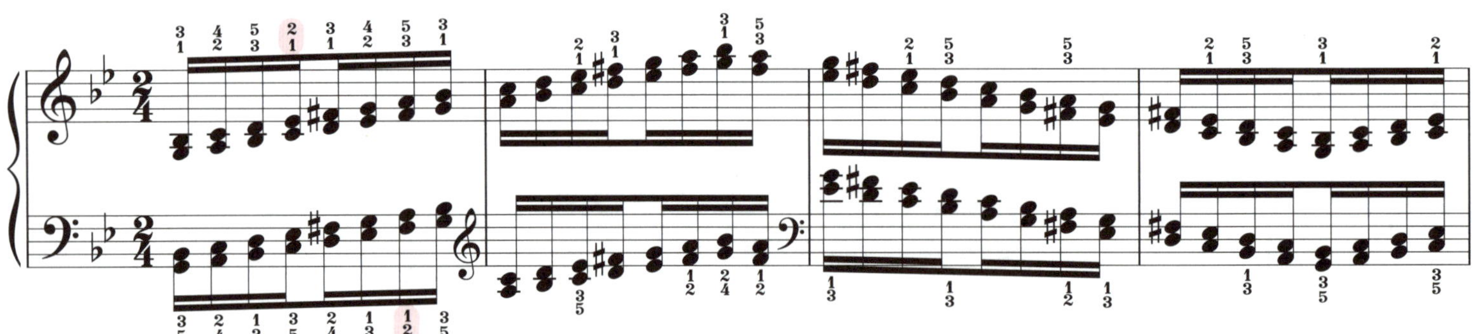

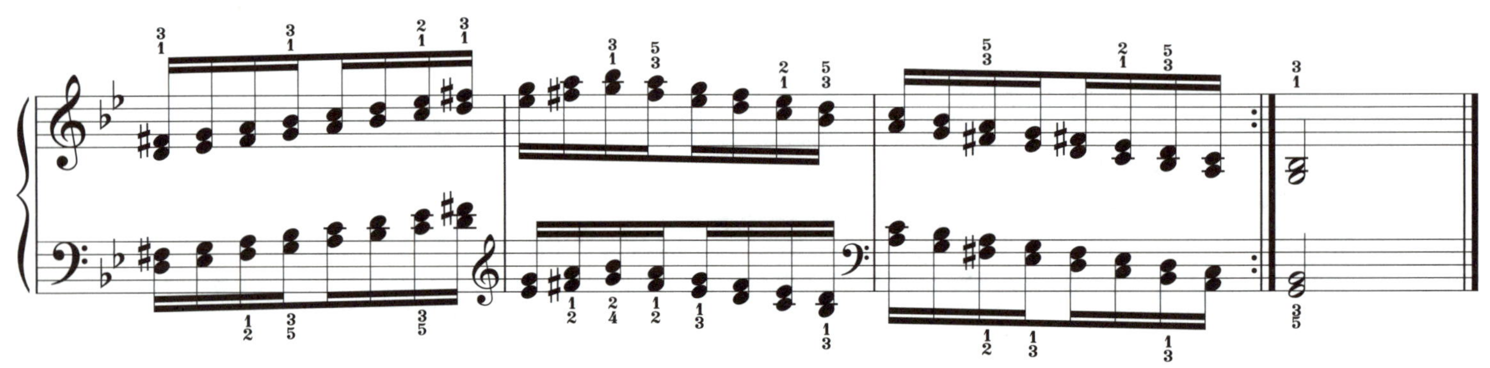

-24개 조-

• 먼저 각 조의 음계를 쉽게 칠 수 있을 때까지 연습하고, 다음 24개 조를 이어서 쉬지 말고 치세요.

M. M. ♩ = 40 ~ 84

• C Major 다장조

53

• a minor 가단조

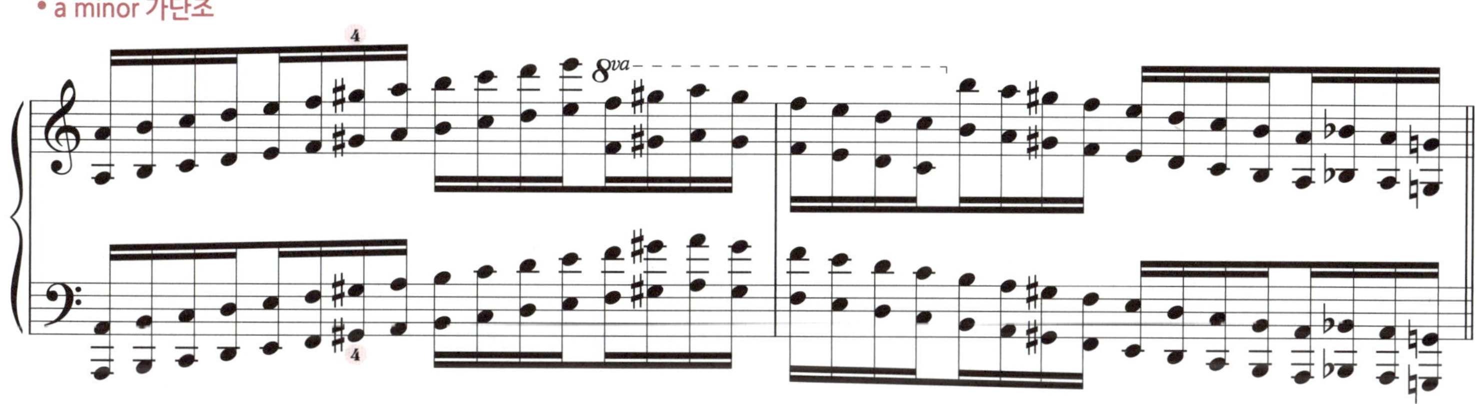

• F Major 바장조

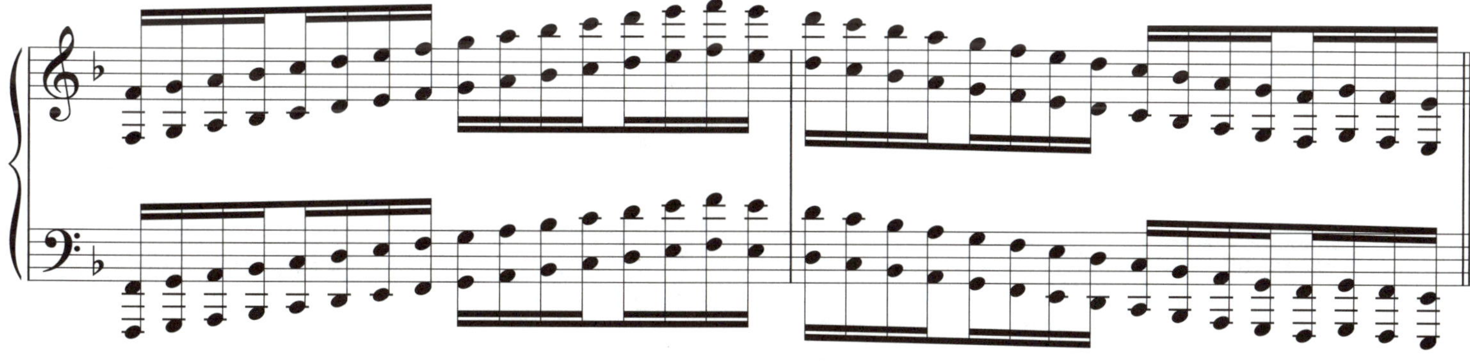

• d minor 라단조

● 옥타브로 음계를 칠 때 검은건반은 5번 대신 4번 손가락으로 칩니다.

• B♭ Major 내림나장조

• g minor 사단조

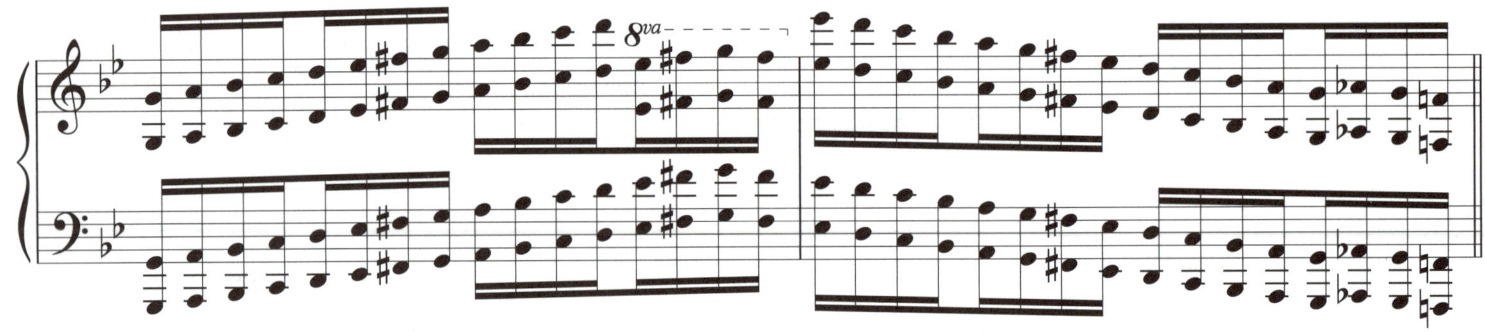

• E♭ Major 내림마장조

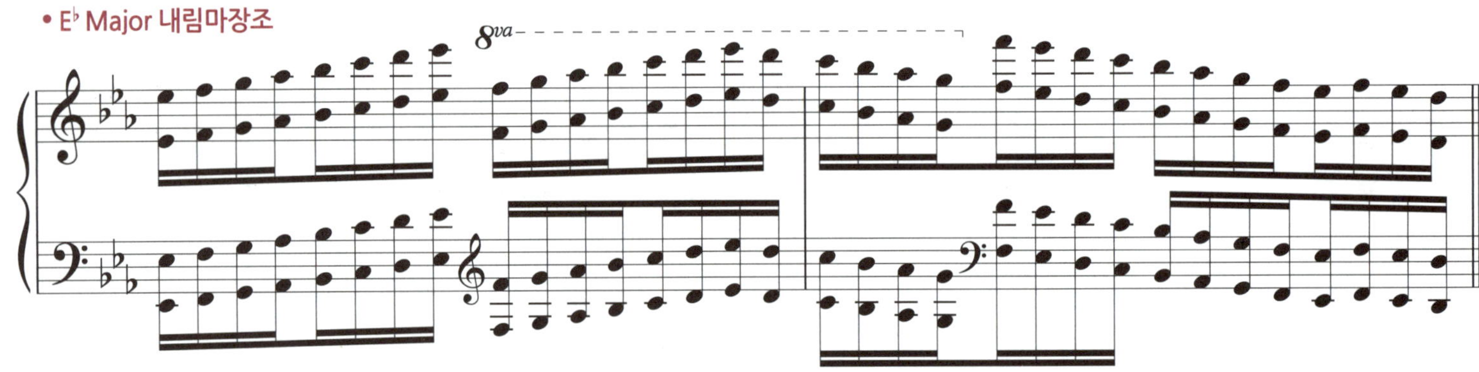

• c minor 다단조

• A♭ Major 내림가장조

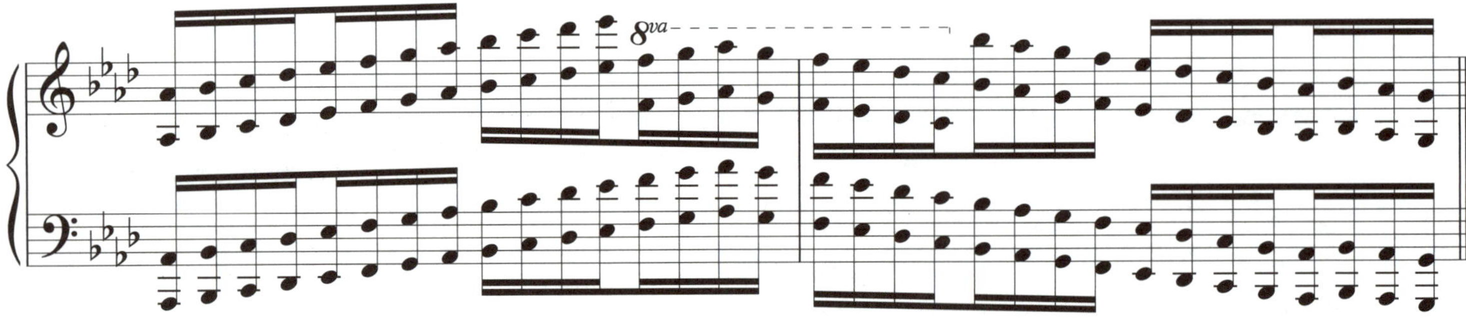

• f minor 바단조
8va
• D♭ Major 내림라장조
8va
• b♭ minor 내림나단조
8va
• G♭ Major 내림사장조
• e♭ minor 내림마단조
8va

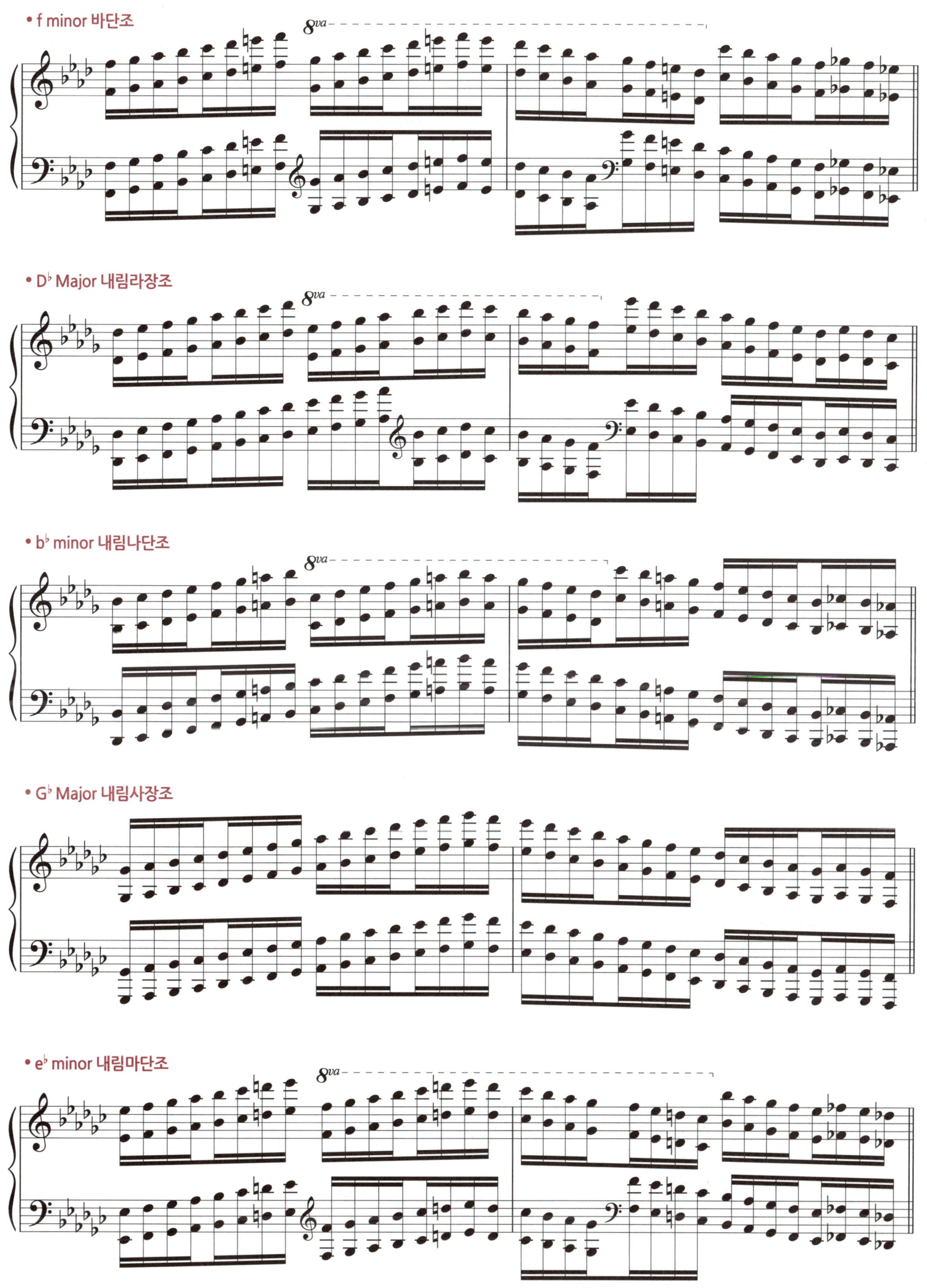

135

• B Major 나장조

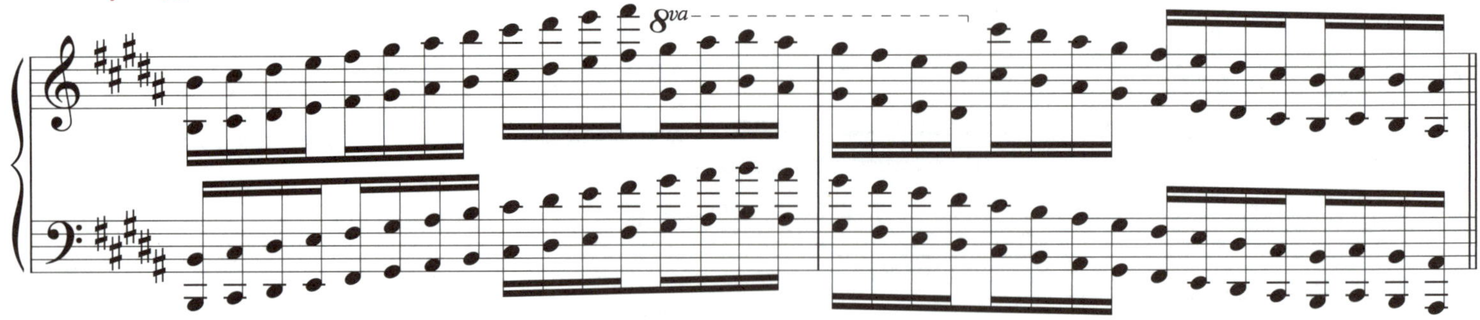

• g♯ minor 올림사단조

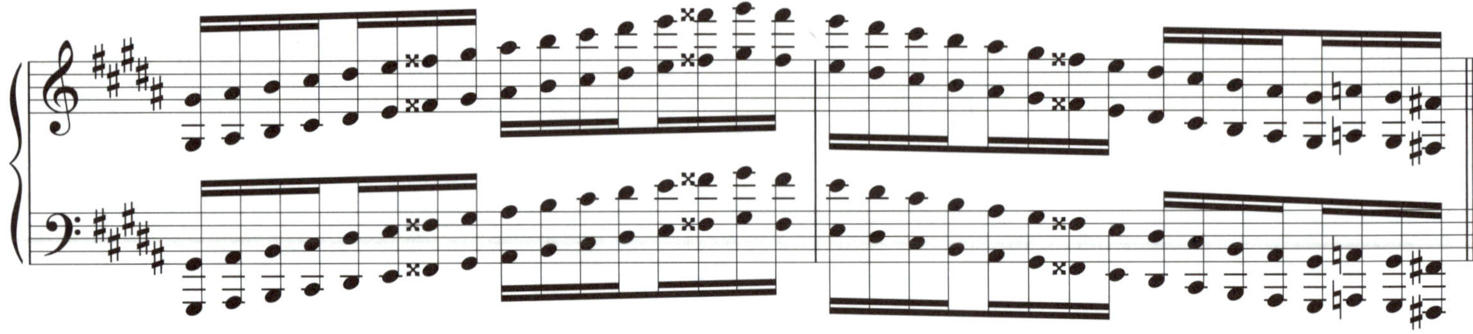

• E Major 마장조

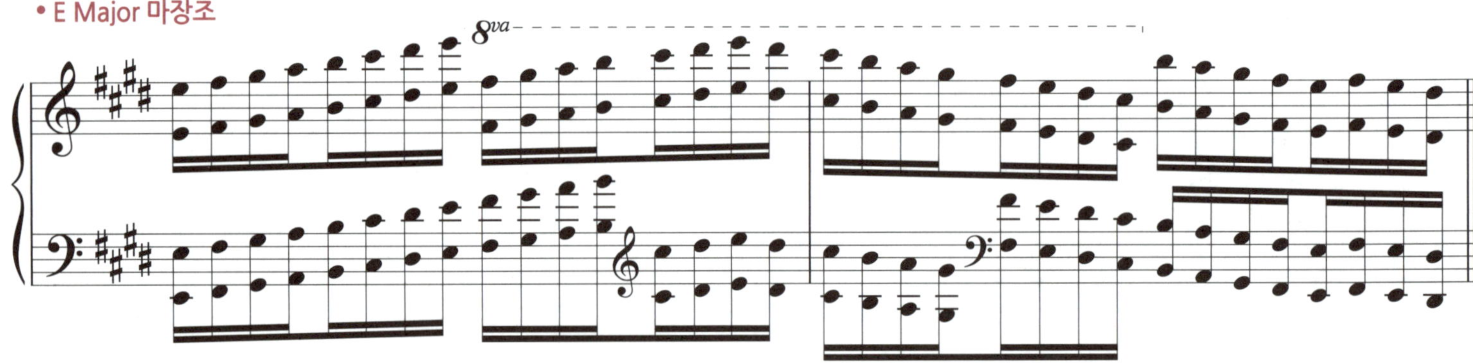

• c♯ minor 올림다단조

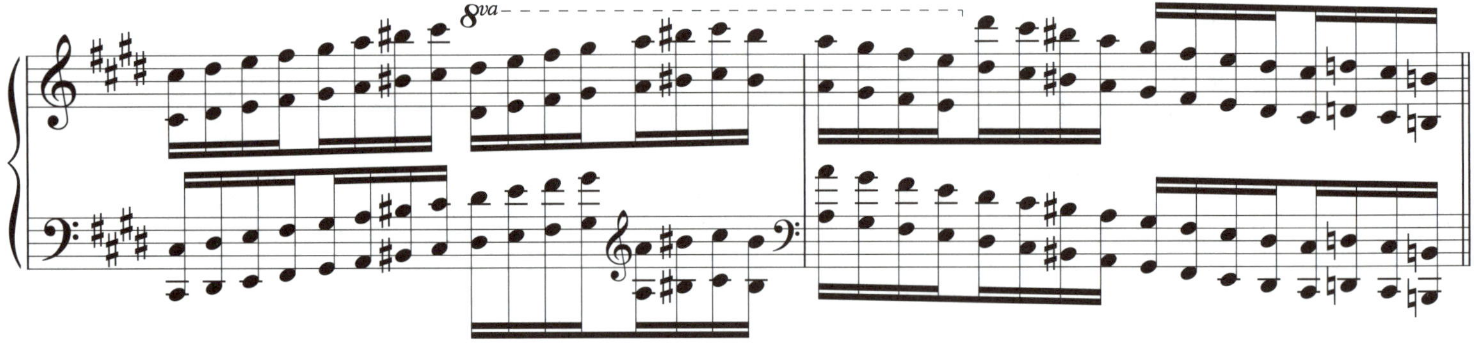

• A Major 가장조

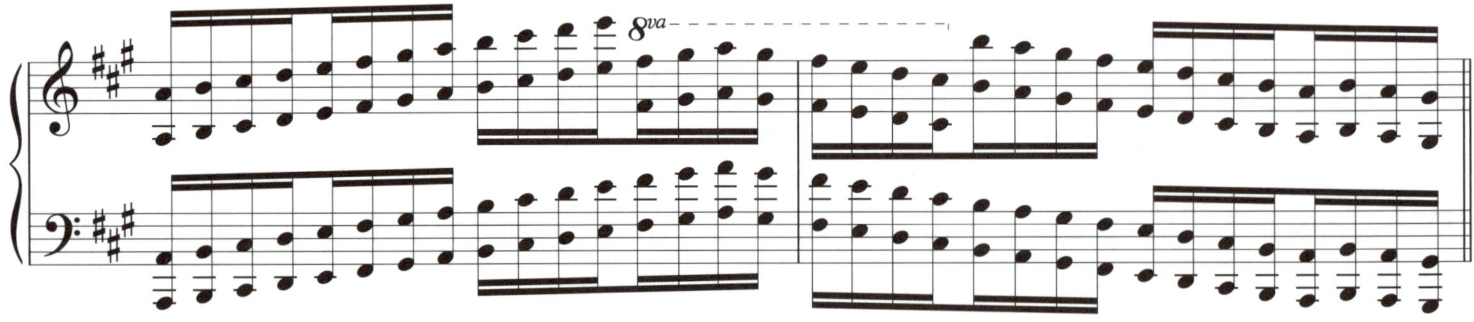

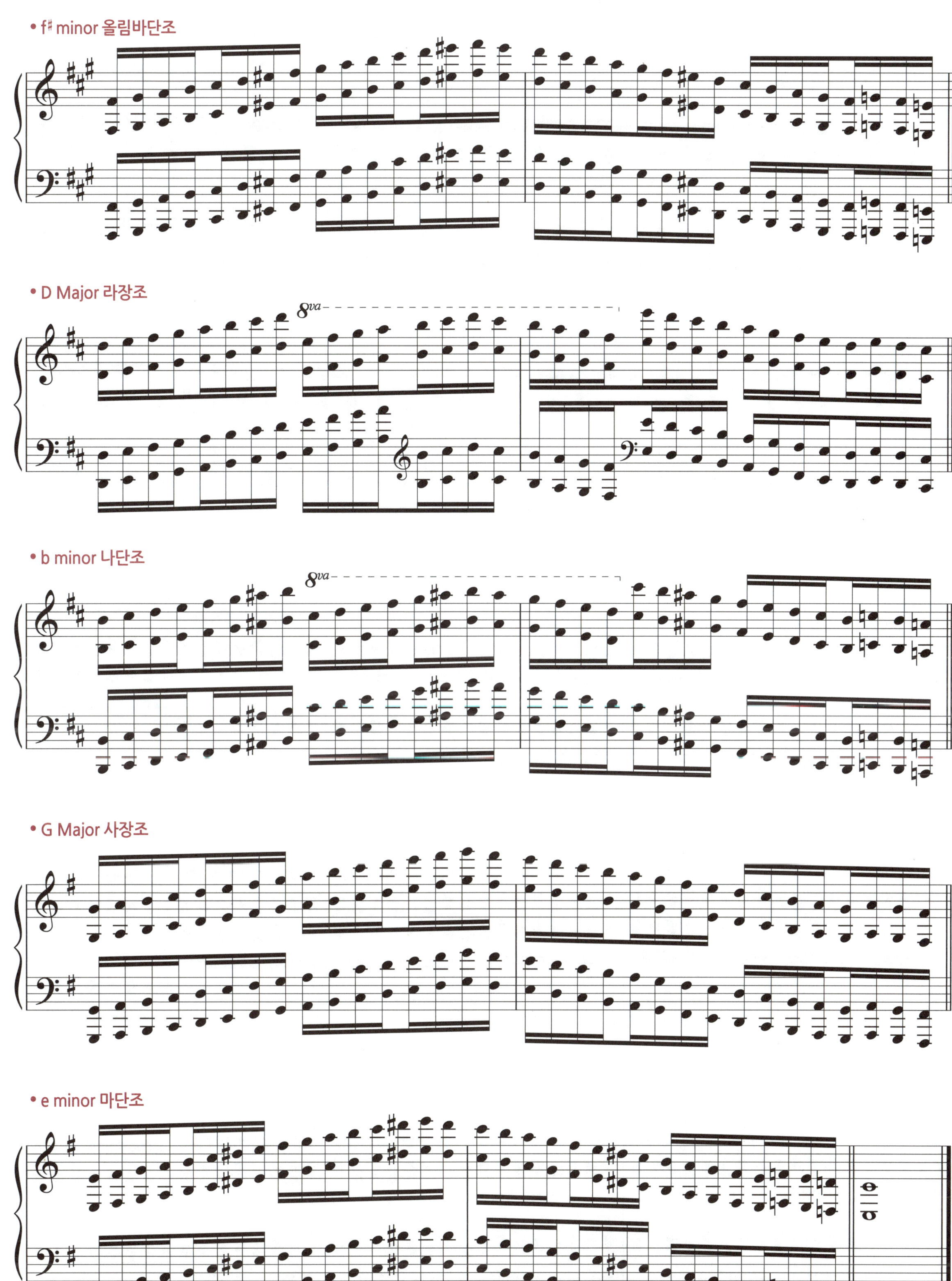

• f♯ minor 올림바단조
• D Major 라장조
8va
• b minor 나단조
8va
• G Major 사장조
• e minor 마단조

• 지금까지 트릴 연습 중 가장 어려운 3도 겹음 트릴입니다. 각 음이 고르고 또렷이 들리도록 연습하세요.

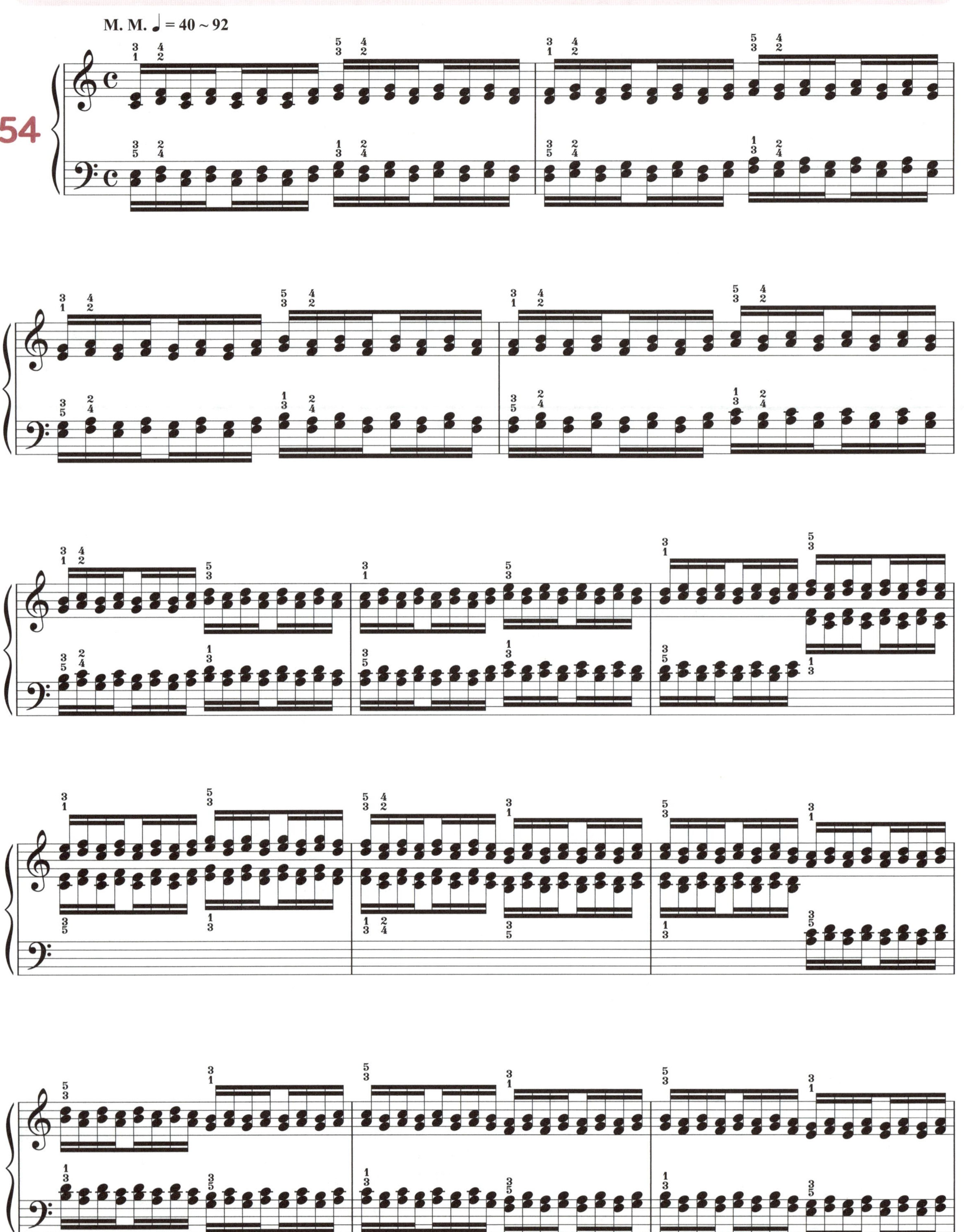

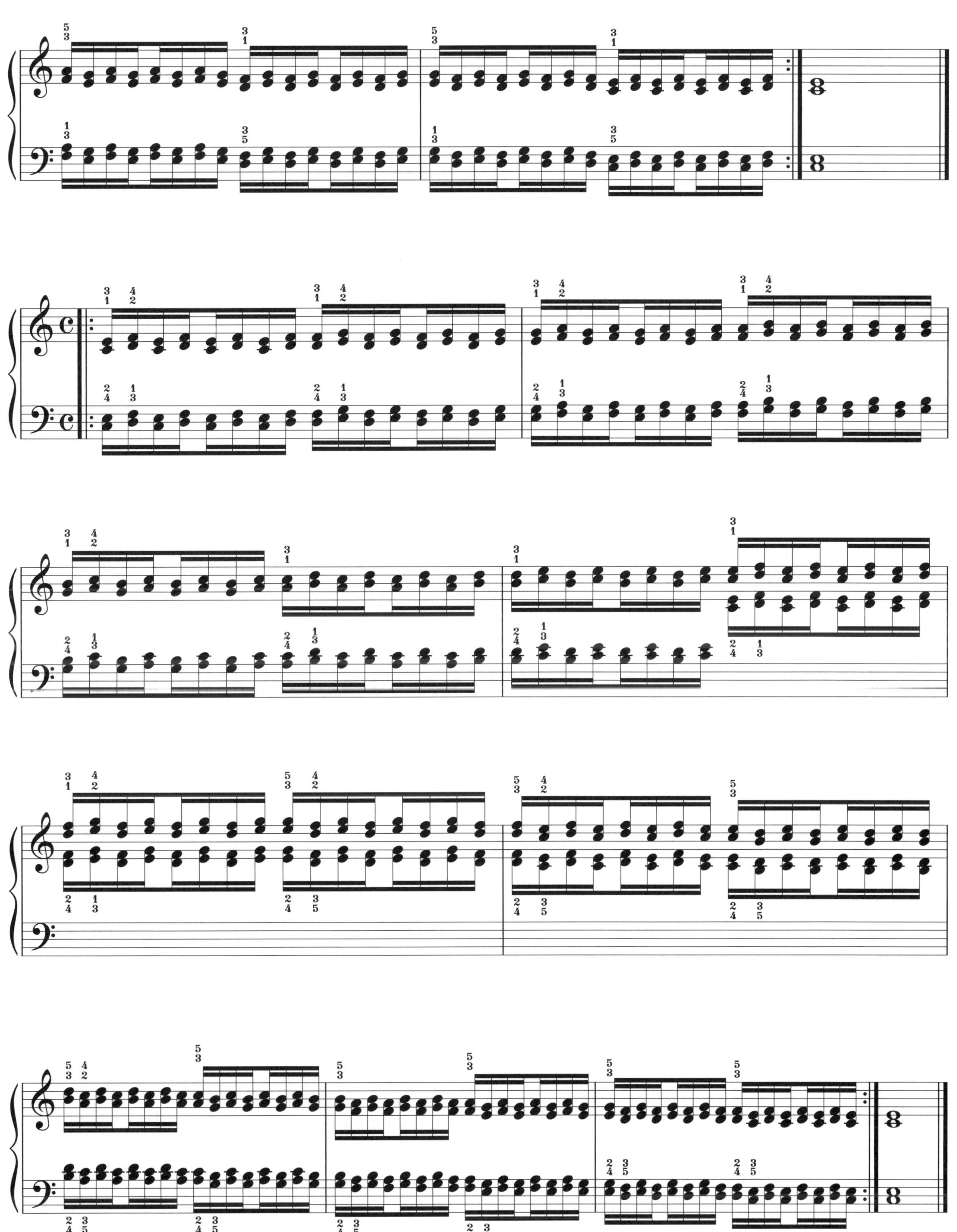

3중 트릴 연습

● 이 연습도 가장 어려운 겹음 트릴입니다. 오른손 4도 겹음과 왼손을 포함한 3중 음이 고르고 또렷이 들리도록 연습하세요.

4중 트릴의 특별한 손가락 운지 연습

-24개 조-

• 손목 회전을 이용하면서 쉬지 말고 전체를 한꺼번에 치세요. 트레몰로의 손목 운동으로도 매우 중요한 예비 연습입니다.

M. M. ♩ = 60 ~ 120

• C Major 다장조

56

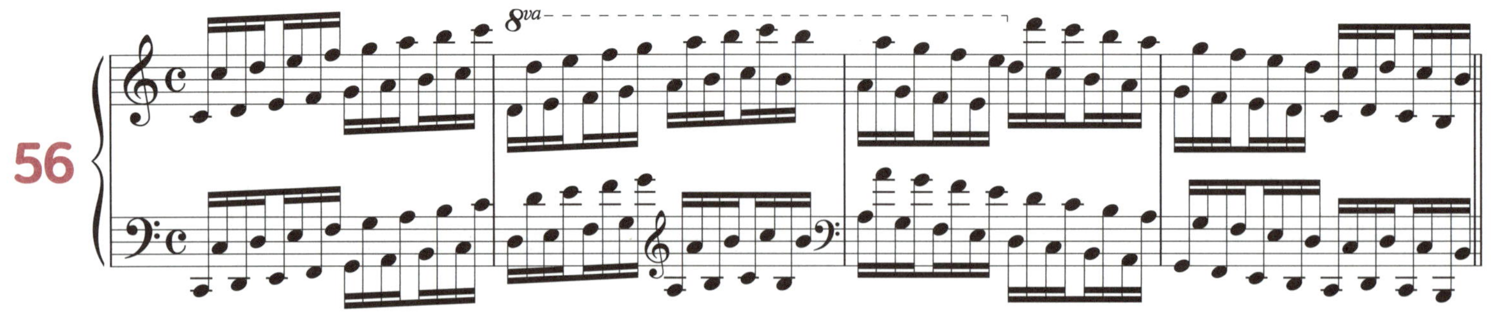

• a minor 가단조

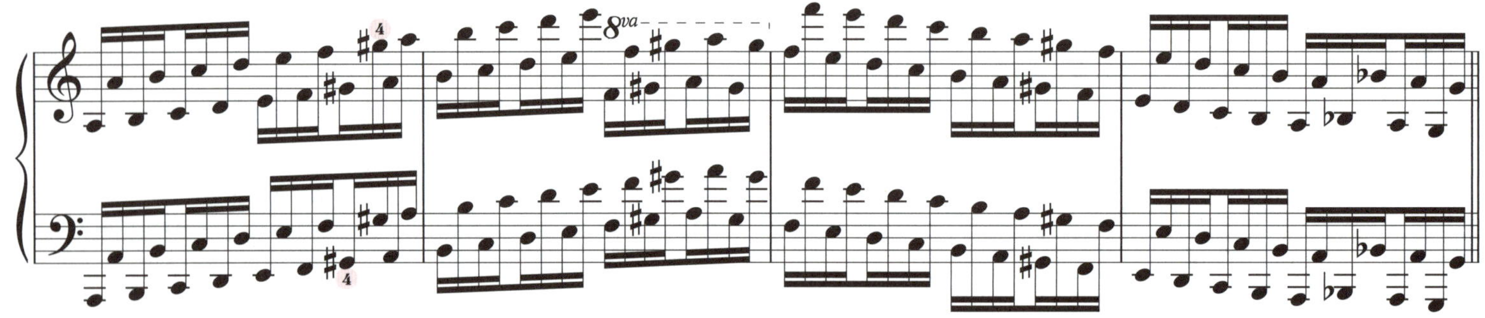

• F Major 바장조

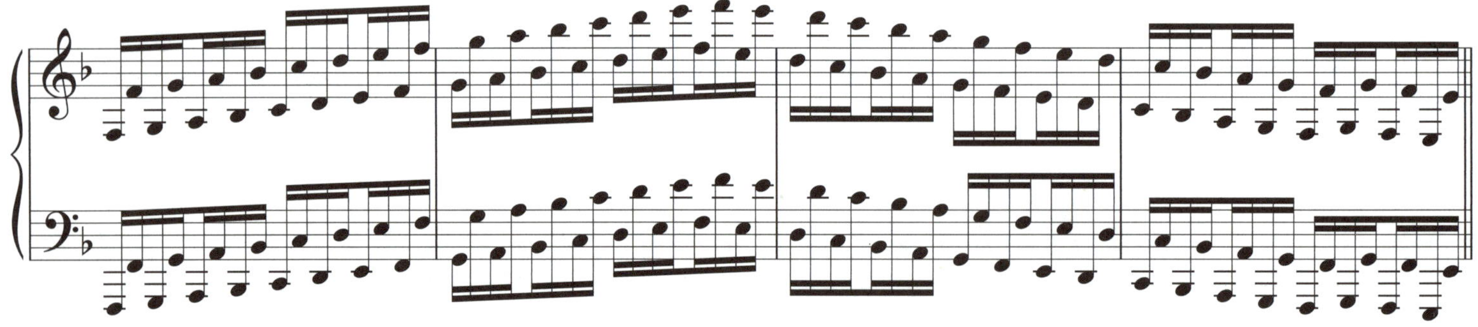

• d minor 라단조

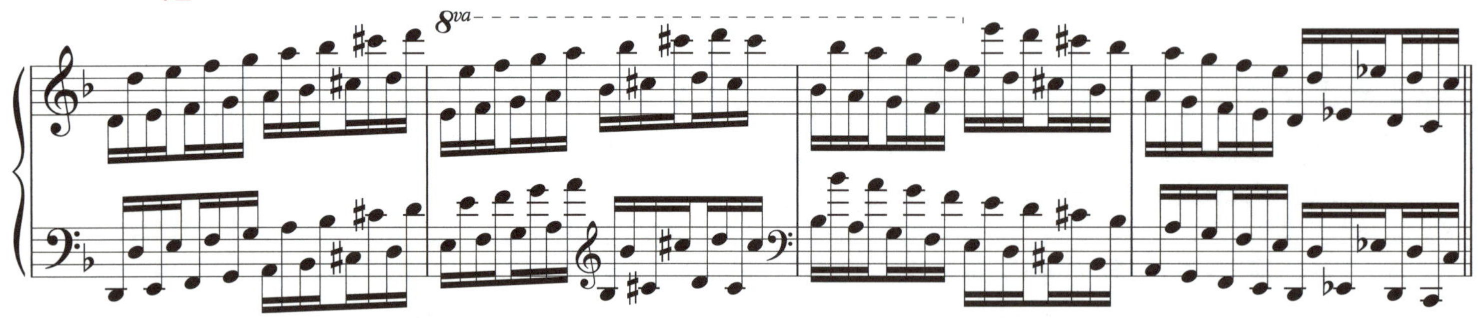

● 검은건반은 4번 손가락으로 칩니다.

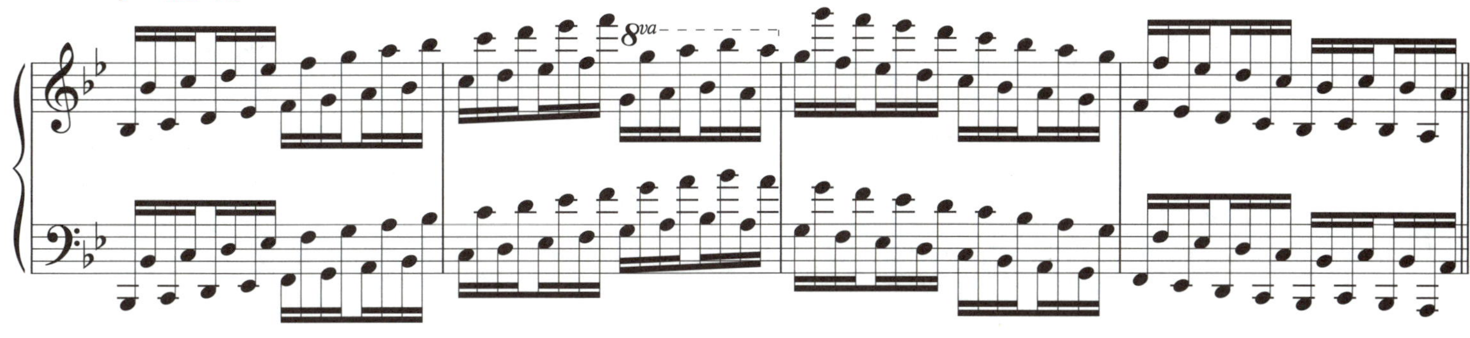
• B♭ Major 내림나장조

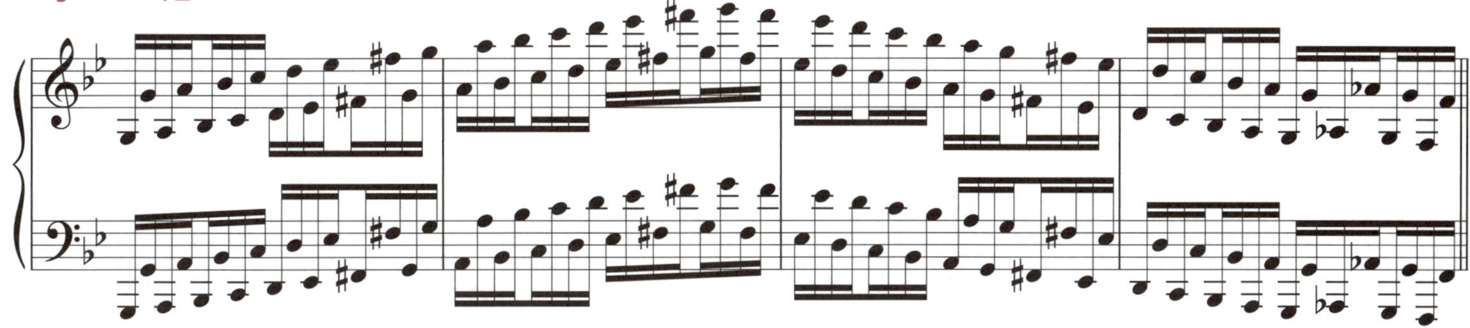
• g minor 사단조

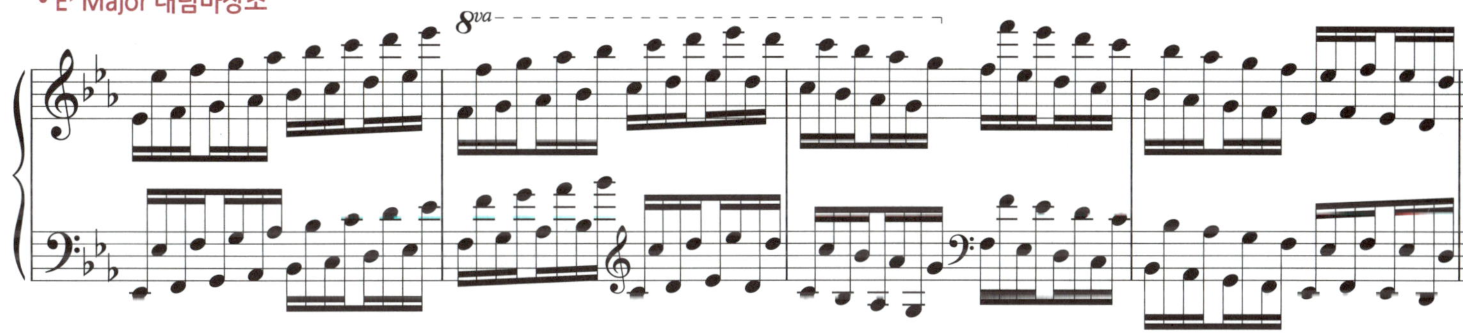
• E♭ Major 내림마장조

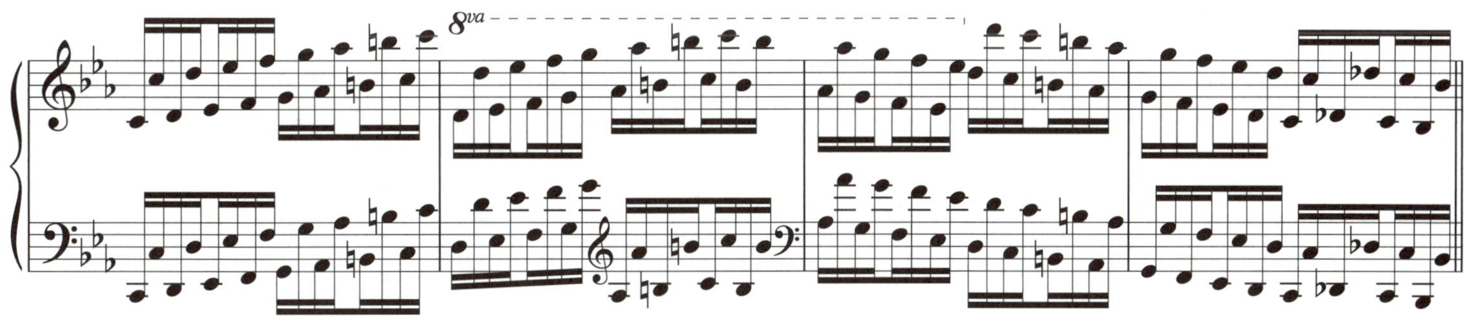
• c minor 다단조

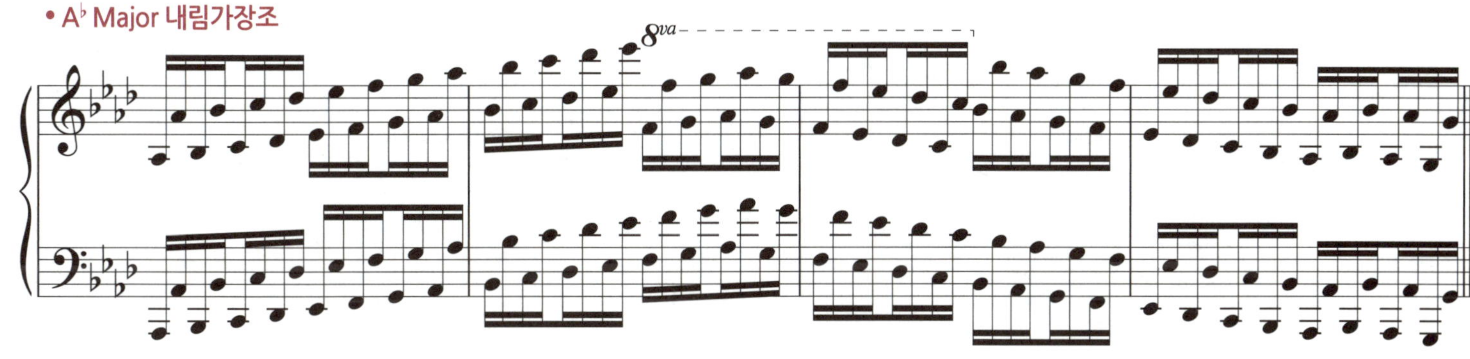
• A♭ Major 내림가장조

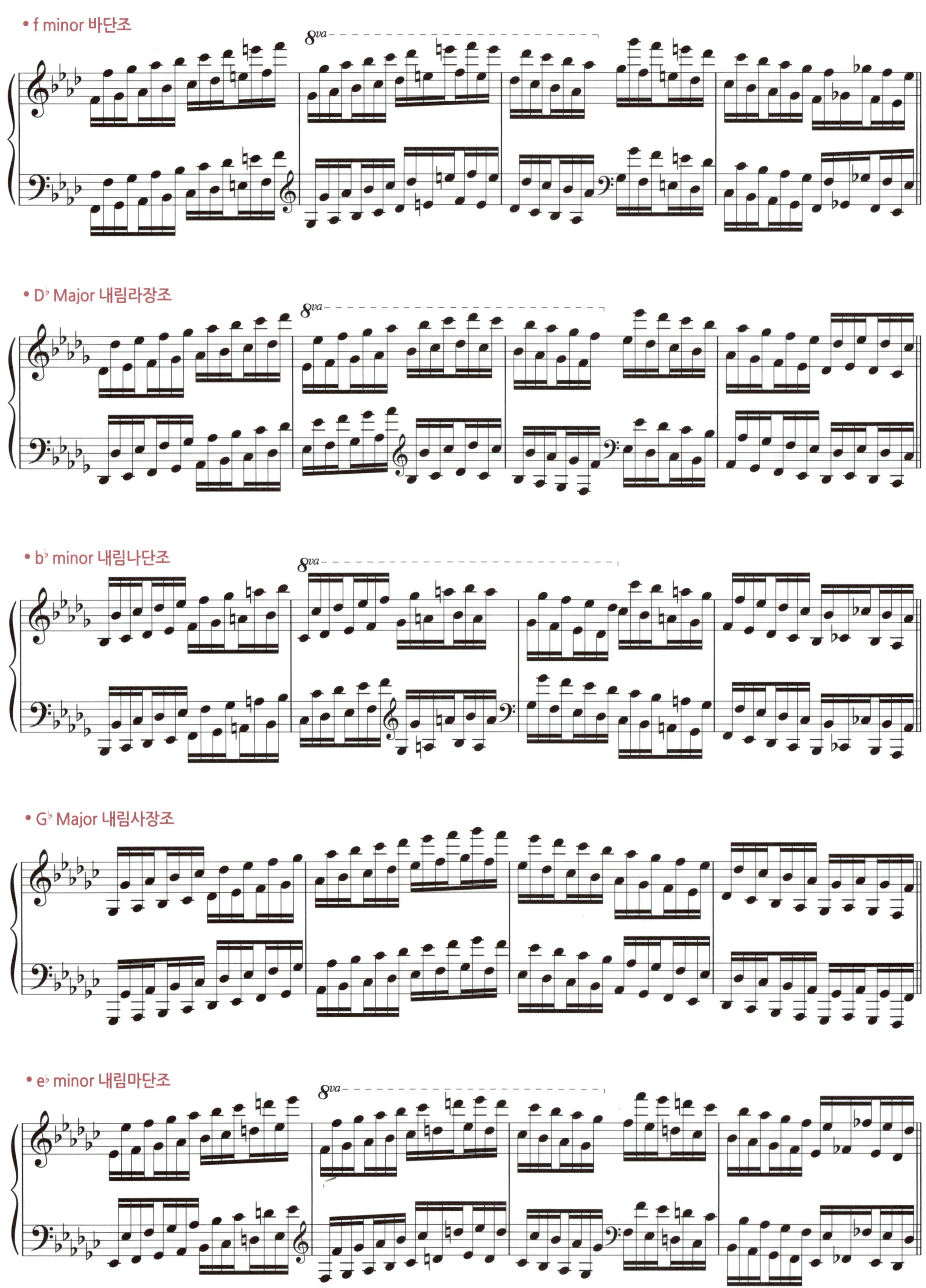

• f minor 바단조
8va
• D♭ Major 내림라장조
8va
• b♭ minor 내림나단조
8va
• G♭ Major 내림사장조
• e♭ minor 내림마단조
8va

- B Major 나장조

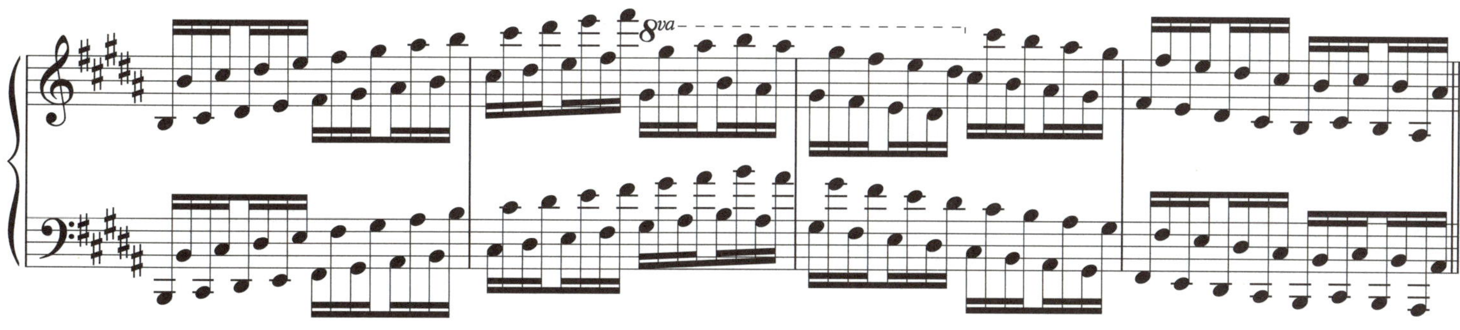

- g# minor 올림사단조

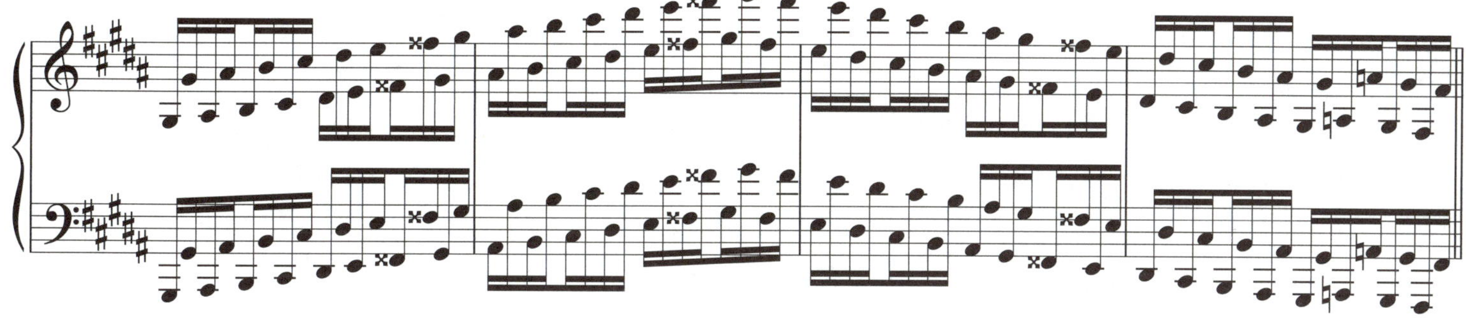

- E Major 마장조

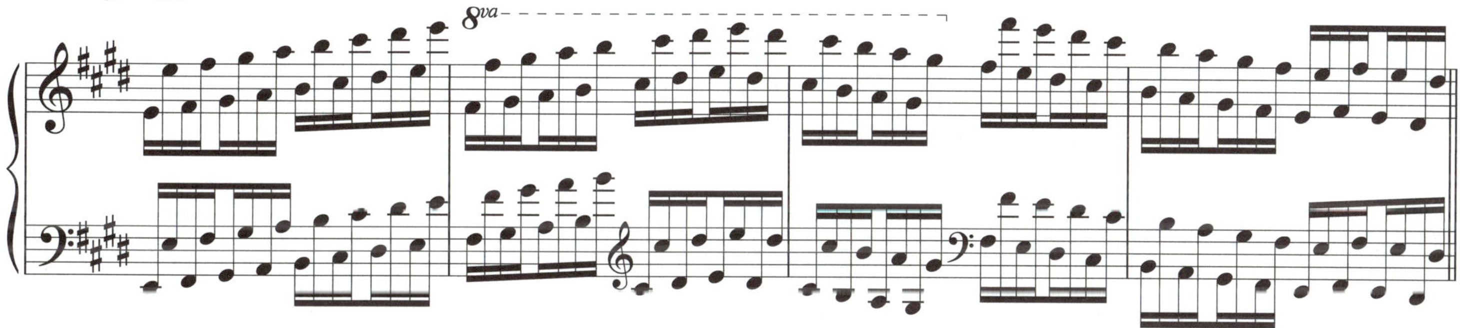

- c# minor 올림다단조

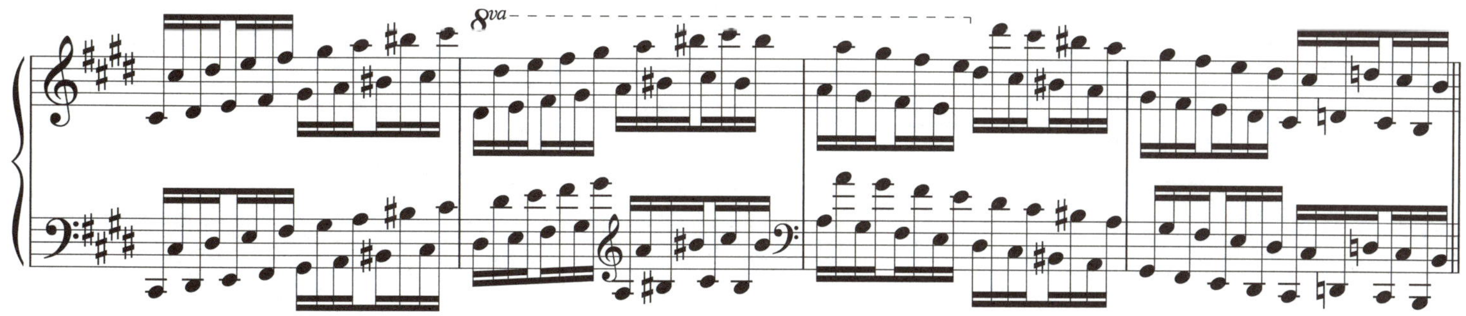

- A Major 가장조

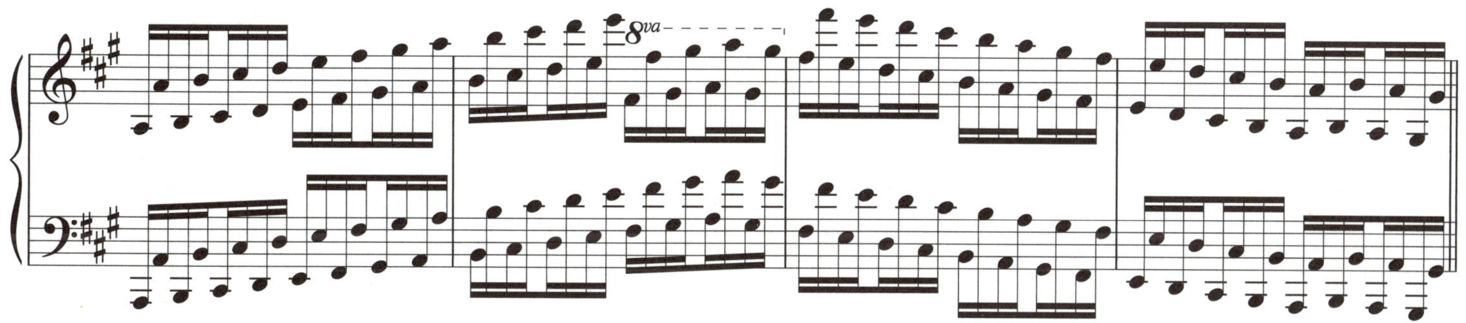

f♯ minor 올림바단조

D Major 라장조

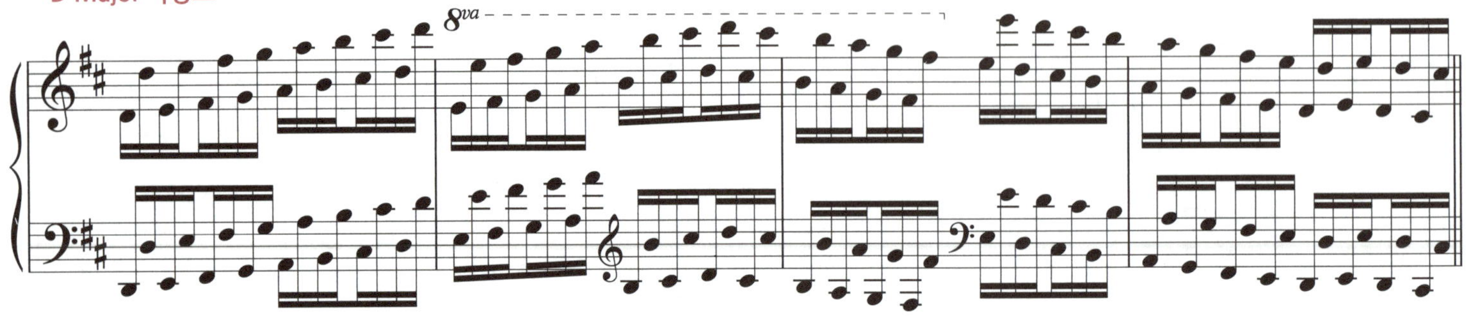

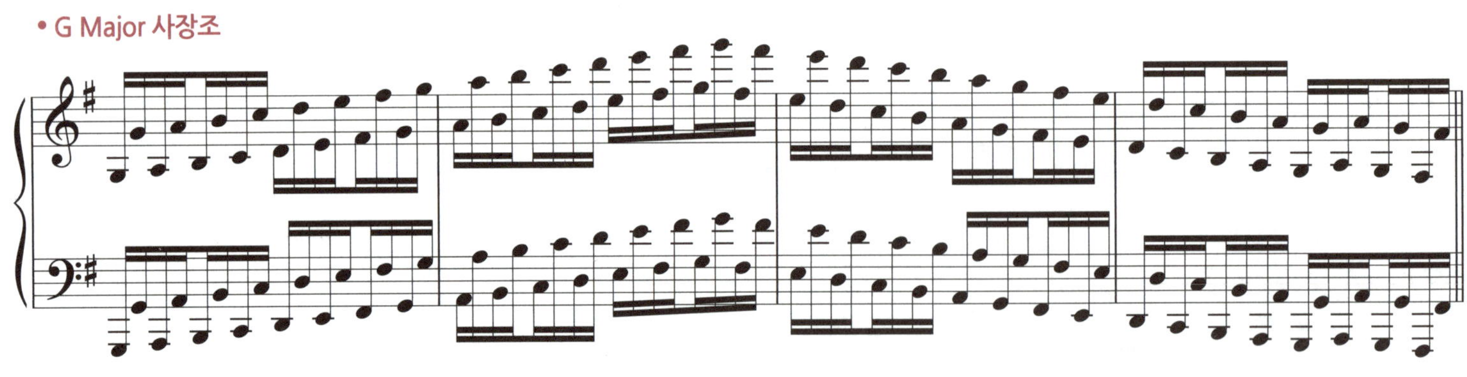

b minor 나단조

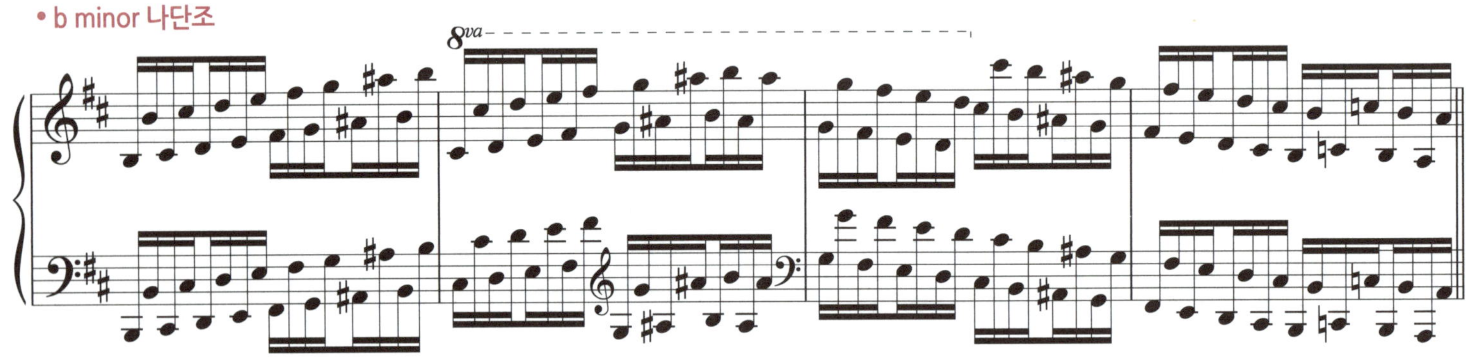

G Major 사장조

e minor 마단조

옥타브에 의한 아르페지오 연습
-24개 조-

• 손목의 유연함과 빠른 움직임을 위한 어려운 연습입니다. 먼저 다장조를 충분히 연습하고, 24개 조의 옥타브 아르페지오를 각각 연습한 후 전체를 이어서 치세요.

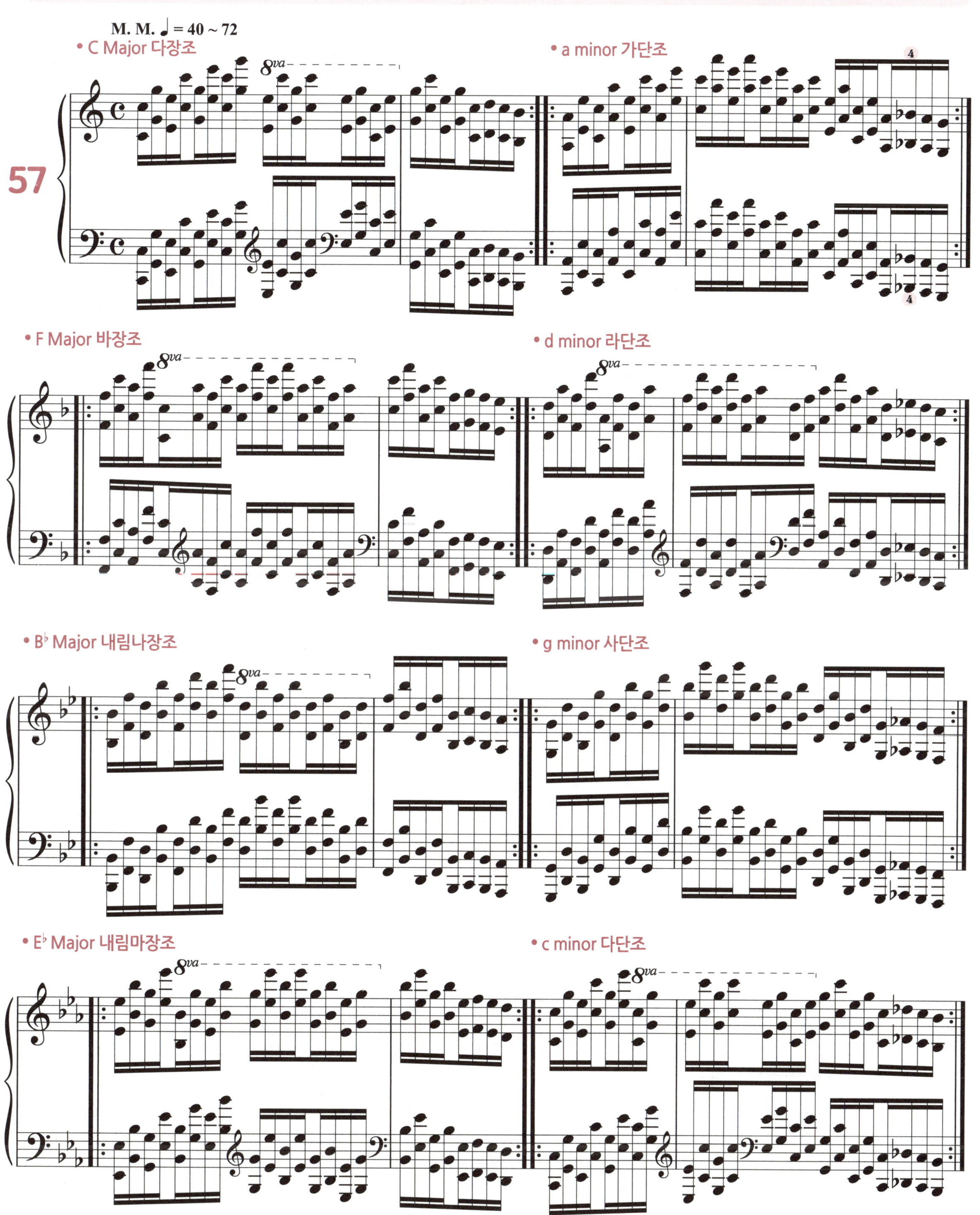

• A♭ Major 내림가장조

• f minor 바단조

• D♭ Major 내림라장조

• b♭ minor 내림나단조

• G♭ Major 내림사장조

• e♭ minor 내림마단조

내림사장조와 내림마단조는 모두 검은건반을 치므로 4, 5번 손가락을 모두 사용할 수 있습니다.

• B Major 나장조

• g♯ minor 올림사단조

148

• E Major 마장조
• c♯ minor 올림다단조

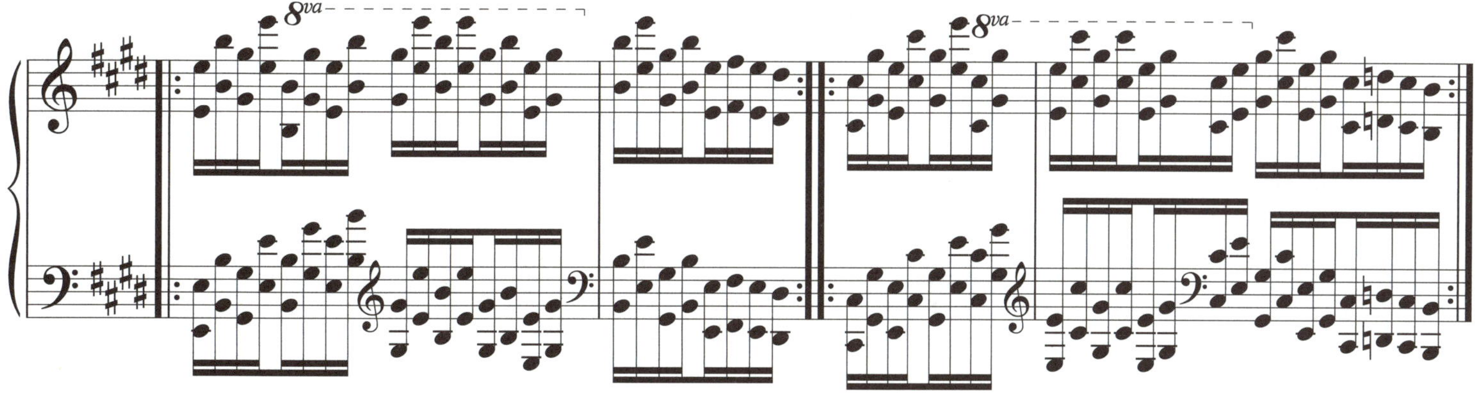

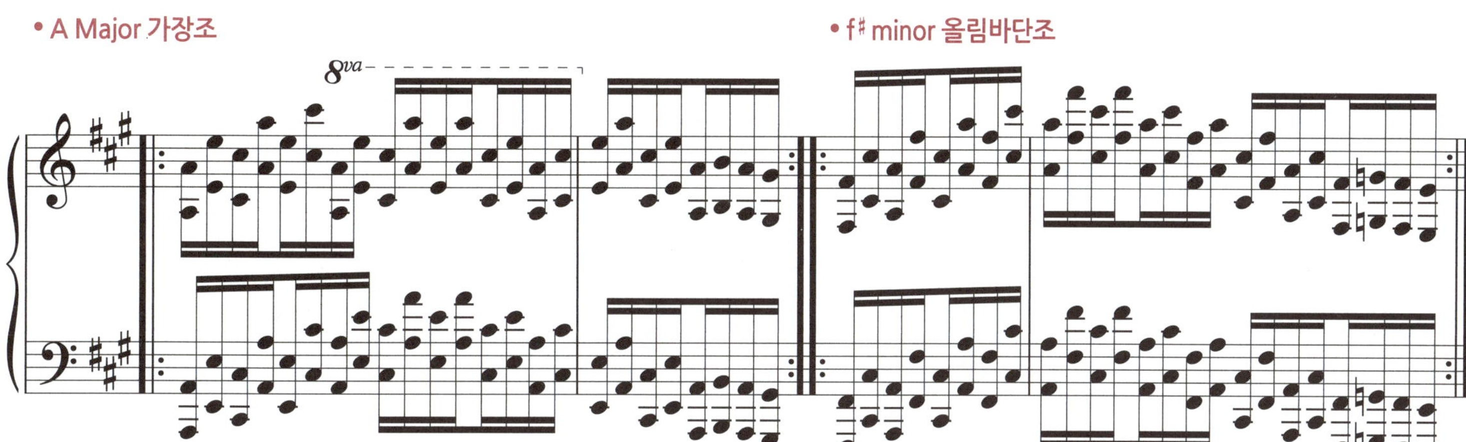

• A Major 가장조
• f♯ minor 올림바단조

• D Major 라장조
• b minor 나단조

• G Major 사장조
• e minor 마단조

옥타브를 누른 채 겹음 치기

• 옥타브(1~5번)를 누른 상태에서 내성부 겹음 2~3번과 2~4번을 쳐야 합니다. 손목을 움직이지 말고 가운데 겹음 소리가 잘
  나도록 연습하세요.

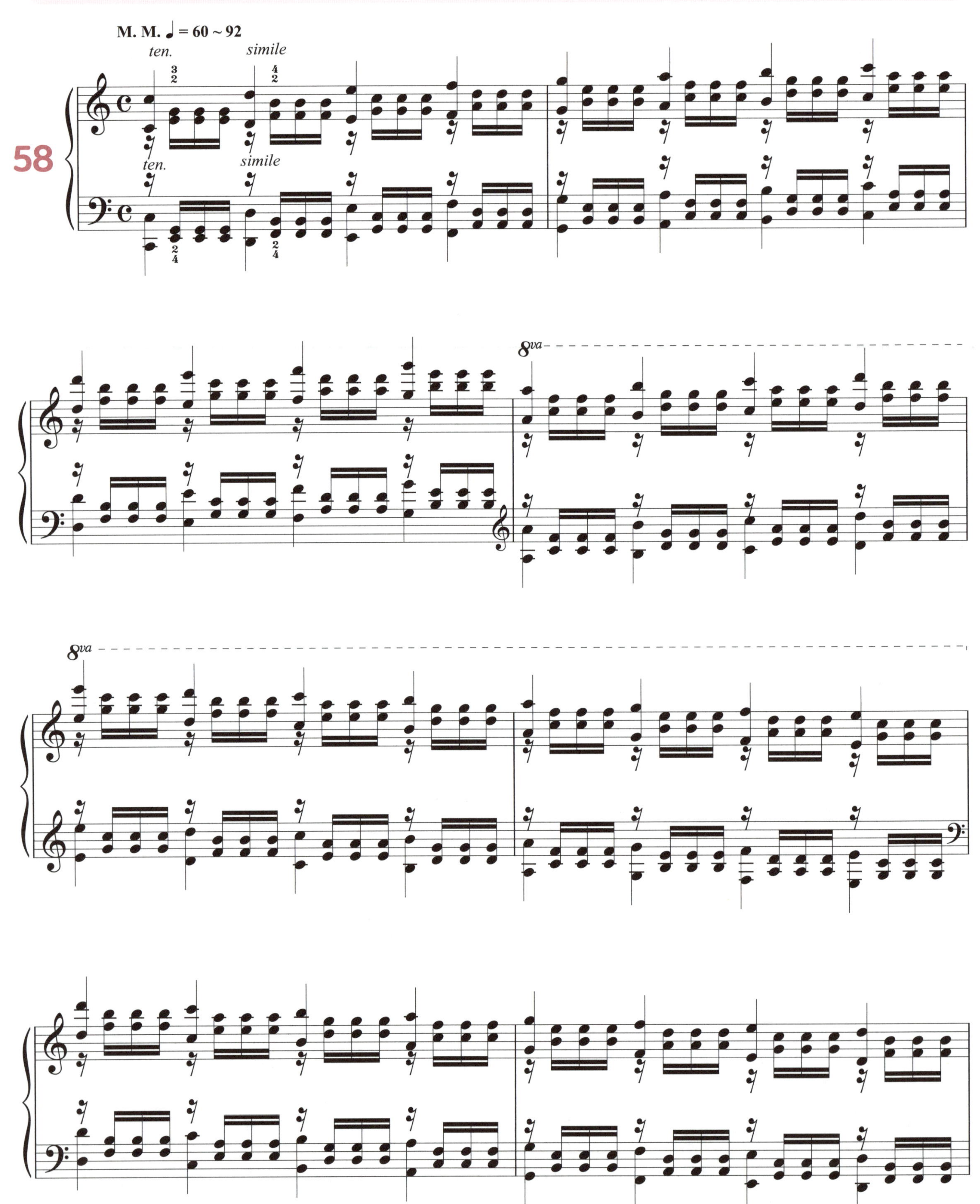

 ten.(테누토) - 제 음의 길이를 충분히 지켜서   *simile*(시밀레) - 앞과 똑같이, 여기서는 계속 테누토로 치라는 의미입니다.

8vb 는 1옥타브 낮추어서 연주하라는 뜻입니다. 8va bassa로 쓰기도 합니다.

6도 겹음의 양손 트릴 연습

• 양손 1-4번과 2-5번 손가락 벌리기를 위한 트릴 연습입니다. 손과 손목을 움직이지 말고 손가락으로 연습하세요.

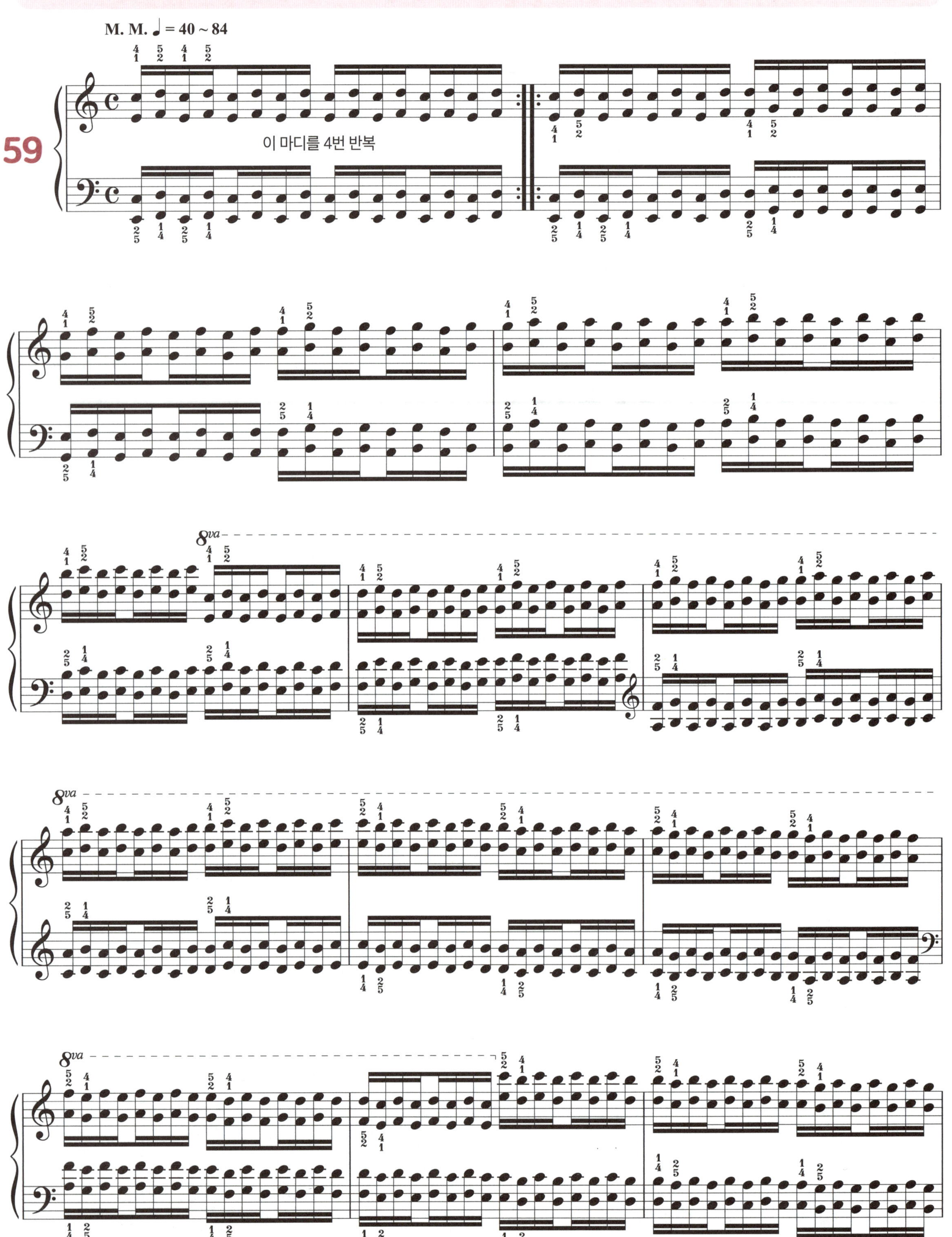

M. M. ♩ = 40 ~ 84
simile
simile
8va
8va
simile
simile
8va
8va

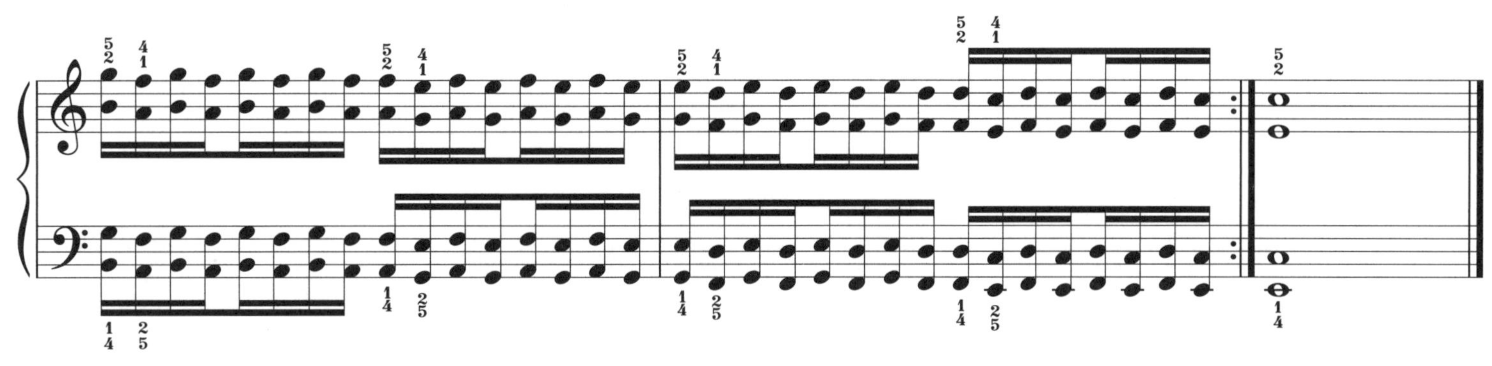

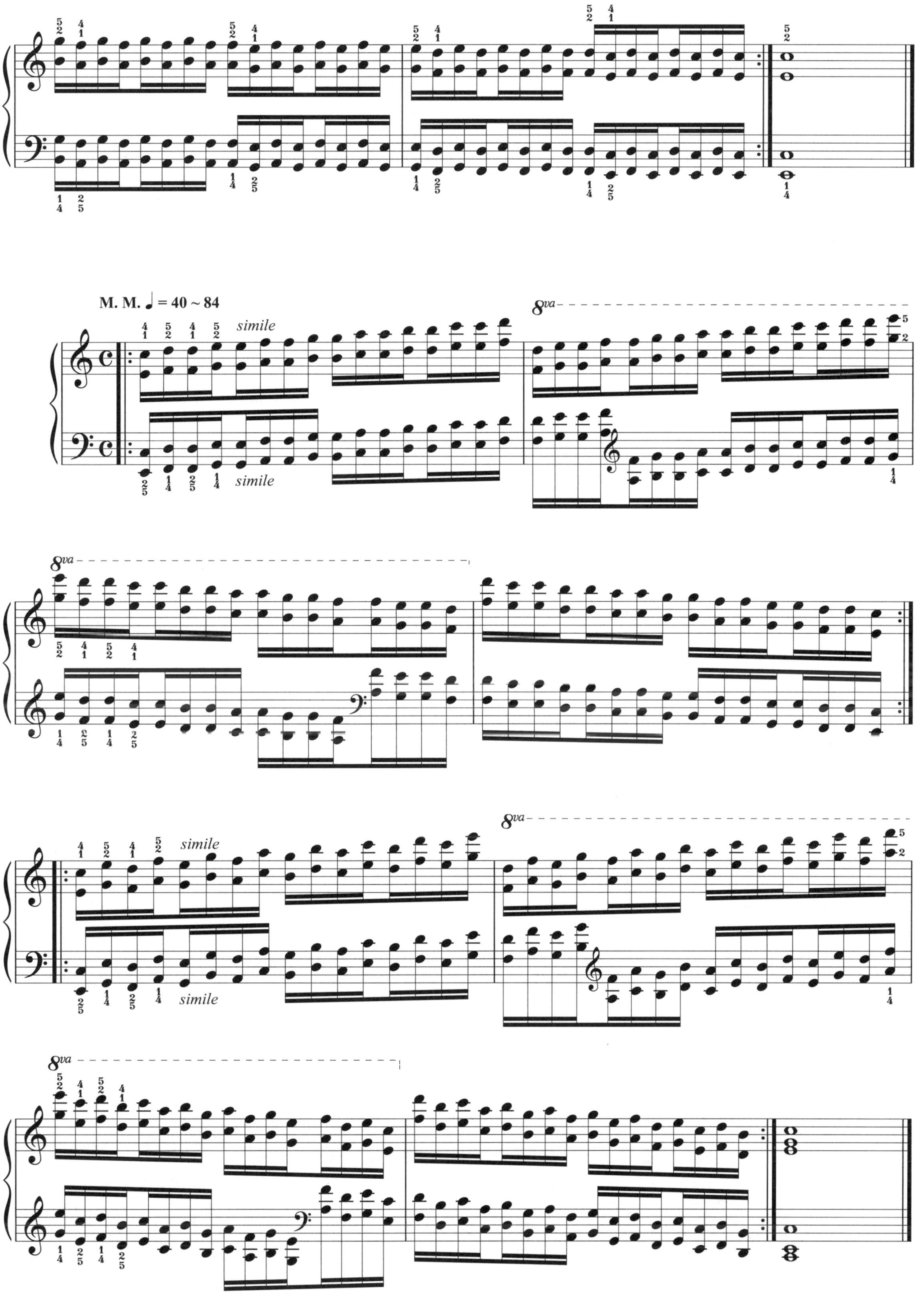

• 트레몰로는 '드럼을 빠르게 연타하는 것'이라 생각하고, 악보의 셈여림을 잘 살려서 빠르게 치세요. 처음에는 천천히
시작하여 점차 ♩=72의 빠르기까지 연습하세요.

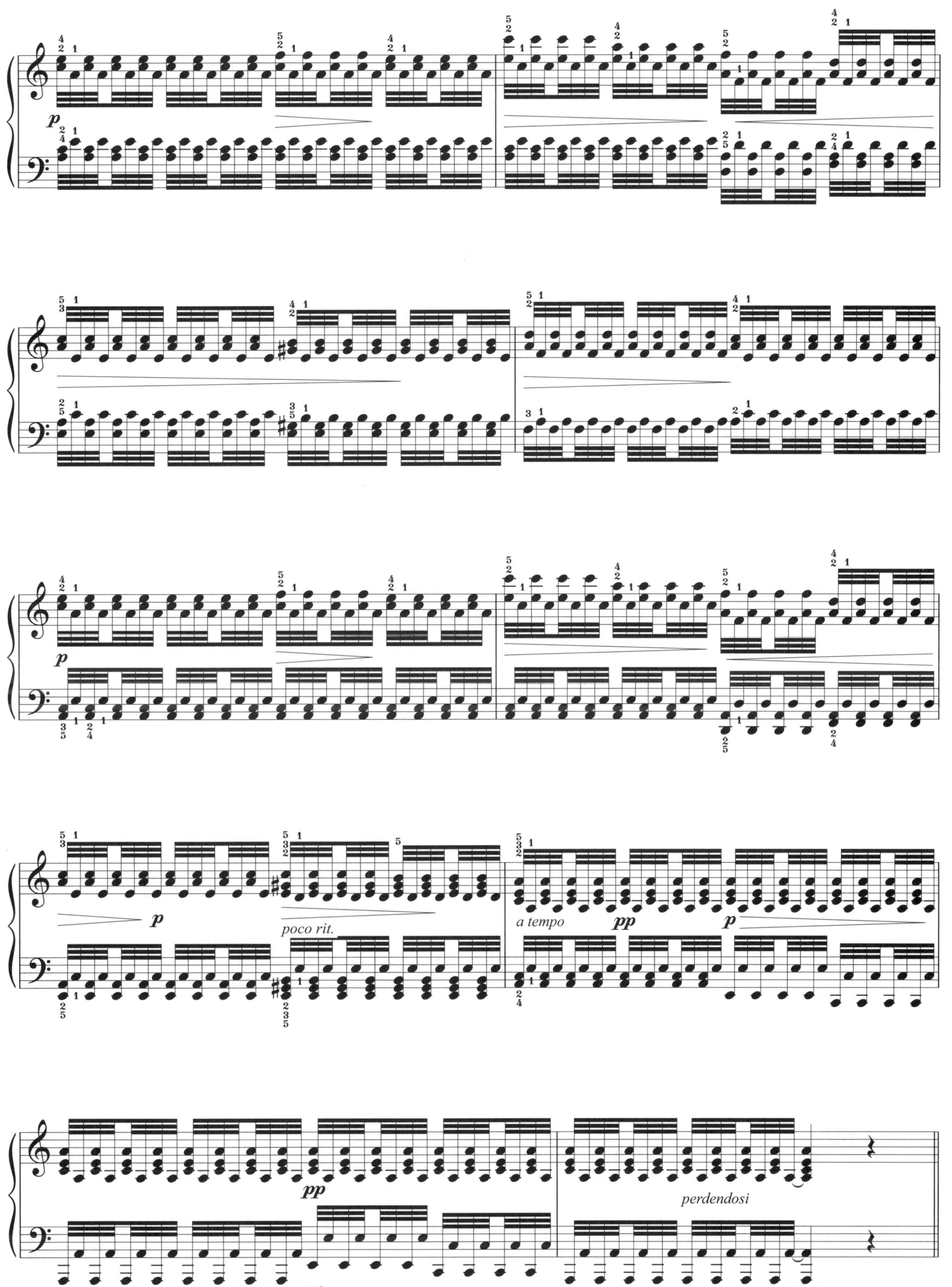
p
poco rit.
a tempo
pp
p
pp
perdendosi
8vb
157

맺음말

지금까지 연습해 온 기교적인 테크닉들을 제대로 결실을 맺으려면 일정 기간 동안 '매일매일' 이 교본 전부를 다 쳐야 합니다. 이 책을 모두 치는데 한 두 시간 정도면 충분합니다.

위대한 피아니스트들은 자신의 실력을 꾸준히 유지시키기 위해 하루 중 여러 시간을 연습에 몰두합니다.

뛰어난 피아니스트가 되기 위해서는 하루에 이 교본의 연습곡 모두를 친다는 것은 지극히 당연한 일이라고 말 할 수 있습니다.

발행일 2026년 2월 25일

발행인 최우진
편집 이슬기 · **디자인** 박경미

발행처 그래서음악 (somusic)
출판등록 2020년 6월 11일 제 2020-000060호
주소 (본사)경기도 성남시 분당구 정자일로 177
　　　(연구소)서울시 서초구 방배4동 1426
이메일 book@somusic.co.kr

ISBN 979-11-24047-10-1 (93670)